# 道路工程数据分析原理与方法
# Principles and Methods of Data Analysis in Pavement Engineering

主　编：董　侨　　陈雪琴
副主编：顾兴宇　　倪富健

东南大学出版社
SOUTHEAST UNIVERSITY PRESS
·南京·

## 内 容 简 介

本教材介绍道路工程领域数据分析的原理与方法,涵盖基本的数据统计描述和显著性检验,针对试验数据的方差分析及试验设计,传统的线性、多项式、非线性回归分析,针对特殊因变量的逻辑回归、计数数据模型、生存分析、时间序列、随机过程,针对多元数据的主成分分析、因子分析、聚类分析等无监督机器学习方法,以及决策树、支持向量机、神经网络、判别分析等有监督机器学习方法。本教材梳理数据分析的知识体系,介绍各类数据分析方法的原理,并结合实例讲解如何应用这些数据分析方法解决道路工程领域的实际问题。

本教材可作为道路工程及交通基础设施相关专业的本科生和研究生教材,或从事道路工程及交通基础设施运维相关工作的工程技术人员的参考书目。

### 图书在版编目(CIP)数据

道路工程数据分析原理与方法 / 董侨,陈雪琴主编. —南京:东南大学出版社,2022.1
　ISBN 978-7-5641-9672-1

Ⅰ.①道… Ⅱ.①董… ②陈… Ⅲ.①道路工程-数据处理 Ⅳ.①U41

中国版本图书馆 CIP 数据核字(2021)第 189519 号

责任编辑:宋华莉　责任校对:韩小亮　封面设计:余武莉　责任印制:周荣虎

**道路工程数据分析原理与方法**
Daolu Gongcheng Shuju Fenxi Yuanli Yu Fangfa

| | |
|---|---|
| 主　　编 | 董　侨　陈雪琴 |
| 出版发行 | 东南大学出版社 |
| 社　　址 | 南京市四牌楼 2 号(邮编:210096　电话:025-83793330) |
| 经　　销 | 全国各地新华书店 |
| 印　　刷 | 江阴金马印刷有限公司 |
| 开　　本 | 700mm×1000mm　1/16 |
| 印　　张 | 14.75 |
| 字　　数 | 288 千字 |
| 版　　次 | 2022 年 1 月第 1 版 |
| 印　　次 | 2022 年 1 月第 1 次印刷 |
| 书　　号 | ISBN 978-7-5641-9672-1 |
| 定　　价 | 58.00 元 |

本社图书若有印装质量问题,请直接与营销部联系,电话:025-83791830。

# 前 言

在道路基础设施建设养护过程中产生了各类试验、检测及监测数据,这些数据对指导道路建设和养护具有重要的意义。针对这些数据的特征,需要采用有效的方法进行深入的数据分析,才能达到优化建设养护方案、量化因素影响规律、追溯路面病害来源、评估养护策略效益、预测路面长期性能等目的。数据分析是基于数理统计思想建立模型,对数据进行量化分析,做出推断和预测,为相关决策提供依据和参考的过程。数据分析在医学、生物、农业、金融、教育、心理、工程等各行业中已经开展了大量的研究和应用。与金融市场波动、疾病发展规律、药物长期疗效等研究类似,数据分析方法在道路工程中的应用主要包括两个方面,一是对道路工程中常规试验、检测数据的描述与分析,主要包括显著性检验、方差分析及试验设计等;二是对道路性能等历史检测、监测数据的建模分析,包括各类针对不同数据特征的统计回归、数据挖掘和智能预测。

本教材针对道路工程领域常见的问题场景,结合数据分析的最新发展,介绍数据分析原理与方法在道路工程领域的应用,内容涵盖基本的数据统计描述和显著性检验,针对试验数据的方差分析及试验设计,传统的线性、多项式、非线性回归分析,针对特殊因变量的逻辑回归、计数数据模型、生存分析、时间序列、随机过程,针对多元数据的主成分分析、因子分析、聚类分析等无监督机器学习方法,以及决策树、随机森林、支持向量机、神经网络、判别分析等有监督机器学习方法。本教材总结数据分析方法在道路工程中的应用,梳理典型的问题场景与解决方案,介绍道路工程的实际案例。

在道路基础设施建设初期,由于道路性能数据较少、道路工程人员缺乏有效的分析手段,对道路检测数据充分的分析与利用尚未有效开展。随着道路性能数据的不断积累,如何充分利用道路历史检测数据,更好地为道路管理与养护服务,是道路行业急需解决的一个重要问题。当前自动化道路性能检测装备不断更新,健康状况实时监测传感技术迅速发展,基于高分遥感、激光点云、高清图像、众源感知的新型检测手段层出不穷,海量道路性能实时监测数据的获取,既为道路基础设施性能分析提供了丰富的数据源,也为如何充分利用这些数据进行科学分析与决策提出了更高的挑战。

  基于大数据技术融合的交通基础设施是我国交通强国的建设内容之一,其重点是深度应用互联网、大数据、人工智能等技术,支撑传统基础设施转型升级形成智能交通基础设施。交通基础设施大数据技术的核心不仅仅是数据的采集展示,更在于如何通过构建数学模型,探索挖掘关键因素的作用机制,预警预测基础设施的健康状态,从而为交通基础设施的运维管理提供重要指导。可持续性与智能化是交通基础设施专业发展的两个重要方向,数据挖掘与人工智能是当前数据科学发展的主要趋势。本教材结合道路工程发展需求及数据科学发展趋势进行编写,旨在培养"数据智能"时代具有扎实知识体系基础和专业技术手段的人才,满足学科行业发展趋势的需求。

  本教材旨在抛砖引玉,未来随着数据采集手段的不断进步,数据分析技术的不断提升,智能化可持续性交通基础设施的不断发展,更多的问题分析场景和数据解决方案还会不断出现,道路工程数据分析及应用仍需继续研究。限于笔者的水平和经验有限,本教材难免还存在疏漏和错误之处,恳请广大读者批评指正。本教材的出版得到江苏高校品牌建设工程二期项目"道路桥梁与渡河工程"以及东南大学道路交通工程国家级实验教学示范中心的支持,在此表示感谢。

# 目 录

1 路面性能数据 ································································· 1
　1.1 路面性能评价指标 ················································· 1
　1.2 长期路面性能数据库 ············································· 5
　思考题 ····································································· 8

2 数据分析基础 ··································································· 9
　2.1 随机变量 ····························································· 9
　2.2 数据描述 ··························································· 19
　2.3 参数估计 ··························································· 27
　2.4 假设检验 ··························································· 29
　2.5 例 混凝土强度显著性检验 ···································· 34
　思考题 ··································································· 35

3 试验设计与方差分析 ························································ 36
　3.1 试验设计 ··························································· 36
　3.2 方差分析概念与假定 ············································ 39
　3.3 单因素试验方差分析 ············································ 40
　3.4 双因素试验方差分析 ············································ 45
　3.5 正交试验设计方差分析 ········································· 52
　3.6 例 3.1 混凝土强度可重复双因素试验方差分析 ········· 63
　3.7 例 3.2 罩面抗裂性能交互正交设计方差分析 ············ 64
　思考题 ··································································· 67

## 4 回归分析 ... 68
### 4.1 一元线性回归 ... 68
### 4.2 多元线性回归 ... 73
### 4.3 线性回归诊断 ... 76
### 4.4 逐步回归 ... 78
### 4.5 多项式回归 ... 80
### 4.6 非线性回归 ... 80
### 4.7 例 4.1 养护效益线性回归 ... 81
### 4.8 例 4.2 平整度多项式预测 ... 84
### 4.9 例 4.3 平整度非线性预测模型 ... 87
### 思考题 ... 88

## 5 逻辑回归 ... 89
### 5.1 二项逻辑回归 ... 89
### 5.2 多项逻辑回归 ... 91
### 5.3 广义线性模型 ... 93
### 5.4 例 养护措施开裂概率逻辑回归 ... 93
### 思考题 ... 95

## 6 计数数据模型 ... 96
### 6.1 计数数据模型 ... 96
### 6.2 零膨胀模型 ... 98
### 6.3 例 横向裂缝发展零膨胀模型 ... 101
### 思考题 ... 104

## 7 生存分析 ... 105
### 7.1 数据删失 ... 105
### 7.2 描述函数 ... 106
### 7.3 非参数法 ... 108
### 7.4 半参数法 ... 110
### 7.5 参数法 ... 111

7.6 例 路面修补耐久性生存分析 ·············· 113
思考题 ································· 115

## 8 时间序列 ······························ 116

8.1 时间序列分解 ·························· 116
8.2 移动平均法 ··························· 117
8.3 指数平滑法 ··························· 120
8.4 时间序列解析模型 ······················· 122
8.5 多元时间序列模型 ······················· 125
8.6 例 平整度时间序列解析模型 ················· 126
思考题 ································· 129

## 9 随机过程 ······························ 130

9.1 随机过程定义 ·························· 130
9.2 马尔科夫过程与马尔可夫链 ·················· 131
9.3 齐次马尔科夫链 ························ 132
9.4 平稳分布 ···························· 132
9.5 转移概率矩阵求解 ······················· 135
9.6 例 9.1 路面状态齐次马尔科夫链预测 ············· 137
9.7 例 9.2 基于动态马尔科夫链的路面性能转移概率 ······· 138
思考题 ································· 141

## 10 决策树 ······························ 142

10.1 决策树结构 ·························· 142
10.2 ID3 决策树 ·························· 144
10.3 C4.5 决策树 ························· 145
10.4 CART 决策树 ························· 146
10.5 随机森林 ··························· 147
10.6 例 路面修补耐久性 CART 分析 ··············· 148
思考题 ································· 150

## 11 神经网络 ····························· 151

11.1 神经网络结构 ························· 151

11.2　单层神经网络 ………………………………………………………… 152
11.3　两层神经网络 ………………………………………………………… 153
11.4　多层神经网络 ………………………………………………………… 157
11.5　卷积神经网络 ………………………………………………………… 159
11.6　神经网络的发展 ……………………………………………………… 163
11.7　例 11.1　平整度神经网络预测 ……………………………………… 165
11.8　例 11.2　气候分区分类 ……………………………………………… 166
思考题 …………………………………………………………………… 168

## 12　支持向量机 ………………………………………………………………… 169

12.1　支持向量机算法 ……………………………………………………… 169
12.2　拟合优度评价指标 …………………………………………………… 173
12.3　K 近邻算法 …………………………………………………………… 175
12.4　支持向量机的优势 …………………………………………………… 177
12.5　例　平整度 SVM＋KNN 分类预测 ………………………………… 180
思考题 …………………………………………………………………… 183

## 13　主成分分析 ………………………………………………………………… 184

13.1　基本原理 ……………………………………………………………… 184
13.2　模型求解 ……………………………………………………………… 186
13.3　计算步骤 ……………………………………………………………… 188
13.4　例　气象数据主成分降维 …………………………………………… 190
思考题 …………………………………………………………………… 193

## 14　因子分析 …………………………………………………………………… 194

14.1　基本原理 ……………………………………………………………… 194
14.2　因子求解 ……………………………………………………………… 197
14.3　因子旋转 ……………………………………………………………… 198
14.4　因子得分 ……………………………………………………………… 199
14.5　因子分析特点 ………………………………………………………… 199
14.6　例 14.1　气象数据因子分析 ………………………………………… 200
14.7　例 14.2　路面性能数据因子分析 …………………………………… 201

思考题 ································································ 204

**15　聚类分析** ································································ 205

　　15.1　基本原理 ································································ 205
　　15.2　样本聚类 ································································ 205
　　15.3　变量聚类 ································································ 210
　　15.4　例　气象分区聚类分析 ································································ 211
　　思考题 ································································ 214

**16　判别分析** ································································ 215

　　16.1　距离判别 ································································ 215
　　16.2　贝叶斯判别 ································································ 217
　　16.3　费舍尔判别 ································································ 219
　　16.4　例　气象分区判别分析 ································································ 221
　　思考题 ································································ 222

**参考文献** ································································ 223

# 1 路面性能数据

早期道路工程领域的数据主要包括试验数据与检测数据,近年来各种物联传感技术获取了大量实时监测数据。其中,道路工程试验数据分析与其他学科中的试验数据处理分析方法类似,第 3 章将专门讨论试验设计与方差分析方法。对路面性能检测数据以及监测数据的分析是道路工程领域的难点,也是本教材的重点。本章介绍常用的路面性能评价指标,明确道路工程数据分析的主要对象。

## 1.1 路面性能评价指标

### 1.1.1 路面性能评价指标发展

路面性能评价及长期观测是研究路面衰变行为、指导路面养护的基础。20 世纪 50 年代,美国州公路工作者协会(American Association of State Highways Officials,简称 AASHO),即美国州公路与运输工作者协会(American Association of State Highways Transportation Officials,简称 AASHTO)的前身,对位于美国伊利诺伊州、明尼苏达州和印第安纳州的 138 个路段进行调查,组织专业人员及其他行业的人士成立评分小组对这些路段进行乘车体验,并根据个人主观感受进行打分,从而得到这些路段的服役性能等级 PSR(Pavement Serviceability Rating)。PSR 是最早的标准化路面性能评价指标,取值范围是 1~5,其中 5 表示最佳状态,1 表示最差状态。由于 PSR 基于主观打分,因此 AASHO 之后提出了路面服务性能指数 PSI(Pavement Serviceability Index)。PSI 是目前应用最广泛的路面性能评价指标,其计算如式(1.1)。

$$PSI = 5.03 - 1.9\log(1+SV) - 0.01\sqrt{C+P} - 1.38 RD^2 \qquad (1.1)$$

其中,$SV$ 为路面坡度变化,即平整度;$RD$ 为车辙深度均值(in);$C$ 为每

1 000 ft² 的线性裂缝长度(ft²);$P$ 为每 1 000 ft² 的修补面积[①]。PSI 公式中的参数随后也经过了多次修正。

除了表征路面服务性能的 PSI 外,针对路面病害情况,美国陆军工程兵团(U. S. Army Corps of Engineers)提出了路面状况指数 PCI (Pavement Condition Index),根据不同病害的类型与严重程度采用扣分法计算得到,扣分值或权重系数根据专家意见或者工程经验确定,如式(1.2)所示。

$$PCI = 100 - CDV \tag{1.2}$$

其中,CDV(Corrected Deduct Value)是修正的扣分值。

随后,参考 PSI 与 PCI 的计算方法,学术界与工业界提出了各种病害指标,如德克萨斯州的 DS(Distress Score)和 CS(Condition Score),俄亥俄州的 PCR(Pavement Condition Rating),俄勒冈州的 OI(Overall Index),南达科他州的 SCI(Surface Condition Index),以及宾夕法尼亚州的 OPI(Overall Pavement Index)等。在这些指标中,各变量的权重系数大都通过专家调查的方法确定。

## 1.1.2 我国沥青路面性能评价指标

根据现有路面检测手段,参考国际路面性能指标体系,我国《公路技术状况评定标准》(JTG 5210—2018)中确定了沥青路面的 7 个路面单项性能指数和 1 个路面综合性能指数,各性能指数具体计算方法如下。其中,PBI 和 PWI 两项指标为 2018 版评定标准的新增项目。

(1) 路面破损状况指数 PCI

路面破损状况指数 PCI 考虑了 21 种不同的损坏类型、严重程度和范围的病害,规范给出了相应的扣分值。从满分扣除累积的病害扣分值后,以剩余的数值表征路面破损状况,按式(1.3)计算。

$$PCI = 100 - a_0 DR^{a_1} \tag{1.3}$$

$$DR = 100 \times \frac{\sum_{i=1}^{i_0} w_i A_i}{A} \tag{1.4}$$

其中,DR 为沥青路面破损率,为路面各种损坏的折合损坏面积之和与路面调查面积之比,按式(1.4)计算;$A_i$ 为沥青路面破损中,第 $i$ 类破损(分严重程度)的调查面积(m²),采用自动化检测设备时,$A_i$ 应按式(1.5)计算;$A$ 为沥青路面的实际调查面积(m²);$w_i$ 为沥青路面第 $i$ 类损坏(分严重程度)的权重;$a_0$ 为标定系数,沥

---

① 1 in = 2.54 cm;1 ft² = 0.092 903 04 m²。

青路面采用15.00；$a_1$为标定系数，沥青路面采用0.412；$i$为考虑损坏程度(轻、中、重)的第$i$项路面损坏类型；$i_0$为包含损坏程度(轻、中、重)的损坏类型总数，沥青路面取21。

$$A_i = 0.01 \times GN_i \tag{1.5}$$

其中，$GN_i$为含有第$i$类路面损坏的网格数；0.01为面积换算系数，一个网格的标准尺寸为0.1 m×0.1 m。

(2) 路面车辙深度指数 $RDI$

路面车辙深度指数$RDI$根据车辙深度按式(1.6)计算。

$$RDI = \begin{cases} 100 - a_0 \times RD & (RD \leqslant RD_a) \\ 90 - a_1 \times (RD - RD_a) & (RD_a < RD \leqslant RD_b) \\ 0 & (RD > RD_b) \end{cases} \tag{1.6}$$

其中，$RD$为车辙深度(mm)；$RD_a$为车辙深度参数，采用10.0 mm；$RD_b$为车辙深度参数，采用40.0 mm；$a_0$为模型参数，采用1.0；$a_1$为模型参数，采用3.0。

(3) 路面行驶质量指数 $RQI$

路面行驶质量指数$RQI$用于评价行车舒适性，按式(1.7)计算。

$$RQI = \frac{100}{1 + a_0 \, e^{a_1 IRI}} \tag{1.7}$$

其中，$IRI$为国际平整度指数(International Roughness Index)，单位是m/km；$a_0$为标定系数，高速公路和一级公路采用0.026，其他等级公路采用0.018 5；$a_1$为标定系数，高速公路和一级公路采用0.65，其他等级公路采用0.58。

(4) 路面抗滑性能指数 $SRI$

路面抗滑性能指数$SRI$用于评价行车安全性，按式(1.8)计算。

$$SRI = \frac{100 - SRI_{\min}}{1 + a_0 \, e^{a_1 SFC}} + SRI_{\min} \tag{1.8}$$

其中，$SFC$为横向力系数，按实测值计；$SRI_{\min}$为标定参数，采用35.0；$a_0$为模型参数，采用28.6；$a_1$为模型参数，采用-0.105。

(5) 路面跳车指数 $PBI$

路面跳车指数$PBI$也反映了行车舒适性及安全性，按式(1.9)计算。

$$PBI = 100 - \sum_{i=1}^{i_0} a_i PB_i \tag{1.9}$$

其中，$PB_i$为第$i$类程度的路面跳车数；$a_i$为第$i$类程度的路面跳车单位扣分；$i$为路面跳车程度，分为轻、中、重三类；$i_0$为路面跳车类型总数，取3。

（6）路面磨耗指数 PWI

路面磨耗指数 PWI 用于评价路面抗滑性及安全性，按式(1.10) 计算。

$$PWI = 100 - a_0 WR^{a_1} \quad (1.10)$$

$$WR = 100 \times \frac{MPD_C - \min\{MPD_L, MPD_R\}}{MPD_C} \quad (1.11)$$

其中，$WR$ 为路面磨耗率（%）；$a_0$ 为模型参数，采用 1.696；$a_1$ 为模型参数，采用 0.785；$MPD$ 为路面构造深度(mm)；$MPD_C$ 为路面构造深度基准值，采用无磨损的车道中线路面构造深度(mm)；$MPD_L$ 为左轮迹带的路面构造深度(mm)；$MPD_R$ 为右轮迹带的路面构造深度(mm)。

（7）路面结构强度指数 PSSI

路面结构强度指数 PSSI 用于评价路面结构承载力，根据路面弯沉值按式(1.12) 计算。

$$PSSI = \frac{100}{1 + a_0 \, e^{a_1 SSR}} \quad (1.12)$$

$$SSR = \frac{l_0}{l} \quad (1.13)$$

其中，$SSR$ 为路面结构强度系数；$l_0$ 为路面弯沉标准值(mm)；$l$ 为路面实测代表弯沉(mm)；$a_0$ 为模型参数，采用 15.71；$a_1$ 为模型参数，采用 -5.19。

（8）路面技术状况指数 PQI

如图 1.1 所示，沥青路面技术状况指数 PQI 是根据 6 种路面性指标计算的路面综合性能指数，通过加权求和按式(1.14) 计算。

$$PQI = w_1 PCI + w_2 RQI + w_3 RDI + w_4 SRI + w_5 PBI + w_6 PWI \quad (1.14)$$

其中，$w_1$、$w_2$、$w_3$、$w_4$、$w_5$、$w_6$ 六个参数为六个分项指标的权重，权重值固定。沥青路面结构强度指数 PSSI 依据抽检数据单独评定，不参与 PQI 计算。

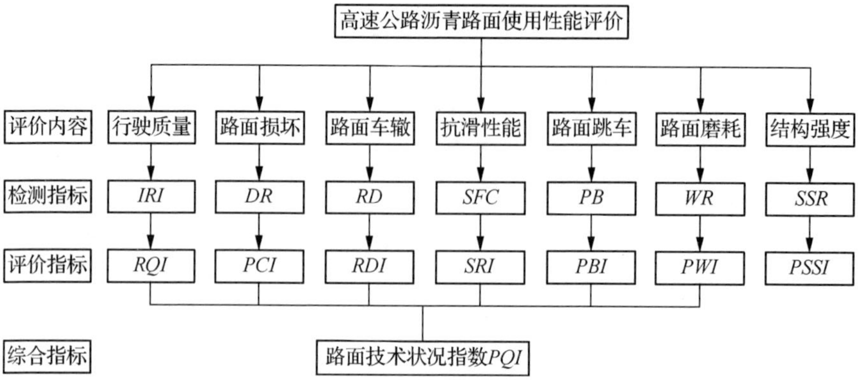

图 1.1 我国沥青路面技术状况评价指标体系

## 1.2 长期路面性能数据库

### 1.2.1 长期路面性能项目

本教材中采用的数据主要来自美国长期路面性能(Long-Term Pavement Performance,简称 LTPP) 项目数据库。路面长期性能项目 LTPP 是美国于 1987 年开始的公路战略研究计划(Strategic Highway Research Program,简称 SHRP) 的一部分,由美国联邦公路局(Federal Highway Administration,简称 FHWA) 管理。LTPP 的目标是研究不同的设计参数、交通量、环境参数、材料参数、施工质量、养护措施等因素对路面性能的影响,为路面设计和管理提供更好的指导,探索路面设计、施工、养护的新技术。LTPP 记录了北美超过 2 400 个运营路段的详细数据,自 20 世纪 90 年代以来,LTPP 数据开始被广泛应用于路面性能、模型及养护研究中。

LTPP 项目观测路段的长度均为 152 m。根据观测针对性的不同,可分为通用路面研究(General Pavement Studies,简称 GPS) 和专项路面研究(Specific Pavement Studies,简称 SPS) 两组。GPS 包括 934 个常用的路面结构,SPS 包括 1 580 个专用试验路段,以分析新建、养护、大修对路面性能的影响。其中,SPS-3 为沥青路面预防性养护对路面性能的影响,SPS-5 为沥青路面罩面类养护对路面性能的影响。LTPP 记录的数据包括路段基本信息(位置、施工次数、日期等)、气候信息(降雨量、冰冻指数等)、交通信息(交通量水平、车辆组成、轴载水平等)、养护信息(养护类型、材料类型、路面厚度等)、路面性能数据(车辙、裂缝、错台、平整度、摩擦系数等),这些数据可通过 LTPP InfoPave 网站下载。

### 1.2.2 沥青路面性能数据

LTPP 中沥青路面的性能数据主要包括平整度、抗滑系数、结构承载力和各种病害数据。平整度采用国际平整度指数 $IRI$ 表示。$IRI$ 是模拟理想车辆以一定速度沿路面纵向行驶 1 km(或 1 mile)[①] 距离车辆的相对竖向位移累积值,其单位为 m/km 或 in/mile。$IRI$ 越大,平整度越差。通常认为平整度直接影响路面行驶质量及汽车燃油消耗。抗滑系数是采用锁轮式测定车在 65 km/h 速度下测得的抗滑系数,无单位。结构承载力采用落锤式弯沉仪(Falling Weight Deflectometer,简称

---

① 1 mile = 1 609.347 m。

FWD)检测的路面弯沉值来评价,单位是 μm。针对路面病害,LTPP 于 2003 年发布了《路面长期性能项目病害识别手册》(Distress Identification Manual for the Long-Term Pavement Performance Program),对沥青路面和水泥路面的病害进行了整理,给出了病害类型及等级的详细定义。其中,沥青路面病害分为裂缝、坑洞与补丁、表面变形、表面缺陷及其他共五类,具体类型如表 1.1 所示。

表 1.1　LTPP 沥青路面病害类型

| | |
|---|---|
| 裂缝 | |
| 疲劳裂缝 | 疲劳裂缝,又称龟裂,是指在车辆重复荷载作用下,路表沥青层出现的自下而上的网状裂缝。疲劳裂缝严重程度分为轻度、中度、重度,其测量值是裂缝面积 |
| 块裂 | 块裂是将路面分割成近似矩形块状的裂缝,矩形块状的面积大小近似为 $0.1 \sim 10 \ m^2$。块裂的形成通常和荷载无关,主要由沥青硬化导致。块裂的严重程度分为轻度、中度、重度,其测量值是块裂的影响面积 |
| 边裂 | 边裂发生在未加铺的路肩,为新月形的裂缝或连续的断裂。边裂的严重程度分为轻度、中度、重度,其测量值是边裂的影响长度 |
| 轮迹带纵向裂缝 | 轮迹带纵向裂缝是平行于路面中线,位于轮迹带边缘自上而下的裂缝。它主要由车轮荷载引起的路表拉应力导致,一般被认为是疲劳裂缝的早期,随着时间的推移,可以发展为疲劳裂缝。其严重程度分为轻度、中度、重度,其测量值是裂缝长度 |
| 非轮迹带纵向裂缝 | 非轮迹带纵向裂缝是平行于路面中线,但不在轮迹带处的裂缝。其严重程度分为轻度、中度、重度,其测量值是裂缝长度 |
| 接缝反射裂缝 | 接缝反射裂缝特指水泥路面+沥青罩面的复合式路面中,水泥板块接缝反射导致的沥青面层开裂。测量值记录在纵向或横向裂缝数据中 |
| 横向裂缝 | 横向裂缝是垂直于路面中线的裂缝,通常认为是急剧的温度变化引起的温缩裂缝。横向裂缝的严重程度分为轻度、中度、重度,其测量值包括裂缝条数、裂缝长度 |
| 坑洞与补丁 | |
| 补丁 | 补丁是指路面上被去除后用新材料替换的部分。其严重程度分为轻度、中度、重度,测量值包括补丁个数和影响面积 |
| 坑槽 | 坑槽是指路面坑洞,通常由冻融循环、材料老化等原因导致。其严重程度分为轻度、中度、重度,测量值包括坑槽个数和坑槽影响面积 |
| 表面变形 | |
| 车辙 | 车辙是车轮迹下路面纵向表面凹陷。它是由路面中间层或者下层的变形、沥青混合料的抗压或抗剪失效等导致的。车辙的测量值是车辙深度,车辙深度越大,车辙越严重。车辙深度反映了路面行驶的舒适性和安全性 |
| 拥包 | 沥青面层因受车轮在刹车与加速时推挤而形成局部隆起的现象。以拥包数量与面积为评价指标 |

续表

| 表面缺陷 | |
|---|---|
| 泛油 | 泛油是指多余的沥青胶结料出现在路面上,通常出现在轮迹带处。其表现形式可能是泛油处颜色与道路其余部分不同,或者过多的沥青导致路面失去纹理,或者出现闪亮的、玻璃般的、反射的发黏表面。其测量值是泛油的影响面积 |
| 集料磨光 | 集料磨光是指沥青胶结料磨损,导致粗集料暴露、磨损,使得路面变得光滑。其测量值是集料磨光的影响面积 |
| 松散 | 松散是指集料颗粒和沥青胶结料的丧失导致集料剥落。松散的范围包括细集料丧失,粗集料丧失。其测量值是松散的影响面积 |
| 其他 | |
| 路肩错台 | 路肩与行车道高程的突然变化,LTPP数据库中并无此类病害数据 |
| 唧泥 | 唧泥是指水从沥青面层裂缝处往上渗漏至路面,在车辆荷载作用下,动水压力冲刷基层导致细集料溶解成泥浆,从裂缝处唧出。其测量值是唧泥发生的个数以及其影响长度 |

## 1.2.3 沥青路面性能影响因素

LTPP记录的影响沥青路面性能的外部因素包括交通量、气候环境、养护状况;内部因素包括结构厚度、材料特性、结构强度、运营年限等,具体内容包括:

(1) 交通量:交通量大小常采用等效单轴轴载(kilo Equivalent Single Axle Load,简称kESAL)表示。一般交通量越大,路面性能的衰变越快。

(2) 气候环境:主要包括温度和降雨两类,温度常采用冰冻指数(Freeze Index)表示,它是一年中所有低于0℃的日平均温度之和的负值,冰冻指数越大,表示温度越低。降雨常采用年平均降雨量表示。

(3) 养护状况:主要包括不同的养护措施,如沥青罩面、铣刨加铺(不同路面铣刨深度不同)、预防性养护类的薄层罩面、碎石封层、稀浆封层、裂缝密封等。适时合理的养护可以提高路面性能,延缓路面的衰变速率,从而延长路面的使用寿命。

(4) 结构厚度:主要包括各层材料类型、厚度等。通常路面厚度增加时,路面结构承载力增强,其衰变速率降低。

(5) 材料特性:主要包括详细的材料来源、级配、沥青用量、孔隙率、马歇尔稳定度等。原材料质量及级配都会影响路面性能,但LTPP中材料性能数据相对

（6）结构强度：路面的结构强度用结构系数（Structural Number，简称 SN）表示。为表征路面相对强度，可将表示该层材料相对强度的系数转换成沥青面层的厚度。

（7）服役寿命：LTPP 数据库中详细记录了路面养护次数、每次养护时间、检测时间。通过计算检测时间与养护时间的差值可以得到路面的服役寿命。

# 思考题

1. 简述路面性能评价包括哪些内容。
2. 简述沥青路面病害类型与检测方法。
3. 简述我国公路路面性能评价指标体系的组成与计算方法。
4. 简述不同路面性能评价指标随时间变化的规律。
5. 简述哪些环境与路面性能指标可以通过实时监测的手段获得。

# 2 数据分析基础

数据分析是从采集的数据中提取有用信息的过程,主要研究变量间关系,以及这种关系是否显著、如何描述等问题,在生产与科研中有着重要的作用。道路及其他基础设施在建设与运营过程中的试验、检测及监测均存在大量的不同类型的数据。采用数据分析方法解决工程问题就是针对明确的分析目的,采用合适的数据分析模型,从数据中提取有用的结论的过程。本章主要回顾数据分析基础理论,介绍不同类型的随机变量与分布、不同的数据描述方法、参数估计与显著性检验。

## 2.1 随机变量

### 2.1.1 变量类型

随机变量可分为离散(Discrete)变量和连续(Continuous)变量。在数据分析中,离散变量又可分为计数(Count)变量、名义(Nominal)变量、类型(Categorical)变量,其中作为自变量的名义变量或类型变量也称为哑变量(Dummy)或虚拟变量。

描述一个随机变量需要知道它能取哪些值,以及取这些值的概率。随机变量取值概率的规律称为概率分布(Probability Distribution)或分布律。随机变量的概率分布可用图表表示,有些可用表达式表示。随机变量 $X$ 落在区间 $(-\infty, x]$ 上的概率,称为累积分布函数(Cumulative Distribution Function,简称CDF)或分布函数。分布函数 $F(x)$ 的定义如式(2.1)。

$$F(x) = P\{X \leqslant x\}, \quad x \in (-\infty, +\infty) \tag{2.1}$$

### 2.1.2 离散型随机变量

若随机变量 $X$ 全部可能取值为有限或可列无穷个,则称 $X$ 为离散型随机变量。

其概率分布或分布律也称为离散型变量的概率质量函数(Probability Mass Function,简称 PMF),定义如式(2.2)。

$$P\{X = x_i\} = p_i, \quad i = 1, 2, \cdots \tag{2.2}$$

离散型随机变量的每一个取值 $x_i$ 的概率 $p_i$ 满足式(2.3),即概率值 $p_i$ 大于等于 0,并且所有概率值 $p_i$ 之和为 1。

$$\sum_{i=1}^{+\infty} p_i = 1, \quad p_i \geqslant 0 \tag{2.3}$$

离散型随机变量的累积分布函数如式(2.4)。

$$F(x) = P\{X \leqslant x\} = \sum_{x_k \leqslant x} P\{X = x_k\} \tag{2.4}$$

下面介绍常见的离散型变量分布,包括 0-1 分布、二项分布、泊松分布等。

1) 0-1 分布

若随机变量 $X$ 的取值只能是 0 和 1 两个值,取值为 1 的概率为 $p$,则称 $X$ 服从以 $p$ 为参数的 0-1 分布,又称伯努利分布(Bernoulli Distribution),记作 $X \sim B(1, p)$,其概率质量函数如式(2.5)。

$$P\{X = k\} = p^k (1-p)^{1-k}, \quad k = 0, 1, \quad 0 \leqslant p \leqslant 1 \tag{2.5}$$

累积分布函数如式(2.6)。

$$F(x) = \begin{cases} 0, & x < 0 \\ 1 - p, & 0 \leqslant x < 1 \\ 1, & x \geqslant 1 \end{cases} \tag{2.6}$$

2) 二项分布

二项分布(Binomial Distribution)是多次伯努利试验的概率分布。伯努利试验是可重复的有成功和失败两种结果的独立试验,每次试验成功的概率 $p$ 相同。进行 $n$ 次伯努利试验,成功次数为 $k$ 的随机变量 $X$ 服从参数为 $(n, p)$ 的二项分布,记为 $X \sim B(n, p)$,其概率质量函数如式(2.7)。显然,0-1 分布就是 $n = 1$ 时的二项分布。

$$P\{X = k\} = \binom{n}{k} p^k (1-p)^{n-k}, \quad k = 0, 1, \cdots, n \tag{2.7}$$

累积分布函数如式(2.8),其中 $\lfloor x \rfloor$ 表示取下整数。

$$F(x) = \sum_{k=0}^{\lfloor x \rfloor} \binom{n}{k} p^k (1-p)^{n-k} \tag{2.8}$$

此外,基于伯努利试验还可得到负二项分布(Negative Binomial Distribution)。进行 $n$ 次伯努利试验时,成功次数为 $r$,失败次数为 $k$ 的随机变量 $X$

服从参数为$(r,p)$的负二项分布,记为$X \sim NB(r,p)$。"负"体现在二项式的系数部分,其概率质量函数如式(2.9)。

$$P\{X=k\} = \binom{k+r-1}{k} p^r (1-p)^k = (-1)^k \binom{-r}{k} p^r (1-p)^k, k=0,1,\cdots,n$$
(2.9)

3)泊松分布

泊松分布描述单位时间内事件发生次数的概率,如10分钟内出现5个顾客的概率,一个路段5年内出现10条裂缝的概率。单位时间内事件发生$\lambda$次的随机变量$X$服从参数为$\lambda$的泊松分布(Poisson Distribution),记为$X \sim P(\lambda)$,其概率质量函数如式(2.10)。

$$P\{X=k\} = \frac{\lambda^k \mathrm{e}^{-\lambda}}{k!}, \quad k=0,1,2,\cdots$$
(2.10)

累积分布函数如式(2.11)。

$$F(x) = \sum_{k=0}^{\lfloor x \rfloor} \frac{\lambda^k \mathrm{e}^{-\lambda}}{k!}$$
(2.11)

泊松分布满足泊松定理,即设$\lambda > 0$是一个常数,$n$是任意正整数,$np_n = \lambda$,对于任一固定的非负整数$k$,式(2.12)成立。

$$\lim_{n \to \infty} \binom{n}{k} p_n^k (1-p_n)^{n-k} = \frac{\lambda^k \mathrm{e}^{-\lambda}}{k!}$$
(2.12)

所以泊松分布是二项分布的近似,二项分布在$n \to \infty, p \to 0$时,一般当$n \geqslant 20, p \leqslant 0.05$时,可用泊松分布逼近,式(2.13)成立。

$$\binom{n}{k} p^k (1-p)^{1-k} \approx \frac{\lambda^k \mathrm{e}^{-\lambda}}{k!} \quad (\lambda = np)$$
(2.13)

## 2.1.3 连续型随机变量

若随机变量$X$的分布函数$F(x)$存在非负可积函数$f(x)$,使对于任意实数$x$,其累积分布函数如式(2.14),则称$X$为连续型随机变量。

$$F(x) = P\{X \leqslant x\} = \int_{-\infty}^{x} f(t) \mathrm{d}t, \quad x \in (-\infty, +\infty)$$
(2.14)

其中,$f(x)$为概率密度函数(Probability Density Function,简称 PDF)。如式(2.15),连续型随机变量概率密度函数曲线下覆盖的总面积为1。连续变量落入某个区间的概率就是概率密度函数曲线在这个区间上所覆盖的面积,即概率密度函数在这个区间上的积分。

$$\int_{-\infty}^{+\infty} f(t)\mathrm{d}t = 1 \tag{2.15}$$

常见的连续型变量分布包括均匀分布、指数分布、正态分布、$t$ 分布、$\chi^2$ 分布、$F$ 分布等。

1) 均匀分布

随机变量 $X$ 在 $[a,b]$ 上呈均匀分布(Uniform Distribution),记为 $U[a,b]$,其概率密度函数如式(2.16)。

$$f(x) = \begin{cases} \dfrac{1}{b-a}, & a \leqslant x \leqslant b, \\ 0, & x < a \text{ 或 } x > b \end{cases} \tag{2.16}$$

累积分布函数如式(2.17)。

$$F(x) = \begin{cases} 0, & x < a, \\ \dfrac{x-a}{b-a}, & a \leqslant x < b, \\ 1, & x \geqslant b \end{cases} \tag{2.17}$$

2) 指数分布

指数分布用于描述事件的时间间隔,如某人接到电话的时间间隔,路面出现裂缝的时间间隔。若将单位时间事件发生的次数记为 $\lambda$,事件的时间间隔随机变量 $X$ 服从参数为 $\lambda$ 的指数分布(Exponential Distribution),记为 $X \sim E(\lambda)$,其概率密度函数如式(2.18)。

$$f(x) = \begin{cases} \lambda \mathrm{e}^{-\lambda x}, & x \geqslant 0, \\ 0, & x < 0 \end{cases} \tag{2.18}$$

累积分布函数如式(2.19)。

$$F(x) = \begin{cases} 1 - \mathrm{e}^{-\lambda x}, & x \geqslant 0, \\ 0, & x < 0 \end{cases} \tag{2.19}$$

指数分布的特点是无记忆性,即对于任意 $s,t > 0$,式(2.20)成立。

$$P\{X > s+t \mid X > s\} = P\{X > t\} \tag{2.20}$$

3) 正态分布

正态分布(Normal Distribution)又称高斯分布(Gaussian Distribution),是数学、物理、工程、医学、经济等众多领域中一种重要的随机分布。随机变量 $X$ 服从参数为 $(\mu,\sigma)$ 的正态分布,记为 $X \sim N(\mu,\sigma^2)$,其概率密度函数如式(2.21)和图 2.1 所示。其中,$\mu$ 为均值;$\sigma$ 为标准差;$\sigma^2$ 为方差。

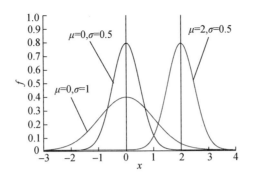

**图 2.1　正态分布概率密度函数曲线**

$$f(x) = \frac{1}{\sqrt{2\pi}\sigma} e^{-\frac{(x-\mu)^2}{2\sigma^2}}, \quad -\infty < x < +\infty \tag{2.21}$$

累积分布函数如式(2.22)。

$$F(x) = \int_{-\infty}^{x} \frac{1}{\sqrt{2\pi}\sigma} e^{-\frac{(t-\mu)^2}{2\sigma^2}} dt, \quad -\infty < x < +\infty \tag{2.22}$$

图 2.2 为正态分布的概率密度函数与分布函数的关系,曲线为概率密度函数 $f(x)$,阴影部分为分布函数 $F(x)$。随机变量位于某一区间范围内的概率可通过式(2.23)计算。如图 2.3,正态分布 $X \sim N(0,1)$ 变量落在区间$[0.51,1.57]$中的概率,就是其概率密度函数曲线下 0.51 和 1.57 之间的面积。正态分布的另一重要性质是,在 $\mu \pm \sigma, \mu \pm 2\sigma, \mu \pm 3\sigma$ 区间上概率密度函数曲线之下的面积占总面积的 68.3%,95.4%,99.7%,如图 2.4。

$$P\{x_1 \leqslant X \leqslant x_2\} = F(x_2) - F(x_1) \tag{2.23}$$

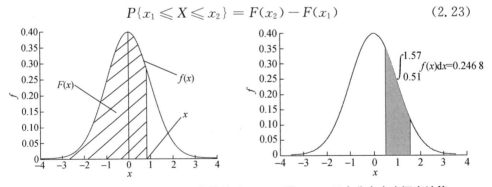

**图 2.2　正态分布的概率密度函数与分布函数的关系**　　**图 2.3　正态分布密度概率计算**

如图 2.5,可采用 QQ 图来检验随机变量是否呈正态分布。Q 代表分位数(Quantile),是指将一个随机变量的概率分布范围分为几个等份的数值点,常用的有中位数、四分位数、百分位数等。例如,将随机变量的数值从小到大排序,计算相应的累积百分位,某一百分位所对应的值为这一百分位的百分位数。正态分布的

QQ 图,是以标准正态分布的分位数为横坐标,样本值为纵坐标的散点图。若 QQ 图上的点近似地在一条直线附近,说明是正态分布,而且该直线的斜率为标准差,截距为均值。

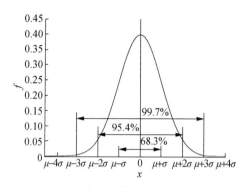

图 2.4　正态分布的概率密度函数曲线　　　　图 2.5　正态分布 QQ 图

一个正态分布可通过减去其均值 $\mu$,再除以其标准差 $\sigma$ 得到均值为 0,方差为 1 的标准正态分布 $Z \sim N(0,1)$,如式(2.24)。在假设检验中,基于标准正态分布的均值显著性检验一般称为 $Z$ 检验,也称为 $U$ 检验。

$$Z = \frac{X - \mu}{\sigma} \tag{2.24}$$

设随机变量 $Z \sim N(0,1)$,对 $0 < \alpha < 1$,称满足 $P\{Z \geqslant z_\alpha\} = \alpha$ 的点为标准正态分布的上 $\alpha$ 分位点,记为 $z_\alpha$,几何意义如图 2.6 所示,定义如式(2.25)。标准正态分布的概率密度函数 $f(z)$ 关于 $z = 0$ 对称,因此式(2.26)成立。可通过查正态分布表,确定对应不同 $\alpha$ 的 $z_\alpha$ 值。

$$P\{Z \geqslant z_\alpha\} = \int_{z_\alpha}^{+\infty} f(z) \mathrm{d}z = \alpha \tag{2.25}$$

$$P\{Z \leqslant -z_\alpha\} = P\{Z \geqslant z_\alpha\} = \alpha \tag{2.26}$$

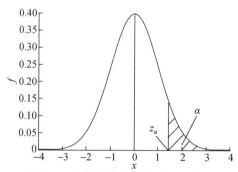

图 2.6　标准正态分布的上 $\alpha$ 分位点

4) $t$ 分布

正态变量样本的均值也是正态变量,可通过减去其均值再除以其总体标准差来得到标准正态变量。当样本量较大(超过 30 个)时,可用样本标准差代替正态变量总体标准差,直接用正态分布来估计总体均值。当样本量较小时,在估计总体均值时,用样本标准差来代替未知的总体标准差,得到的结果分布不是标准正态分布。如图 2.7 所示,它的概率密度函数曲线类似标准正态分布,但中间较窄,尾巴较长。这种分布称为 $t$ 分布,也称为学生分布(Student's $t$-Distribution)。设 $X \sim N(\mu, \sigma^2)$,但是 $\sigma$ 未知,如式(2.27)所示的随机变量 $T$ 服从 $t(n)$ 分布,记为 $T \sim t(n)$,$n$ 为自由度(Degree of Freedom,简称 DF),其中,$\overline{X}$ 为样本均值,$S$ 为样本方差。自由度为样本中独立或能自由变化的数据的个数,即"自由度 = 样本个数 − 样本数据受约束条件的个数"。$t$ 分布中,自由度越小,分布曲线愈平坦。

$$T = \frac{\overline{X} - \mu}{\frac{S}{\sqrt{n}}} \tag{2.27}$$

其概率密度函数如式(2.28)和图 2.7 所示。

$$f(t) = \frac{\Gamma\left(\frac{n+1}{2}\right)}{\sqrt{n\pi}\,\Gamma\left(\frac{n}{2}\right)} \left(1 + \frac{t^2}{n}\right)^{-\frac{n+1}{2}}, \quad -\infty < t < +\infty \tag{2.28}$$

对 $0 < \alpha < 1$,$t$ 分布的上 $\alpha$ 分位点 $t_\alpha$ 满足式(2.29),其几何意义如图 2.8 所示。基于标准正态分布的 $Z$ 检验需要知道总体标准差,因此基于 $t$ 分布的 $t$ 检验改进了 $Z$ 检验。

$$P\{T \geqslant t_\alpha\} = \alpha \tag{2.29}$$

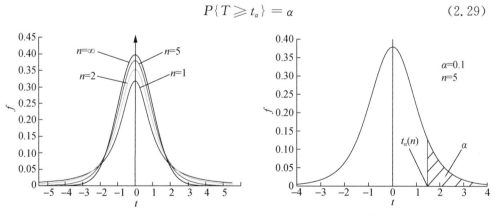

图 2.7 $t$ 分布概率密度函数曲线  图 2.8 $t$ 分布的上 $\alpha$ 分位点

5) $\chi^2$ 分布

$n$ 个独立标准正态分布随机变量 $X_i \sim N(0,1)$ 的平方和为 $W$,如式(2.30),服从自由度为 $n$ 的 $\chi^2$ 分布(卡方分布),记为 $W \sim \chi^2(n)$。其概率密度函数如式(2.31)和图 2.9。

$$W = X_1^2 + X_2^2 + \cdots + X_n^2 \tag{2.30}$$

$$f(u) = \begin{cases} \dfrac{1}{2^{\frac{n}{2}} \Gamma\left(\dfrac{n}{2}\right)} u^{\frac{n}{2}-1} e^{-\frac{u}{2}}, & u \geqslant 0, \\ 0, & u < 0 \end{cases} \tag{2.31}$$

对 $0 < \alpha < 1$,$\chi^2$ 分布上 $\alpha$ 分位点 $\chi_\alpha^2$ 定义如式(2.32),其几何意义如图 2.10。

$$P\{W \geqslant \chi_\alpha^2\} = \alpha \tag{2.32}$$

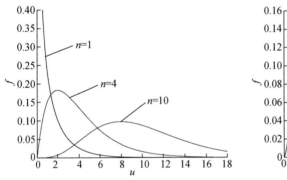

图 2.9 $\chi^2$ 分布概率密度函数曲线　　　图 2.10 $\chi^2$ 分布的上 $\alpha$ 分位点

6) $F$ 分布

两个相互独立 $\chi^2$ 分布变量 $X \sim \chi^2(n_1)$,$Y \sim \chi^2(n_2)$ 除以它们各自的自由度之后的比值,称为服从自由度为 $(n_1, n_2)$ 的 $F$ 分布的随机变量,记为 $F \sim F(n_1, n_2)$,如式(2.33)。

$$F = \dfrac{X/n_1}{Y/n_2} \tag{2.33}$$

其中,$n_1$ 为第一自由度;$n_2$ 为第二自由度。

$F$ 分布曲线形状取决于自由度 $n_1$ 和 $n_2$。$F$ 分布的概率密度函数如式(2.34)和图 2.11。

$$f(y) = \begin{cases} \dfrac{\Gamma\left(\dfrac{n_1+n_2}{2}\right)}{\Gamma\left(\dfrac{n_1}{2}\right)\Gamma\left(\dfrac{n_2}{2}\right)} \left(\dfrac{n_1}{n_2}\right)^{\frac{n_1}{2}} y^{\frac{n_1}{2}-1} \left(1 + \dfrac{n_1}{n_2} y\right)^{-\frac{n_1+n_2}{2}}, & y \geqslant 0, \\ 0, & y < 0 \end{cases} \tag{2.34}$$

对 $0<\alpha<1$,$F$ 分布上 $\alpha$ 分位点为 $F_\alpha(n_1,n_2)$,定义如式(2.35)和图 2.12。

$$P\{F \geqslant F_\alpha\} = \alpha \qquad (2.35)$$

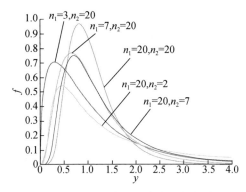

图 2.11　$F$ 分布概率密度函数曲线　　　　图 2.12　$F$ 分布的上 $\alpha$ 分位点

## 2.1.4　二维随机变量

线段的长度是一个一维随机变量,点的平面位置是一个二维随机变量,点的空间位置是一个三维随机变量,路面的性能指标包括 PCI、RQI、RDI、SRI、PBI、PWI、PSSI 共 7 个指标,因而是一个 7 维随机变量。设 $X$ 是随机变量,$x$ 是任意实数。一个随机试验的样本空间是 $S$,由定义在 $S$ 上的随机变量 $X_i$ 构成的向量 $(X_1, X_2, \cdots, X_n)$ 称为多维随机向量(Multidimensional Random Vector)或多维随机变量。对于任意 $x_1, x_2, \cdots, x_n$,称函数 $F(x_1, x_2, \cdots, x_n)$ 为 $n$ 维随机变量的分布函数,如式(2.36)。

$$F(x_1, x_2, \cdots, x_n) = P\{X_1 \leqslant x_1, X_2 \leqslant x_2, \cdots, X_n \leqslant x_n\} \qquad (2.36)$$

这里以二维随机变量为例,介绍联合分布、边缘分布、条件分布等概念。设 $X,Y$ 是二维随机变量,对于任意实数 $x,y$,二元函数 $F(x,y)$ 称为二维随机变量 $(X,Y)$ 的分布函数,或随机变量 $X$ 和 $Y$ 的联合分布函数(Joint Probability Distribution)。如图 2.13(a)所示,分布函数 $F(x,y)$ 在点 $(x,y)$ 处的函数值就是随机点 $(X,Y)$ 落在以点 $(x,y)$ 为顶点的左下方的无穷矩形域内的概率。分布函数的定义如式(2.37)。

$$F(x,y) = P\{(X \leqslant x) \bigcup (Y \leqslant y)\} = P\{X \leqslant x, Y \leqslant y\} \qquad (2.37)$$

随机点 $(X,Y)$ 落在图 2.13(b)矩形区域 $(x_1 < x \leqslant x_2, y_1 < y \leqslant y_2)$ 的概率如式(2.38)。

$$P\{x_1 < x \leqslant x_2, y_1 < y \leqslant y_2\} = F(x_2, y_2) - F(x_2, y_1) - F(x_1, y_2) + F(x_1, y_1) \tag{2.38}$$

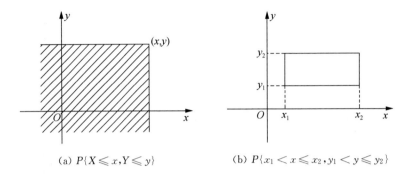

(a) $P\{X \leqslant x, Y \leqslant y\}$  (b) $P\{x_1 < x \leqslant x_2, y_1 < y \leqslant y_2\}$

图 2.13 二维随机变量

二维随机变量中,称 $X,Y$ 各自的分布为边缘分布(Marginal Distribution),记为 $F_X(x)$ 和 $F_Y(y)$,如式(2.39)和式(2.40)。

$$F_X(x) = P\{X \leqslant x\} = P\{X \leqslant x, Y < +\infty\} = F(x, +\infty) \tag{2.39}$$

$$F_Y(y) = P\{Y \leqslant y\} = P\{X < +\infty, Y \leqslant y\} = F(+\infty, y) \tag{2.40}$$

如果二维随机变量 $(X,Y)$ 全部可能取到的值是有限对或是可列无限对,称 $(X,Y)$ 为离散型二维随机变量。对其所有的可能取值 $(x_i, y_j)$,二维离散型随机变量 $(X,Y)$ 的分布律,或随机变量 $X$ 和 $Y$ 的联合概率质量函数(Joint Probability Mass Function)如式(2.41)。$X$ 和 $Y$ 的边缘概率质量函数(Marginal Probability Mass Function)如式(2.42)和式(2.43)。

$$P\{X = x_i, Y = y_j\} = p_{ij}, \quad i, j = 1, 2, \cdots \tag{2.41}$$

$$p_{i\cdot} = P\{X = x_i\} = \sum_{j=1}^{+\infty} p_{ij}, \quad i = 1, 2, \cdots \tag{2.42}$$

$$p_{\cdot j} = P\{Y = y_j\} = \sum_{i=1}^{+\infty} p_{ij}, \quad j = 1, 2, \cdots \tag{2.43}$$

根据条件概率定义,若对固定的 $j$,$P\{Y = y_j\} > 0$,在 $Y = y_j$ 条件下 $X$ 的条件概率质量函数(Conditional Probability Mass Function)如式(2.44),即事件 $\{X = x_i \mid Y = y_j\}$ 的概率 $P\{X = x_i \mid Y = y_j\}$。

$$P\{X = x_i \mid Y = y_j\} = \frac{P\{X = x_i, Y = y_j\}}{P\{Y = y_j\}} = \frac{p_{ij}}{p_{\cdot j}}, i = 1, 2, \cdots \tag{2.44}$$

如果对于二维随机变量 $(X,Y)$ 的分布函数 $F(x,y)$,存在非负可积函数 $f(x,y)$ 使得对于任意 $x,y$,式(2.45)成立,称 $(X,Y)$ 为连续型二维随机变量,函数 $f(x,y)$ 为二维连续型随机变量 $(X,Y)$ 的概率密度,或随机变量 $X$ 和 $Y$ 的联合概率密度函数

(Joint Probability Density Function)。连续二维随机变量关于 $X$ 和 $Y$ 的边缘概率密度函数(Marginal Probability Density Function) 如式(2.46) 和式(2.47)。

$$F(x,y) = \int_{-\infty}^{x} \int_{-\infty}^{y} f(u,v) \mathrm{d}u \mathrm{d}v \tag{2.45}$$

$$f_X(x) = \int_{-\infty}^{+\infty} f(x,y) \mathrm{d}y \tag{2.46}$$

$$f_Y(y) = \int_{-\infty}^{+\infty} f(x,y) \mathrm{d}x \tag{2.47}$$

若对固定的 $y$,$f_Y(y) > 0$,在 $Y = y$ 条件下 $X$ 的条件概率密度函数 (Conditional Probability Density Function) 如式(2.48)。

$$f_{X|Y}(x \mid y) = \frac{f(x,y)}{f_Y(y)} \tag{2.48}$$

$Y = y$ 条件下 $X$ 的条件累积分布函数(Conditional Cumulative Distribution Function) 如式(2.49)。

$$F_{X|Y}(x \mid y) = \int_{-\infty}^{x} f_{X|Y}(t \mid y) \mathrm{d}t = \int_{-\infty}^{x} \frac{f(t,y)}{f_Y(y)} \mathrm{d}t \tag{2.49}$$

## 2.2 数据描述

### 2.2.1 采样方法

进行数据分析之前首先要获取足够多的数据样本。包含所有要研究的个体的集合称为总体(Population)。采样(Sampling) 是从总体 $X$ 中随机抽取个体 $X_1$,$X_2$,$\cdots$,$X_n$,这些个体称为取自总体 $X$ 大小(Size) 或容量为 $n$ 的样本(Sample)。它们的观察值 $x_1$,$x_2$,$\cdots$,$x_n$ 称为样本值(Sample Value)。例如对于路面抗滑系数这一总体,路面每一个点抗滑系数为个体,实际采集的路面抗滑系数为随机样本,随机的意思是每个个体被选取的机会均等。常用的采样方法有以下几种:

(1) 随机(Random) 采样:总体中的每一个体都有同等机会被选到,如对整个路网随机选取位置,检测抗滑系数。

(2) 分层(Stratified) 采样:先把总体按照某些性质分类(Stratum),再在各类中抽取样本,如先将路网划分为不同路段,对每个路段随机选取位置,检测抗滑系数。

(3) 整群(Cluster) 采样:先把总体划分成若干群,再从这些群中随机抽取若干群;然后再在这些抽取的群中对个体进行随机采样。例如先将路网划分为不同路段,再随机选取一些路段,对选取的路段随机选取位置,检测抗滑系数。

（4）多级（Multistage）采样：当群体很大时，往往在抽取若干群之后，在其中抽取若干子群，甚至再在子群中抽取子群等。例如先将路网划分为不同路段，再按照交通量划分为不同子段，然后随机选取一些子路段，对选取的子路段随机选取位置，检测抗滑系数。

## 2.2.2 常用数字特征

随机变量的概率分布函数全面地反映了其概率性质，但实际往往难以求解。不过数据分析中可能只需知道一些数字特征。总体与样本随机变量常用的数字特征包括中位数、众数、均值、期望、方差、原点矩、中心距、偏度与峰度等。

1）中位数与众数

中位数（Median）就是将数据按大小顺序排列后处于中间位置的数，不受极端值影响，比均值稳定，常用于描述收入高低。众数（Mode）是数据中出现次数最多的数，即所占比例最大的数。数据具有明显的集中趋势时，众数代表性好。众数不受极端值影响，但缺乏唯一性：可能有一个，可能有两个，可能一个都没有。

2）均值

数据大小可用均值（Mean）来描述。均值充分利用所有数据，适用性强，但容易受到极端值影响。设 $X_1, X_2, \cdots, X_n$ 是容量为 $N$ 的总体 $X$ 的一个简单随机抽样，总体均值 $\mu$ 按式（2.50）计算，样本均值 $\overline{X}$ 按式（2.51）计算。通常可用样本均值来估计总体均值，并对有关总体均值的假设作检验。

$$\mu = \frac{1}{N}\sum_{i=1}^{N} X_i \tag{2.50}$$

$$\overline{X} = \frac{1}{n}\sum_{i=1}^{n} X_i \tag{2.51}$$

3）方差

数据的离散程度可通过方差（Variance）来描述，方差是数据与均值距离的平方的均值。设 $X_1, X_2, \cdots, X_n$ 是容量为 $N$ 的总体 $X$ 的一个随机抽样，总体方差 $\sigma^2$ 按式（2.52）计算，样本方差 $S^2$ 按式（2.53）计算。通常用样本方差来估计总体方差，并对有关总体方差的假设作检验。

$$\sigma^2 = \frac{1}{N}\sum_{i=1}^{N}(X_i - \mu)^2 \tag{2.52}$$

$$S^2 = \frac{1}{n-1}\sum_{i=1}^{n}(X_i - \overline{X})^2 \tag{2.53}$$

标准差（Standard Deviation，简称 SD）是方差的算术平方根。变异系数

(Coefficient of Variance,简称CV)为样本标准差除以样本均值,按式(2.54)计算,可描述数据相对分散性。

$$CV = 100 \times \frac{S}{\bar{X}} \quad (2.54)$$

**4) 正态样本的均值与方差**

正态总体样本均值与方差的分布是进行显著性检验的重要基础。设 $X_1, X_2, \cdots, X_n$ 是来自正态总体 $N(\mu, \sigma^2)$ 的样本, $\bar{X}, S^2$ 分别为样本均值和样本方差,且 $\bar{X}$ 与 $S^2$ 相互独立。根据中心极限定理,当样本量足够大时,样本均值也呈正态分布,如式(2.55)。当样本数量较少时,样本均值呈 $t$ 分布,如式(2.56)。样本方差呈 $\chi^2$ 分布,如式(2.57)。

$$\frac{\bar{X} - \mu}{\sigma/\sqrt{n}} \sim N(0, 1) \quad (2.55)$$

$$\frac{\bar{X} - \mu}{S/\sqrt{n}} \sim t(n-1) \quad (2.56)$$

$$\frac{(n-1)S^2}{\sigma^2} \sim \chi^2(n-1) \quad (2.57)$$

设 $X_1, X_2, \cdots, X_n$ 与 $Y_1, Y_2, \cdots, Y_n$ 分别是来自正态总体 $N(\mu_1, \sigma_1^2), N(\mu_2, \sigma_2^2)$ 的样本,且这两个样本相互独立,二者均值差满足正态分布,如式(2.58)和式(2.59)。

$$\bar{X} - \bar{Y} \sim N\left(\mu_1 - \mu_2, \frac{\sigma_1^2}{n_1} + \frac{\sigma_2^2}{n_2}\right) \quad (2.58)$$

$$\frac{(\bar{X} - \bar{Y}) - (\mu_1 - \mu_2)}{\sqrt{\frac{\sigma_1^2}{n_1} + \frac{\sigma_2^2}{n_2}}} \sim N(0, 1) \quad (2.59)$$

若 $\sigma_1^2 = \sigma_2^2 = \sigma^2$,而 $\sigma^2$ 未知,二者均值差除以其标准误满足 $t$ 分布,如式(2.60)。其中,标准误(Standard Error,简称SEM)代表当前样本对总体数据的估计,是样本均值与总体均数的差异。其中,$S_w$ 按式(2.61)计算。

$$\frac{(\bar{X} - \bar{Y}) - (\mu_1 - \mu_2)}{S_w \sqrt{\frac{1}{n_1} + \frac{1}{n_2}}} \sim t(n_1 + n_2 - 2) \quad (2.60)$$

$$S_w = \sqrt{\frac{(n_1 - 1)S_1^2 + (n_2 - 1)S_2^2}{n_1 + n_2 - 2}} \quad (2.61)$$

若 $\sigma_1^2 = \sigma_2^2 = \sigma^2$,样本方差 $S_1^2$ 和 $S_2^2$ 分别为总体方差 $\sigma_1^2$ 和 $\sigma_2^2$ 的无偏估计,其比值满足 $F$ 分布,如式(2.62)。

$$\frac{S_1^2/\sigma_1^2}{S_2^2/\sigma_2^2} \sim F(n_1 - 1, n_2 - 1) \quad (2.62)$$

5）期望与方差

期望与均值的概念类似，但均值是统计得到的样本的平均值，期望可认为是根据概率分布"预测"的样本平均值。根据大数定理，样本数量很大时，样本均值与期望值之间的差大于 0 的概率接近于 0，即均值和真实值无限接近。设离散型随机变量 $X$ 的分布律为 $P\{X=x_i\}=p_i, i=1,2,\cdots$，若级数 $\sum_{i=1}^{+\infty}|x_i|p_i$ 收敛，则称级数 $\sum_{i=1}^{+\infty}x_i p_i$ 的和为随机变量 $X$ 的数学期望（Expectation），记为 $E(X)$，如式（2.63）。

$$E(X)=\sum_{i=1}^{+\infty}x_i p_i \qquad (2.63)$$

设连续型随机变量 $X$ 的概率密度函数为 $f(x)$，若积分 $\int_{-\infty}^{+\infty}|x|f(x)\mathrm{d}x$ 收敛，则 $X$ 的期望 $E(X)$ 按式（2.64）计算。

$$E(X)=\int_{-\infty}^{+\infty}xf(x)\mathrm{d}x \qquad (2.64)$$

类似于期望，同样可得随机变量 $X$ 的方差，记为 $D(X)$ 或 $\mathrm{Var}(X)$，按式（2.65）计算。$\sqrt{\mathrm{Var}(X)}$ 称为 $X$ 的标准差。常见随机变量分布的期望与方差汇总如表 2.1。

$$\mathrm{Var}(X)=E\{[X-E(X)]^2\} \qquad (2.65)$$

表 2.1 常见分布的期望和方差

| 分布 | 期望 $E(X)$ | 方差 $\mathrm{Var}(X)$ |
| --- | --- | --- |
| 0-1 分布 $B(1,p)$ | $p$ | $p(1-p)$ |
| 二项分布 $B(n,p)$ | $np$ | $np(1-p)$ |
| 泊松分布 $P(\lambda)$ | $\lambda$ | $\lambda$ |
| 均匀分布 $U(a,b)$ | $\dfrac{a+b}{2}$ | $\dfrac{(b-a)^2}{12}$ |
| 指数分布 $E(\lambda)$ | $\dfrac{1}{\lambda}$ | $\dfrac{1}{\lambda^2}$ |
| 正态分布 $N(\mu,\sigma^2)$ | $\mu$ | $\sigma^2$ |
| $t$ 分布 | $0(n>1)$ | $\dfrac{n}{n-2}(n>2)$ |
| $\chi^2$ 分布 | $n$ | $2n$ |
| 伽马分布 $\Gamma(\alpha,\beta)$ | $\dfrac{\alpha}{\beta}$ | $\dfrac{\alpha}{\beta^2}$ |
| 几何分布 $G(p)$ | $\dfrac{1}{p}$ | $\dfrac{1-p}{p^2}$ |
| 超几何分布 $H(n,M,N)$ | $\dfrac{nM}{N}$ | $\dfrac{nM}{N}\left(1-\dfrac{M}{N}\right)\left(\dfrac{N-n}{N-1}\right)$ |

6) 原点矩和中心距

设 $X_1, X_2, \cdots, X_n$ 是总体 $X$ 的一个简单随机样本，$\overline{X}$ 为样本均值，样本的 $k$ 阶原点矩(Moment about Origin)按式(2.66)计算，$k$ 阶中心矩(Moment about Center)按式(2.67)计算。

$$A_k = \frac{1}{n}\sum_{i=1}^{n} X_i^k, \ k = 1, 2, \cdots \tag{2.66}$$

$$M_k = \frac{1}{n}\sum_{i=1}^{n} (X_i - \overline{X})^k, \ k = 2, 3, \cdots \tag{2.67}$$

设随机变量 $X$ 的分布函数为 $F(x)$，对任意给定的正整数 $k$，若 $E(|X|^k)$ 存在，$X$ 的 $k$ 阶原点矩和中心距也可表示为式(2.68)和式(2.69)。

$$\alpha_k = E(X^k) = \int_{-\infty}^{+\infty} x^k \mathrm{d}[F(x)] \tag{2.68}$$

$$\mu_k = E\{[X - E(X)]^k\} = \int_{-\infty}^{+\infty} [X - E(X)]^k \mathrm{d}[F(x)] \tag{2.69}$$

原点矩与中心距是广泛应用的数字特征，可用样本的 $k$ 阶原点矩或中心矩来估计总体分布的 $k$ 阶原点矩或中心矩。引入矩是为了描述随机变量分布的形态。矩的定义是各点对某一固定点离差幂的平均值。若固定点为 0，则是原点矩；若固定点为均值，则是中心距。均值或期望是一阶原点矩，表示分布重心；方差是二阶中心距，表示离散程度；偏度考虑了三阶中心矩，表示分布偏离对称的程度；峰度考虑了四阶中心距，描述分布的尖峰程度。

7) 偏度与峰度

若分布函数 $F(x)$ 有二阶和三阶中心矩 $\mu_2$ 和 $\mu_3$，二阶和三阶中心矩可按式(2.69)计算，则偏度(Skewness)系数可按式(2.70)计算。偏度系数反映了分布函数的对称性，如图 2.14，正态分布的偏度为 0；偏度大于 0，分布偏向右侧；偏度小于 0，分布偏向左侧。

$$C_s = \frac{\mu_3}{\mu_2^{\frac{3}{2}}} \tag{2.70}$$

若分布函数 $F(x)$ 有二阶和四阶中心矩 $\mu_2$ 和 $\mu_4$，则峰度(Kurtosis)系数可按式(2.71)计算。峰度系数反映了分布函数平均值处峰值的高低，即集中程度。如图 2.15，正态分布的峰度值为 0；峰度大于 0，分布较分散；峰度值小于 0，分布较集中。

$$C_k = \frac{\mu_4}{\mu_2^2} - 3 \tag{2.71}$$

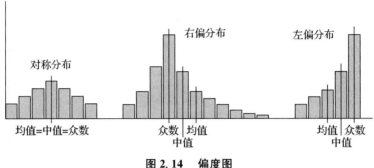

图 2.14 偏度图

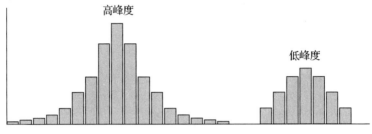

图 2.15 峰度图

## 2.2.3 直方图与箱线图

除采用数字特征外,还可采用图表来直观表示随机变量的分布。图 2.16 所示的直方图(Histogram)是最常用的反映数据频数分布规律的图。除了不同区间的分布频率,图中还给出了累积频率曲线。此外,图 2.17 所示的箱线图(Box Plot)也可用于反映数据的分布情况,箱线图一般包括 5 个统计量:

(1) 下四分位数 $Q_1$:将所有数据按照从小到大的顺序排序,排在第 25% 位置的数字;

(2) 上四分位数 $Q_3$:将所有数据按照从小到大的顺序排序,排在第 75% 位置的数字;

(3) 四分位距 IQR(Inter Quartile Range):$Q_3 - Q_1$,常用于衡量数据离散程度;

(4) 下边缘 $Q_1 - 1.5\text{IQR}$:位于下四分位数下方 1.5 个四分位距的数字;

(5) 上边缘 $Q_3 + 1.5\text{IQR}$:位于上四分位数上方 1.5 个四分位距的数字,一般认为上下边缘以外的数据为离群值(Outlier)。

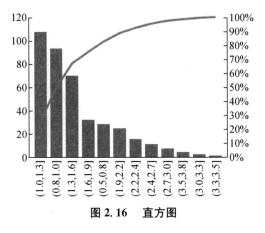
图 2.16 直方图

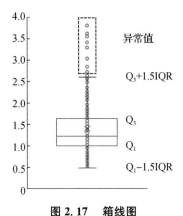
图 2.17 箱线图

## 2.2.4 变量相关性

研究中除了需要了解随机变量总体及其样本的数字特征,还需要明确随机变量之间的关系。协方差、相关系数、相关矩阵是用于描述多组随机变量之间关系的数字特征。协方差(Covariance)是两个变量数据与各自期望的差的乘积的期望,记为 $\sigma_{XY}$ 或 $\mathrm{Cov}(X,Y)$,按式(2.72)计算。两个变量同向变化协方差为正,反向变化协方差为负。协方差绝对值越大,相互关系越强。当 $X$ 与 $Y$ 完全相同时,协方差等同于方差。当 $X$ 与 $Y$ 相互独立时,协方差为 0。

$$\mathrm{Cov}(X,Y) = E\{[X-E(X)][Y-E(Y)]\} \quad (2.72)$$

随机变量 $X$ 与 $Y$ 的相关系数又称皮尔逊相关系数(Pearson Correlation Coefficient),按式(2.73)计算,为随机变量 $X$ 与 $Y$ 的协方差除以它们标准差的乘积,即标准化的协方差。

$$\rho_{XY} = \frac{\mathrm{Cov}(X,Y)}{\sqrt{\mathrm{Var}(X)}\sqrt{\mathrm{Var}(Y)}} \quad (2.73)$$

根据相关系数可获取随机变量之间的关系:$-1 < \rho_{XY} < 0$ 时,$X$ 与 $Y$ 负相关;$0 < \rho_{XY} < 1$ 时,$X$ 与 $Y$ 正相关;$\rho_{XY} = 0$ 时,$X$ 与 $Y$ 完全不相关;$|\rho_{XY}| = 1$ 时,$X$ 与 $Y$ 完全线性相关,存在常数 $a, b$ 使 $P\{Y = a+bX\} = 1$ 成立。需要注意的是相互独立的两个变量必然不相关,但不相关的两个变量未必相互独立。图 2.18 概括了变量间不同相关类型下的散点图。

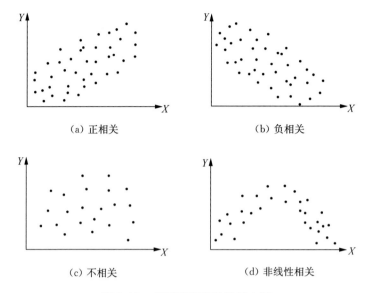

图 2.18　不同类型相关性散点图

随机变量 $X$ 与 $Y$ 的样本协方差按式(2.74)计算,相关系数按式(2.75)计算。

$$\text{Cov}_s(X,Y) = \frac{\sum_{i=1}^{n}(x_i - \overline{X})(y_i - \overline{Y})}{n-1} \tag{2.74}$$

$$r = \frac{\text{Cov}_s(X,Y)}{S_X S_Y} \tag{2.75}$$

随机变量 $X$ 与 $Y$ 的总体协方差按式(2.76)计算,相关系数按式(2.77)计算。

$$\text{Cov}_p(X,Y) = \frac{\sum_{i=1}^{N}(x_i - \mu_X)(y_i - \mu_Y)}{N} \tag{2.76}$$

$$\rho = \frac{\text{Cov}_p(X,Y)}{\sigma_X \sigma_Y} \tag{2.77}$$

对 $n$ 维随机变量 $\boldsymbol{X} = (X_1, X_2, \cdots, X_n)$,由两两变量的协方差 $\sigma_{ij} = \text{Cov}(X_i, X_j)$ 组成的矩阵称为 $\boldsymbol{X}$ 的协方差矩阵,如式(2.78)。协方差矩阵都是对称矩阵,其主对角线元素为变量方差。由两两变量的相关系数 $\rho_{ij}$ 组成的矩阵称为 $\boldsymbol{X}$ 的相关系数矩阵,如式(2.79)。相关系数矩阵都是对称矩阵,其主对角线元素为1,等同于标准化变量的协方差矩阵。

$$\boldsymbol{\Sigma} = \begin{pmatrix} \sigma_{11} & \cdots & \sigma_{1n} \\ \vdots & \ddots & \vdots \\ \sigma_{n1} & \cdots & \sigma_{nn} \end{pmatrix} = \begin{pmatrix} \sigma_1 & \cdots & \sigma_{1n} \\ \vdots & \ddots & \vdots \\ \sigma_{n1} & \cdots & \sigma_n \end{pmatrix} \tag{2.78}$$

$$\boldsymbol{\rho} = \begin{pmatrix} \rho_{11} & \cdots & \rho_{1n} \\ \vdots & \ddots & \vdots \\ \rho_{n1} & \cdots & \rho_{nn} \end{pmatrix} = \begin{pmatrix} 1 & \cdots & \rho_{1n} \\ \vdots & \ddots & \vdots \\ \rho_{n1} & \cdots & 1 \end{pmatrix} \tag{2.79}$$

## 2.3 参数估计

统计推断(Statistical Inference)是从数据得到关于现实世界结论的过程,主要包括估计(Estimation)和假设检验(Hypothesis Testing)。样本的函数称为样本统计量(Sample Statistic);估计的统计量称为被估量(Estimand),估计的规则称为估计量(Estimator),是一个函数或变量。如果样本已经得到,把数据代入估计函数,就可以计算得到该估计量的估计值(Estimate),是一个数值。对总体的统计描述称为参数(Parameter)。根据样本的数据及其分布,估计推断总体的未知参数,称为参数估计(Parameter Estimate)。为描述总体的参数,估计的类型有两种:一种是由样本数据估计总体分布未知参数的值,称为该参数的点估计(Point Estimation);一种是由样本数据估计总体分布未知参数的范围,称为该参数的区间估计(Interval Estimation)。点估计就是给出总体的未知参数一个用样本计算得到的估计值,区间估计就是给出总体的未知参数一个估计的范围。

### 2.3.1 点估计

最常用的点估计量包括样本均值 $\bar{X}$、样本标准差 $S$、伯努利试验的成功比例 $p$ 等,分别对应总体均值 $\mu$、总体标准差 $\sigma$、总体成功概率 $p_0$。估计量应具有以下性质:

(1) 无偏性(Unbiased):一次抽样得到的估计值不一定恰好等于待估参数的真值,但大量重复抽样所得到的估计值的均值应与待估参数真值相同,即无系统偏差,满足式(2.80)与图 2.19。

$$E(\hat{\theta}) = \theta \tag{2.80}$$

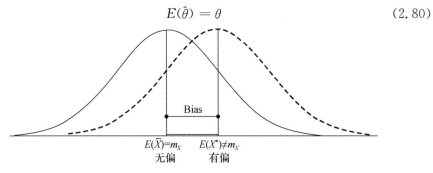

图 2.19　有偏估计与无偏估计

（2）有效性（Efficient）：存在多个无偏估计时，方差较小的估计量为更有效的无偏估计量。

（3）一致性（Consistent）：样本越大，估计量越接近未知参数的真值，则称该估计量为该参数的一致估计量。

## 2.3.2 区间估计

区间估计包括置信区间（Confidence Interval）和置信水平（Confidence Level）两部分。其中，置信区间又称估计区间，置信区间的宽度称为精度（Precision），是用来估计参数的取值范围，置信区间越小精度越高。置信水平也称为置信度，是总体统计量落入置信区间内的概率。在置信水平固定的情况下，样本量越多，置信区间越窄。例如调查显示某参议员95%置信水平下的支持率为55%±3%，说明总体均值点估计为55%，区间估计为（52%，58%），真实值有95%的概率落在这个±3%的区间。置信水平是大量重复抽样时的一个渐近概念，95%置信水平的含义是，用类似的方式重复抽取样本量相同的样本时，产生的大量的区间中有些会覆盖真实值，而有些不会，但其中大约有95%的区间会覆盖真实值。置信水平95%也可以理解为无穷次重复抽样所得到的所有区间中有95%的区间包含参数，并不是该区间以0.95的概率覆盖总体参数。

设总体$X$的未知参数为$\theta$，其中$X_1,X_2,\cdots,X_n$是总体$X$的一个样本。若存在两个估计量$\hat{\theta}_1(X_1,X_2,\cdots,X_n)$与$\hat{\theta}_2(X_1,X_2,\cdots,X_n)$，使得区间$[\hat{\theta}_1,\hat{\theta}_2]$以$1-\alpha$的概率包含待估参数$\theta$，即$P\{\hat{\theta}_1\leqslant\theta\leqslant\hat{\theta}_2\}=1-\alpha$，则称区间$[\hat{\theta}_1,\hat{\theta}_2]$为参数$\theta$的置信水平为$1-\alpha$的置信区间，$\alpha$为显著性水平。除了均值等参数估计的置信区间，还可以构造两个总体的均值（或比例）之差的置信区间，如两组学生成绩均值之差$m_1-m_2$的置信区间，合格率之差$p_1-p_2$的置信区间。

设$X_1,X_2,\cdots,X_n$为总体$X\sim N(\mu,\sigma^2)$的一个样本，在置信水平为$1-\alpha$下，确定总体参数置信区间$[\theta_1,\theta_2]$的具体步骤为：选择样本函数，由置信水平$1-\alpha$查表找分位数，导出置信区间$[\theta_1,\theta_2]$。表2.2给出了几种常见总体参数置信区间估计的步骤。估计均值$\mu$的置信区间时，对正态总体，若已知方差，样本量大时，样本均值呈正态分布；若已知方差但样本量小，或未知方差，样本均值呈自由度为$n-1$的$t$分布。估计方差$\sigma^2$的置信区间时，对正态总体，样本方差呈自由度为$n-1$的$\chi^2$分布。估计二项分布成功率$p$的置信区间时，若样本量$n$足够大，如$np\geqslant30$且$n(1-p)\geqslant30$时，二项分布成功率的估计值呈近似正态分布。其中，$\hat{p}$为$p$的估计量。

表 2.2　置信区间估计方法

| 检验参数 | 选择样本函数 | 查表找分位数 | 导出置信区间 |
|---|---|---|---|
| 均值 $\mu$（方差已知） | $Z = \dfrac{\overline{X} - \mu}{\sigma/\sqrt{n}} \sim N(0,1)$ | $P\left\{-z_{1-\frac{\alpha}{2}} \leqslant \dfrac{\overline{X}-\mu}{\sigma/\sqrt{n}} \leqslant z_{1-\frac{\alpha}{2}}\right\} = 1-\alpha$ | $\left[\overline{X} - z_{1-\frac{\alpha}{2}}\dfrac{\sigma}{\sqrt{n}},\ \overline{X} + z_{1-\frac{\alpha}{2}}\dfrac{\sigma}{\sqrt{n}}\right]$ |
| 均值 $\mu$（方差未知） | $t = \dfrac{\overline{X} - \mu}{S/\sqrt{n}} \sim t(n-1)$ | $P\left\{-t_{1-\frac{\alpha}{2}} \leqslant \dfrac{\overline{X}-\mu}{S/\sqrt{n}} \leqslant t_{1-\frac{\alpha}{2}}\right\} = 1-\alpha$ | $\left[\overline{X} - t_{1-\frac{\alpha}{2}}\dfrac{S}{\sqrt{n}},\ \overline{X} + t_{1-\frac{\alpha}{2}}\dfrac{S}{\sqrt{n}}\right]$ |
| 方差 $\sigma^2$ | $\chi^2 = \dfrac{(n-1)S^2}{\sigma^2} \sim \chi^2(n-1)$ | $P\left\{\chi^2_{1-\frac{\alpha}{2}}(n-1) \leqslant \dfrac{(n-1)S^2}{\sigma^2} \leqslant \chi^2_{\frac{\alpha}{2}}(n-1)\right\} \doteq 1-\alpha$ | $\left[\dfrac{n-1}{\chi^2_{\frac{\alpha}{2}}(n-1)}S^2,\ \dfrac{n-1}{\chi^2_{1-\frac{\alpha}{2}}(n-1)}S^2\right]$ |
| 成功率 $p$ | $Z = (p - \hat{p})\sqrt{\dfrac{n}{\hat{p}(1-\hat{p})}} \sim N(0,1)$ | $P\left\{-z_{1-\frac{\alpha}{2}} \leqslant (p-\hat{p})\sqrt{\dfrac{n}{\hat{p}(1-\hat{p})}} \leqslant z_{1-\frac{\alpha}{2}}\right\} = 1-\alpha$ | $\left[\hat{p} - z_{1-\frac{\alpha}{2}}\sqrt{\dfrac{\hat{p}(1-\hat{p})}{n}},\ \hat{p} + z_{1-\frac{\alpha}{2}}\sqrt{\dfrac{\hat{p}(1-\hat{p})}{n}}\right]$ |

## 2.4　假设检验

### 2.4.1　基本概念及步骤

假设检验(Hypothesis Test)又称显著性检验(Significance Test)，是基于小概率反证法思想，事先对总体的参数或分布做出一个假设，再根据样本信息来判断这个假设是否合理。小概率反证思想认为小概率事件基本上不可能发生，如果小概率事件发生了，就有理由怀疑原假设的真实性，从而拒绝这一假设。

假设检验中包含零假设(Null Hypothesis) $H_0$ 和备选假设(Alternative Hypothesis) $H_1$。首先根据零假设，得到该检验统计量分布；再检验统计量的数据实现值(Realization)属不属于小概率事件。如果是小概率事件，就拒绝零假设，该检验显著；否则没有足够证据拒绝零假设，该检验不显著。

表 2.3 给出了假设检验中各种结果的概率，其中拒绝正确零假设称一类错误，概率为 $\alpha$；无法拒绝错误零假设称二类错误，概率为 $\beta$。$\alpha$ 为显著性水平，是拒绝正确零假设的概率或风险，是允许犯第一类错误概率的最大值，相当于提出了小概率事件发生的可能性大小。$P$ 值就是零假设为真时零假设出现的概率。如果 $P$ 值很小（$<\alpha$），说明零假设下小概率事件发生了，拒绝零假设，检验显著。

表 2.3 假设检验中各种结果的概率

| 零假设 $H_0$ | 没有拒绝 | 拒绝 |
|---|---|---|
| 真 | $1-\alpha$ | 去真（一类错误）$\alpha$ |
| 伪 | 存伪（二类错误）$\beta$ | $1-\beta$ |

假设检验常用于比较样本数据的大小，如正态分布的均值和二项分布的百分率，还可比较样本数据变异性，如方差。既可以比较样本的均值、百分率与方差与某一定值的差异，也可以比较两组样本均值、百分率和方差之间的差异，通过判断差异是否为小概率事件，进行假设检验。常用假设检验方法包括 $Z$ 检验、$t$ 检验、$F$ 检验和 $\chi^2$ 检验等，就是利用正态分布、$t$ 分布、$F$ 分布和 $\chi^2$ 分布来进行概率计算的检验方法。这些检验方法的使用条件及用途不同，但检验原理和步骤基本相同：

(1) 写出零假设和备选假设；

(2) 确定检验统计量；

(3) 确定显著性水平 $\alpha$；

(4) 计算检验统计量的值；

(5) 确定 $P$ 值，判断显著性。

## 2.4.2 单尾与双尾检验

单尾(One Tail)检验是指按分布的一侧计算显著性水平的检验，用于检验大于、小于这种有确定性大小关系的假设检验问题。例如，对均值的假设为 $H_0:\mu=\mu_0 \Leftrightarrow H_1:\mu<\mu_0$ 时，在零假设成立的情况下，若根据样本得到的统计量位于图 2.20(a) 所示左侧的区域，即小于 $\alpha$ 的区域，则小概率事件发生，拒绝零假设，接受备选假设。对均值的假设为 $H_0:\mu=\mu_0 \Leftrightarrow H_1:\mu>\mu_0$ 时，在零假设成立的情况下，若根据样本得到的统计量位于图 2.20(b) 所示右侧的区域，即大于 $1-\alpha$ 的区域，则小概率事件发生，拒绝零假设，接受备选假设。

双尾(Two Tail)检验是指按分布的两侧计算显著性水平的检验，用于检验不等于关系的假设检验问题。例如，对均值的假设为 $H_0:\mu=\mu_0 \Leftrightarrow H_1:\mu \neq \mu_0$，在零假设成立的情况下，若根据样本得到的统计量位于图 2.20(c) 所示的两侧区域，即大于 $1-\alpha/2$ 或小于 $\alpha/2$ 的区域，则小概率事件发生，拒绝零假设，接受备选假设。

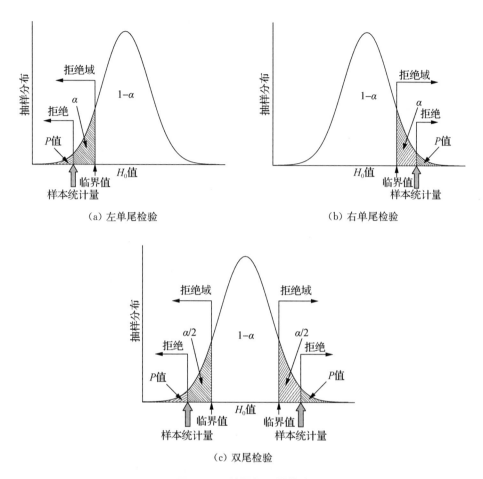

图 2.20 单尾与双尾检验

## 2.4.3 单正态样本均值与方差检验

检验单个正态样本均值和方差与总体均值和方差是否存在显著性差异的假设检验汇总于表 2.4。其中,$\overline{X}$ 为样本均值,$S^2$ 为样本方差,$n$ 为样本量,$\mu_0$ 为总体均值,$\sigma_0^2$ 为总体方差。$\sigma/\sqrt{n}$ 为总体标准误,$S/\sqrt{n}$ 为样本标准误。

当总体方差已知或样本为 $n \geqslant 30$ 时,样本均值满足正态分布,采用 $Z$ 检验。当总体方差未知或样本为小样本时,样本均值满足 $t$ 分布,采用 $t$ 检验。可根据样本方差与总体方差构造 $\chi^2$ 分布,采用 $\chi^2$ 检验。

表 2.4 单正态样本均值和方差假设检验

| 方法 | 条件 | $H_0$ | $H_1$ | 检验统计量 | $H_0$ 成立时统计量分布 | 拒绝域 |
|---|---|---|---|---|---|---|
| $Z$ 检验 | $\sigma_0^2$ 已知 | $\mu \leqslant \mu_0$ | $\mu > \mu_0$ | $Z = \dfrac{\overline{X} - \mu_0}{\sigma_0/\sqrt{n}}$ | $N(0,1)$ | $Z \geqslant Z_{1-\alpha}$ |
| | | $\mu \geqslant \mu_0$ | $\mu < \mu_0$ | | | $Z \leqslant -Z_\alpha$ |
| | | $\mu = \mu_0$ | $\mu \neq \mu_0$ | | | $|Z| \geqslant Z_{\frac{\alpha}{2}}$ |
| $t$ 检验 | $\sigma_0^2$ 未知 | $\mu \leqslant \mu_0$ | $\mu > \mu_0$ | $t = \dfrac{\overline{X} - \mu_0}{S/\sqrt{n}}$ | $t(n-1)$ | $t \geqslant t_\alpha(n-1)$ |
| | | $\mu \geqslant \mu_0$ | $\mu < \mu_0$ | | | $t \leqslant -t_\alpha(n-1)$ |
| | | $\mu = \mu_0$ | $\mu \neq \mu_0$ | | | $|t| \geqslant t_{\frac{\alpha}{2}}(n-1)$ |
| $\chi^2$ 检验 | $\mu_0$ 已知 | $\sigma^2 \leqslant \sigma_0^2$ | $\sigma^2 > \sigma_0^2$ | $\chi^2 = \dfrac{\sum\limits_{i=1}^{n}(x_i - \mu_0)^2}{\sigma_0^2}$ | $\chi^2(n)$ | $\chi^2 \geqslant \chi_\alpha^2(n)$ |
| | | $\sigma^2 \geqslant \sigma_0^2$ | $\sigma^2 < \sigma_0^2$ | | | $\chi^2 \leqslant \chi_{1-\alpha}^2(n)$ |
| | | $\sigma^2 = \sigma_0^2$ | $\sigma^2 \neq \sigma_0^2$ | | | $\chi^2 \leqslant \chi_{1-\frac{\alpha}{2}}^2(n)$ 或 $\chi^2 \geqslant \chi_{\frac{\alpha}{2}}^2(n)$ |
| $\chi^2$ 检验 | $\mu_0$ 未知 | $\sigma^2 \leqslant \sigma_0^2$ | $\sigma^2 > \sigma_0^2$ | $\chi^2 = \dfrac{(n-1)S^2}{\sigma_0^2}$ | $\chi^2(n-1)$ | $\chi^2 \geqslant \chi_\alpha^2(n-1)$ |
| | | $\sigma^2 \geqslant \sigma_0^2$ | $\sigma^2 < \sigma_0^2$ | | | $\chi^2 \leqslant \chi_{1-\alpha}^2(n-1)$ |
| | | $\sigma^2 = \sigma_0^2$ | $\sigma^2 \neq \sigma_0^2$ | | | $\chi^2 \leqslant \chi_{1-\frac{\alpha}{2}}^2(n-1)$ 或 $\chi^2 \geqslant \chi_{\frac{\alpha}{2}}^2(n-1)$ |

## 2.4.4 两正态样本均值与方差检验

两正态样本均值和方差的假设检验汇总于表 2.5。其中，$\overline{X}_1, \overline{X}_2$ 为两样本均值，$S_1^2, S_2^2$ 为两样本方差，$n_1, n_2$ 为两样本数量，$\mu_1, \mu_2$ 为两总体均值，$\sigma_1^2, \sigma_2^2$ 为两总体方差，$\sqrt{\dfrac{\sigma_1^2}{n_1} + \dfrac{\sigma_2^2}{n_2}}$ 为总体差标准误，$S_w\sqrt{\left(\dfrac{1}{n_1} + \dfrac{1}{n_2}\right)}$ 为样本差标准误，其中 $S_w = \sqrt{\dfrac{(n_1-1)S_1^2 + (n_2-1)S_2^2}{(n_1-1)+(n_2-1)}}$，$\overline{x}_d$ 为配对差样本均值，$S_d^2$ 为配对差样本方差，$S_d/\sqrt{n}$ 为配对差样本均值标准误。

当两样本的总体方差已知或均为大样本($\geqslant 30$)时，可根据两样本均值之差构造正态分布，采用 $Z$ 检验。当两样本的总体方差未知或均为小样本时，可根据两样本均值之差构造 $t$ 分布，采用 $t$ 检验，这里假设两样本总体方差相同。比较两样本方差时，可构造 $F$ 分布，采用 $F$ 检验。此外，两样本检验主要针对非配对设计，即试验单位完全随机地分为两组，两组试验及观测值相互独立，样本容量可以不相等。配对(Paired)样本中，试验单位两两配对，样本容量相等。配对两样本均值差异检验实际上是检验由配对差$x_d$组成的样本的均值与均值为零的总体正态分布是否有显著差异。

表 2.5　两正态样本均值和方差假设检验

| 方法 | 条件 | $H_0$ | $H_1$ | 检验统计量 | $H_0$成立时统计量分布 | 拒绝域 |
|---|---|---|---|---|---|---|
| Z 检验 | $\sigma_1^2,\sigma_2^2$ 已知 | $\mu_1 \leqslant \mu_2$ | $\mu_1 > \mu_2$ | $Z = \dfrac{\overline{X}_1 - \overline{X}_2}{\sqrt{\dfrac{\sigma_1^2}{n_1} + \dfrac{\sigma_2^2}{n_2}}}$ | $N(0,1)$ | $Z \geqslant z_\alpha$ |
| | | $\mu_1 \geqslant \mu_2$ | $\mu_1 < \mu_2$ | | | $Z \leqslant -z_\alpha$ |
| | | $\mu_1 = \mu_2$ | $\mu_1 \neq \mu_2$ | | | $|Z| \geqslant z_{\frac{\alpha}{2}}$ |
| t 检验 | $\sigma_1^2,\sigma_2^2$ 未知 | $\mu_1 \leqslant \mu_2$ | $\mu_1 > \mu_2$ | $t = \dfrac{\overline{X}_1 - \overline{X}_2}{S_w\sqrt{\dfrac{1}{n_1} + \dfrac{1}{n_2}}}$ | $t(n_1+n_2-2)$ | $t \geqslant t_\alpha(n_1+n_2-2)$ |
| | | $\mu_1 \geqslant \mu_2$ | $\mu_1 < \mu_2$ | | | $t \leqslant -t_\alpha(n_1+n_2-2)$ |
| | | $\mu_1 = \mu_2$ | $\mu_1 \neq \mu_2$ | | | $|t| \geqslant t_{\frac{\alpha}{2}}(n_1+n_2-2)$ |
| 配对 t 检验 | $\sigma^2$ 未知 | $\mu_d \leqslant 0$ | $\mu_d > 0$ | $t = \dfrac{\overline{X}_d}{S_d/\sqrt{n}}$ | $t(n-1)$ | $t \geqslant t_\alpha(n-1)$ |
| | | $\mu_d \geqslant 0$ | $\mu_d < 0$ | | | $t \leqslant -t_\alpha(n-1)$ |
| | | $\mu_d = 0$ | $\mu_d \neq 0$ | | | $|t| \geqslant t_{\frac{\alpha}{2}}(n-1)$ |
| F 检验 | $\mu_1,\mu_2$ 已知 | $\sigma_1^2 \leqslant \sigma_2^2$ | $\sigma_1^2 > \sigma_2^2$ | $F = \dfrac{n_2\sum_{i=1}^{n_1}(x_i^1-\mu_1)^2}{n_1\sum_{i=1}^{n_2}(x_i^2-\mu_2)^2}$ | $F(n_1,n_2)$ | $F \geqslant F_\alpha(n_1,n_2)$ |
| | | $\sigma_1^2 \geqslant \sigma_2^2$ | $\sigma_1^2 < \sigma_2^2$ | | | $F \leqslant F_{1-\alpha}(n_1,n_2)$ |
| | | $\sigma_1^2 = \sigma_2^2$ | $\sigma_1^2 \neq \sigma_2^2$ | | | $F \leqslant F_{1-\frac{\alpha}{2}}(n_1,n_2)$ 或 $F \geqslant F_{\frac{\alpha}{2}}(n_1,n_2)$ |
| F 检验 | $\mu_1,\mu_2$ 未知 | $\sigma_1^2 \leqslant \sigma_2^2$ | $\sigma_1^2 > \sigma_2^2$ | $F = \dfrac{S_1^2}{S_2^2}$ | $F(n_1-1, n_2-1)$ | $F \geqslant F_\alpha(n_1-1,n_2-1)$ |
| | | $\sigma_1^2 \geqslant \sigma_2^2$ | $\sigma_1^2 < \sigma_2^2$ | | | $F \leqslant F_{1-\alpha}(n_1-1,n_2-1)$ |
| | | $\sigma_1^2 = \sigma_2^2$ | $\sigma_1^2 \neq \sigma_2^2$ | | | $F \leqslant F_{1-\frac{\alpha}{2}}(n_1-1,n_2-1)$ 或 $F \geqslant F_{\frac{\alpha}{2}}(n_1-1,n_2-1)$ |

## 2.4.5　二项分布样本成功率检验

二项分布样本的成功率假设检验汇总于表 2.6，用于比较二项分布数据的成功率。对于单二项样本，$\hat{p}$ 为样本成功率，$p_0$ 为总体成功率，$n$ 为样本量，$\sqrt{\dfrac{p_0(1-p_0)}{n}}$ 为样本成功率标准误。对于两二项样本，$\hat{p}_1, \hat{p}_2$ 为两样本各自的成功率，$n_1, n_2$ 为两样本数量，$p_1, p_2$ 为两总体成功率，$\overline{p} = \dfrac{n_1\hat{p}_1 + n_2\hat{p}_2}{n_1 + n_2}$ 为合并样本成功率，$\sqrt{\overline{p}(1-\overline{p})\left(\dfrac{1}{n_1} + \dfrac{1}{n_2}\right)}$ 为样本成功率差的标准误。当样本容量 $n$ 足够大，$np$ 和 $n(1-$

$p$)均大于30时,二项分布接近于正态分布,可近似地采用$Z$检验进行假设检验。当$np$和$n(1-p)$小于或等于30,但大于5时,需要对$Z$进行连续性矫正,如式(2.81)。

$$Z_c = \frac{|\hat{p}_1 - \hat{p}_2| - \frac{0.5}{n_1} - \frac{0.5}{n_2}}{S_{\hat{p}_1 - \hat{p}_2}} \qquad (2.81)$$

表 2.6 二项分布样本成功率假设检验

| 方法 | 条件 | $H_0$ | $H_1$ | 检验统计量 | $H_0$成立时统计量分布 | 拒绝域 |
|---|---|---|---|---|---|---|
| $Z$检验 | 单样本 | $p \leq p_0$ | $p > p_0$ | $Z = \dfrac{\hat{p} - p_0}{\sqrt{\dfrac{p_0(1-p_0)}{n}}}$ | $N(0,1)$ | $Z \geq z_\alpha$ |
| | | $p \geq p_0$ | $p < p_0$ | | | $Z \leq -z_\alpha$ |
| | | $p = p_0$ | $p \neq p_0$ | | | $|Z| \geq z_{\frac{\alpha}{2}}$ |
| $Z$检验 | 两样本 | $p_1 \leq p_2$ | $p_1 > p_2$ | $Z = \dfrac{\hat{p}_1 - \hat{p}_2}{\sqrt{\bar{p}(1-\bar{p})\left(\dfrac{1}{n_1} + \dfrac{1}{n_2}\right)}}$ | $N(0,1)$ | $Z \geq z_\alpha$ |
| | | $p_1 \geq p_2$ | $p_1 < p_2$ | | | $Z \leq -z_\alpha$ |
| | | $p_1 = p_2$ | $p_1 \neq p_2$ | | | $|Z| \geq z_{\frac{\alpha}{2}}$ |

## 2.5 例 混凝土强度显著性检验

### 2.5.1 背景与数据

比较两个配合比的混凝土强度是否存在显著区别,每个配合比共有15个28 d抗压强度,原始数据如表2.7所示。

表 2.7 混凝土 28d 抗压强度试验结果    单位:MPa

| 试验号 | 1 | 2 | 3 | 4 | 5 | 6 | 7 | 8 | 9 | 10 | 11 | 12 | 13 | 14 | 15 |
|---|---|---|---|---|---|---|---|---|---|---|---|---|---|---|---|
| 对照 | 38 | 35 | 31 | 32 | 37 | 40 | 34 | 32 | 35 | 38 | 39 | 36 | 33 | 34 | 40 |
| 处理 | 37 | 35 | 29 | 34 | 35 | 35 | 33 | 31 | 32 | 32 | 35 | 32 | 28 | 32 | 33 |

### 2.5.2 分析结果

1) 两组强度是否存在显著差异

两组混凝土强度均值分别为35.6 MPa和32.9 MPa,该问题为非配对两样本均值差异检验,首先检验两组强度是否存在显著差异,为双尾检验,统计假设为

$$H_0: \mu_1 = \mu_2 \Leftrightarrow H_1: \mu_1 \neq \mu_2 \qquad (2.82)$$

当两样本所在总体方差未知,又是小样本时,可采用 $t$ 检验。首先计算样本差的标准误为

$$S_w\sqrt{\left(\frac{1}{n_1}+\frac{1}{n_2}\right)}=\sqrt{\frac{(n_1-1)S_1^2+(n_2-1)S_2^2}{(n_1-1)+(n_2-1)}\left(\frac{1}{n_1}+\frac{1}{n_2}\right)}=0.9888 \tag{2.83}$$

计算检验统计量为

$$t=\frac{\overline{x}_1-\overline{x}_2}{S_w\sqrt{\left(\frac{1}{n_1}+\frac{1}{n_2}\right)}}=2.764 \tag{2.84}$$

查 $t$ 分布表得自由度为 $n_1+n_2-2=28$ 的双尾检验 $t_{0.05/2}=2.048 < t$,在 $0.05$ 显著性水平下,拒绝零假设,两组强度存在显著区别。

2) 比较第一组强度是否高于第二组

统计假设变为

$$H_0:\mu_1 \leqslant \mu_2 \Leftrightarrow H_1:\mu_1 > \mu_2 \tag{2.85}$$

查 $t$ 分布表得自由度为 $n_1+n_2-2=28$ 的单尾 $t_{0.05}=1.701 < t$,在 $0.05$ 显著性水平下,拒绝零假设,第一组强度显著较高。

# 思考题

1. 简述 $0-1$ 分布、二项分布、泊松分布概念与应用。
2. 简述指数分布、$t$ 分布、$\chi^2$ 分布、$F$ 分布概念与应用。
3. 简述条件分布律。
4. 简述原点矩、中心矩、均值、方差、标准差。
5. 简述协方差、相关系数及其矩阵形式。
6. 简述假设检验的步骤。
7. 简述显著性水平和 $P$ 值的意义。
8. 简述在样本方差已知和未知的情况下,如何估计均值。

# 3 试验设计与方差分析

试验设计(Design of Experiment,DOE)是以概率与统计理论为基础,研究试验方案制定和试验结果的分析方法,以达到精简试验次数,明确试验因素对结果影响的显著性、规律性、相互作用,确定最优试验参数组合等目的。试验设计在化学、医学、农业、工业产品设计等领域有着广泛的应用。在道路工程中,试验设计与方差分析已被用于研究分析道路材料配比优化,也被用于分析路面性能的优劣及显著影响因素。本章主要介绍试验设计和方差分析基本概念,单因素方差分析、双因素方差分析、正交试验设计方差分析,以及方差分析在路面材料配比优化和路面养护措施性能分析中的应用。

## 3.1 试验设计

### 3.1.1 基本要素与原则

试验是指主动对一部分研究对象采取某种处理方法,对另一部分研究对象对照处理的研究形式。试验设计是通过良好的研究对象的选择、处理因素的分配、结果指标的测量和资料分析来保证试验对象和试验条件是均衡的,试验结果有较好的可比性,并且能较好地控制误差以用较小的样本获取可靠结论的方法。

试验结果与真值的差别为试验误差(Experimental Error),由试验对象自身特点、试验条件变化和试验结果测量的不确定性导致。试验误差可分成两类:一是随机误差(Random Error),它是由大量微小偶然因素共同作用引起的难以控制的误差,呈均值为0的正态分布,试验环境、原料、设备、人员等都可能造成随机误差;二是系统误差(Systematic Error),它是由对象选择或处理因素分配的不随机、抽取样本不具代表性、测量结果不准确等造成试验结果规律性地偏离真值的误差,又称偏差(Bias)。

试验设计的基本要素包括试验单元(Experiment Unit)、响应(Response)、处理(Treatment)、效应(Effect)。试验单元为最小的接受处理的对象,如路段、试件等。响应变量是能够被观测的输出变量。处理是对试验对象施加的某种措施,包括不同因素(Factor)的不同处理或不同水平(Level)。因素是可控或不可控的输入变量。水平是一个因素的规定数值或设置。效应是处理或水平的效果或差异,如方差分析的零假设就是试验处理的效应为零。每个因素中不同处理或水平的效应为单独效应。每个因素的平均效应为该因素的主效应(Main Effect)。若两因素各水平的单独效应随另一因素水平变化而变化,则两因素存在交互效应(Interaction Effect)。通过分析不同处理的效应,试验设计能够确定哪些参数效应较大,并分析将参数设定在什么水平时能够达到最优组合。

为了能从试验结果中提取可靠的结论,试验设计应满足以下三个基本原则:

(1) 随机排列(Randomization)是指每个处理有同等机会设置在一个重复中的任何一个试验单元上,如测试顺序的随机化。随机化的目的是为了防止出现偏差,提高对总体参数估计的无偏性,随机排列的方法包括抽签法、随机数法等。

(2) 重复(Replication)是指同一处理或水平包含多个试验结果,即同一因素进行多次试验,如:确定最佳油石比的马歇尔方法一般制作 5 个平行试件。重复的主要作用是估计组内随机误差,同时提高试验精确性。

(3) 局部控制(Local Control)是指当样本之间存在某种系统差异时,可以将全部样本按干扰因素的不同水平分成若干个小组,在小组内部使非处理因素尽可能一致,实现试验条件的局部一致。局部控制的作用是使干扰因素造成的误差从试验误差中分离出来,从而降低试验误差。单因素试验可通过完全随机排列来实现局部控制,多因素试验可通过设置区组来实现局部控制。

## 3.1.2 试验设计方法

常见的试验设计方法包括完全随机设计、随机区组设计、拉丁方设计、裂区设计、析因设计、正交设计、均匀设计等。

(1) 完全随机设计(Completely Random Design)是最常用的试验设计方法,一般针对单因素试验,将各处理随机分配到各试验单元中。即试验条件相同,试验顺序随机排列。

(2) 随机区组设计(Randomized Block Design)一般针对两因素,根据"局部控制"原则,将试验单元按性质差异(如试验条件)分成等于重复次数的 $n$ 个区组(Block),一个区组为一次重复,每个区组内再随机排列试验顺序。例如,当采用两台设备测试混合料抗车辙性能时,可将设备作为区组,每台设备内按照随机顺序进行试验。

(3) 拉丁方设计(Latin Square Design)一般针对三因素,一个是关注因素,另外两个是非关注因素。三个因素的水平数必须相同,以关注因素的水平数为准。如表3.1所示,每个因素都有五个水平,因素1的五个水平是1、2、3、4、5;因素2的五个水平是一、二、三、四、五;因素3的五个水平是 A、B、C、D、E。其中行因素和列因素为非关注因素,处于表格中间的因素为关注因素。关注因素的五个水平在每行和每列都会完整出现,这样就能减少或消除两个非关注因素对因素3试验结果的影响。拉丁方阵是一种 $n \times n$ 的方阵,方阵中恰有 $n$ 种不同的元素,每种元素恰有 $n$ 个,并且每种元素在一行和一列中恰好出现一次。数学家欧拉使用拉丁字母来作为拉丁方阵里元素的符号,因此称为拉丁方。

表3.1  5×5拉丁方

| 因素1 | 因素2 | | | | |
|---|---|---|---|---|---|
| | 一 | 二 | 三 | 四 | 五 |
| 1 | D | C | A | B | E |
| 2 | C | B | E | A | D |
| 3 | A | D | B | E | C |
| 4 | E | A | C | D | B |
| 5 | B | E | D | C | A |

(4) 裂区设计(Split-Plot Design)针对在多因素试验中,处理组合数较多而又有一些特殊要求的情况。随机区组设计一般针对处理组合数不多并且各因素效应同等重要的情况。裂区设计则是先将每一区组按第一因素的处理数划分小区,称为主区,在主区里随机安排主处理;然后在每个主处理里按第二因素的处理数再划分小区,称为副区,在副区里随机排列副处理。

(5) 析因设计(Factorial Design)是一种包含多因素多水平(两个及以上),研究各因素的主效应和因素间的交互效应的试验设计。可分为完全析因设计(Full Factorial Design)和部分析因设计(Fractional Factorial Design)。一个6因素2水平的完全析因试验需要 $2^6=64$ 次试验,共63个自由度,但仅有6个自由度与主效应对应,$C_6^2=15$ 个自由度与2因素交互作用对应,其余42个自由度与3因素交互作用以及更高阶的交互作用对应。在可以忽略高阶交互作用的情况下,主效应和低阶交互作用效应可通过只进行其中一部分试验得到,这种就是部分析因分析。

（6）正交设计(Orthogonal Design)是一种基于正交表的多因素试验设计,是从析因设计的组合中,选择一部分有代表性组合进行试验,是更高效的部分析因设计。正交设计于20世纪50年代由日本质量管理专家田口玄一提出,因此又称田口设计(Taguchi Design)。全析因试验可以分析各因素的效应、交互作用,选出最优水平组合,但组合数多,工作量大。如果试验的主要目的是寻求最优水平组合,就可利用正交设计。但正交设计用部分试验代替全面试验,不能像全析因试验一一分析各因素效应及交互作用。当存在交互时,可能出现交互作用的混杂。

（7）均匀设计(Uniform Design)是一种基于均匀设计表的多因素试验设计,于1978年由中国数学家发明,它放弃了正交表的整齐可比性,在正交设计的基础上进一步提高了试验点的"均匀分散性",其最大的优点是因素可以有较大的水平数。

## 3.2 方差分析概念与假定

根据试验结果,我们希望能够从多种因素中找出主要因素,并确定试验结果最优的因素水平。假设检验可用来分析两个总体均值是否存在显著区别。当样本对象超过两个时,方差分析(Analysis of Variance,简称 ANOVA)可以用来研究多个总体均值是否存在显著差异。方差分析的零假设为各组均值相同,备选假设为各组均值不完全相同。方差分析的基本思想是先将观测值数据变异分为两个部分:由因素造成的差异和由随机误差造成的差异,再分析这两个部分的相对大小。数据变异用方差或离差平方和(Sum of Squares,简称 SS)来描述。为消除独立变量个数即自由度对离差平方和大小的影响,需要用离差平方和除以独立变量个数,得到均方差(Mean Square,简称 MS),作为不同来源方差比较的基础。试验数据方差分析的基本要素包括:

（1）因素(Factor):试验中需要考察的、可以控制的条件,如沥青类型、沥青含量。

（2）水平(Level):因素不同的值或不同状态,如具体沥青类型、沥青含量大小。

（3）观测值(Observations):每个因素每个水平下得到的试验指标值,如不同沥青类型、不同沥青含量下混合料的马歇尔稳定度。

进行方差分析,试验数据必须满足以下三个假定:

（1）正态性假定:每个总体都应服从正态分布,如每种材料的试验结果总体服从正态分布。对于因素的每一个水平,其观测值来自服从正态分布总体的简单随机样本,这是构造方差分析假设检验统计量的基础。正态性假定检验可粗略地用样本数据分布图来判断。

(2) 独立分布假定:观测值是独立的,如每种材料的试验结果与其他材料试验结果无关。只要随机样本是来自无限容量的总体或有放回的有限容量的总体,观测值的独立性假定都能得到满足。

(3) 方差齐性假定:各个总体的方差必须相同,即各组观察数据是从具有相同方差的总体中抽取的,如每种材料的试验结果的总体方差都相等。方差齐性检验可采用 Cochran 检验、最大 $F$ 比检验、Bartlett 检验等判定样本总体的方差是否相同。

这里介绍一下 Bartlett 检验方法。首先提出如式(3.1)所示的假设,零假设为样本总体方差相同,备选假设为至少有两个样本总体方差不同。然后计算方差,按式(3.2)~(3.6)构造统计检验量 $b$。零假设 $H_0: \sigma_1^2 = \sigma_2^2 = \cdots = \sigma_r^2$ 成立,统计检验量满足 $\chi_\alpha^2(r-1)$ 分布。判断方差是否相同的决策规则为:当 $b > \chi_\alpha^2(r-1)$ 时,拒绝零假设,认为至少有两个处理组数据的方差是不相等的;否则,认为数据满足分析中方差齐性的假定。

$$H_0: \sigma_1^2 = \sigma_2^2 = \cdots = \sigma_r^2$$
$$H_1: \sigma_1^2, \sigma_2^2, \cdots, \sigma_r^2 \text{ 不全相等} \tag{3.1}$$

$$s_i^2 = \frac{1}{n_i} \sum_{j=1}^{n_i} (x_{ij} - \overline{x_{i.}})^2 \tag{3.2}$$

$$s^2 = \frac{\sum_{i=1}^{r}(n_i-1)s_i^2}{n}, \quad n = \sum_{i=1}^{r} n_i \tag{3.3}$$

$$q = (n-r)\ln s^2 - \sum_{i=1}^{r}(n_i-1)\ln s_i^2 \tag{3.4}$$

$$l = 1 + \frac{1}{3(r-1)}\left(\sum_{i=1}^{r}\frac{1}{n_i-1} - \frac{1}{n-r}\right) \tag{3.5}$$

$$b = 2.302\,6\,\frac{q}{l} \tag{3.6}$$

## 3.3 单因素试验方差分析

### 3.3.1 分析步骤

方差分析包括提出假设、计算检验统计量、统计决策三个步骤。对 $r$ 个水平的

因素 $A$ 的试验进行有重复试验,其单因素方差分析数据结构如表 3.2。试验结果包括 $r$ 组数据,每组有 $n_i$ 个观测值,共有 $n$ 个观测值,其中,$\overline{x_i}$ 是各组内试验结果均值,$\overline{x}$ 是总试验结果均值,分别按式(3.7)和式(3.8)计算。

$$\overline{x_i} = \frac{\sum_{j=1}^{n_i} x_{ij}}{n_i} \quad i=1,2,\cdots,r; j=1,2,\cdots,n_i \tag{3.7}$$

$$\overline{x} = \frac{\sum_{i=1}^{r}\sum_{j=1}^{n_i} x_{ij}}{n} = \frac{\sum_{i=1}^{r} n_i \overline{x_i}}{n}, \quad n = \sum_{i=1}^{r} n_i \tag{3.8}$$

表 3.2 单因素方差分析试验数据表

| 观测值 | 因素 | | | |
|---|---|---|---|---|
| | $A_1$ | $A_2$ | $\cdots$ | $A_r$ |
| 1 | $x_{11}$ | $x_{21}$ | $\cdots$ | $x_{r1}$ |
| 2 | $x_{12}$ | $x_{22}$ | $\cdots$ | $x_{r2}$ |
| $\vdots$ | $\vdots$ | $\vdots$ | | $\vdots$ |
| $n_i$ | $x_{1n_1}$ | $x_{2n_2}$ | $\cdots$ | $x_{rn_r}$ |
| 组内均值 $\overline{x_i}$ | $\overline{x_1}$ | $\overline{x_2}$ | $\cdots$ | $\overline{x_r}$ |
| 总均值 | $\overline{\overline{x}}$ | | | |

1)提出假设

单因素分析满足因素 $A$ 在 $i$ 水平下的试验结果 $X_{ij}$ 是某一正态总体的样本,且 $X_{ij} \sim N(\mu_i, \sigma^2)$。因素 $A$ 在 $i$ 水平下的均值与总均值的差异 $\alpha_i$ 称为 $A_i$ 的效应,按式(3.9)和式(3.10)计算。

$$\alpha_i = \mu_i - \mu \tag{3.9}$$

$$\mu = \frac{1}{n}\sum_{i=1}^{r} n_i \mu_i \tag{3.10}$$

如式(3.11)所示,单因素方差分析的数学模型称为线性可加模型,试验结果由总均值 $\mu$、各水平效应 $\alpha_i$ 和随机误差 $\varepsilon_{ij}$ 三部分叠加而成,其中 $\varepsilon_{ij} \sim N(0, \sigma^2)$。

$$X_{ij} = \mu + \alpha_i + \varepsilon_{ij} \tag{3.11}$$

因此,方差分析的任务就是检验 $r$ 个总体 $N(\mu_i, \sigma^2)$ 中各均值 $\mu_i$ 是否相等,效应 $\alpha_i$ 是否为零。如式(3.12)所示,方差分析零假设为各组均值相同,备选假设为均值不全相等。

$$H_0:\mu_1 = \mu_2 = \cdots = \mu_r \Leftrightarrow H_1:\mu_1,\mu_2,\cdots,\mu_r \text{ 不全相等} \quad (3.12)$$

根据因素 $A$ 效应是否为零,其假设也可写为式(3.13)。

$$H_0:\alpha_1 = \alpha_2 = \cdots = \alpha_r = 0 \Leftrightarrow H_1:\alpha_i \text{ 不全为零} \quad (3.13)$$

2)计算检验统计量

(1)计算离差平方和

观测值总差异用 $n$ 个观测值的离差平方和(Sum of Squares of Deviation for Total,简称 SST),即总方差来描述。组间差异用 $r$ 个组均值与总均值的离差平方和(Sum of Squares for A,简称 SSA)来描述。组内差异用 $n_i$ 个各组内观测值与组平均值的离差平方和(Sum of Squares for Error,简称 SSE)来描述。各离差平方和分别按式(3.14)~式(3.16)计算。

$$SST = \sum_{i=1}^{r}\sum_{j=1}^{n_i}(x_{ij}-\bar{\bar{x}})^2 \quad (3.14)$$

$$SSA = \sum_{i=1}^{r} n_i(\bar{x_i}-\bar{\bar{x}})^2 \quad (3.15)$$

$$SSE = \sum_{i=1}^{r}\sum_{j=1}^{n_i}(x_{ij}-\bar{x_i})^2 \quad (3.16)$$

各离差平方和满足式(3.17),即

总离差平方和 = 组间离差平方和 + 组内离差平方和

$$SST = SSA + SSE \quad (3.17)$$

自由度是当用样本的统计量来估计总体的参数时,样本中独立或能自由变化的数据的个数。SST 由 $n$ 个观测值对总均值的变化引起,当知道 $n-1$ 个观测值和总均值时,最后一个观测值已经确定,只有 $n-1$ 个观测值能自由变化,因而 SST 自由度为 $n-1$。SSA 由 $r$ 个组均值对总均值的变化引起,同样当知道 $r-1$ 个组均值和总均值时,最后一个组均值已经确定,只有 $r-1$ 个组均值能自由变化,因而 SSA 自由度为 $r-1$。SSE 由 $n_i$ 个观测值对组均值的变化引起,对于一个组内的 $n_i$ 个观测值,当知道 $n_i-1$ 个观测值和组均值时,最后一个观测值已经确定,只有 $n_i-1$ 个观测值能自由变化,一个组内误差自由度为 $n_i-1$,$r$ 个组的 SST 自由度为 $r(n_i-1) = n-r$。各自由度满足式(3.18),即

总自由度 = 组间自由度 + 组内自由度

$$n-1 = (r-1)+(n-r) \quad (3.18)$$

样本方差与总体方差的比满足 $\chi^2$ 分布,式(3.19)和式(3.20)成立,同时在零假设成立时,式(3.21)成立。

$$\frac{SST}{\sigma^2} \sim \chi^2(n-1) \quad (3.19)$$

$$\frac{SSE}{\sigma^2} \sim \chi^2(n-r) \tag{3.20}$$

$$\frac{SSA}{\sigma^2} \overset{H_0}{\sim} \chi^2(r-1) \tag{3.21}$$

(2) 计算均方

由于离差平方和会随着变量个数的增加而增大,故需要用方差除以变量个数得到均方来衡量数据变异性。根据各变异来源的离差平方和及自由度,总均方(Mean Squares for Total,简称 MST)、组间均方(Mean Squares for A,简称 MSA)、组内均方(Mean Squares for Error,简称 MSE)按式(3.22)~式(3.24)计算。MST 不参与检验统计量的计算。

$$MST = \frac{SST}{n-1} \tag{3.22}$$

$$MSA = \frac{SSA}{r-1} \tag{3.23}$$

$$MSE = \frac{SSE}{n-r} \tag{3.24}$$

(3) 计算检验统计量 $F$

两个独立 $\chi^2$ 分布变量除以各自自由度之后的比服从 $F$ 分布。方差分析中利用 $F$ 检验检测因素是否显著,构造 $F$ 统计量如式(3.25)所示。

$$F = \frac{MSA}{MSE} \sim F(r-1, n-r) \tag{3.25}$$

3) 统计决策

如图 3.1 所示,根据给定的显著性水平 $\alpha$ 在 $F$ 分布表中查找相应的临界值 $F_\alpha(r-1, n-r)$,将统计量的值 $F$ 与给定的显著性水平 $\alpha$ 的临界值 $F_\alpha$ 进行比较。$F$ 统计量越大,说明组间方差是主要方差来源,因素影响越显著。单因素方差分析结果汇总如表 3.3,若 $F \geqslant F_\alpha(r-1, n-r)$,拒绝 $H_0$,因素 $A$ 对试验结果有显著影响;若 $F < F_\alpha(r-1, n-r)$,接受 $H_0$,因素 $A$

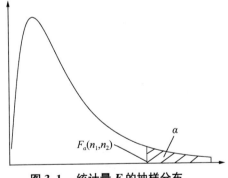

**图 3.1 统计量 $F$ 的抽样分布**

对试验结果无显著影响。因素 $A$ 与试验结果的相关性可用自变量组间平方和 SSA 占总平方和 SST 的比例大小来反映,记为 $R^2 = SSA/SST$,在线性回归分析中称为相关系数。

表 3.3  单因素方差分析表

| 来源 | 自由度 | 方差 | 均方差 | F 统计量 | F 临界值 |
|---|---|---|---|---|---|
| 组间 | $r-1$ | SSA | MSA | $F = \dfrac{MSA}{MSE}$ | $F_\alpha(r-1, n-r)$ |
| 组内 | $n-r$ | SSE | MSE | | |
| 总和 | $n-1$ | SST | | | |

## 3.3.2 多重比较

如果方差分析发现各组均值不相等，可进一步采用多重比较方法，通过对总体均值之间进行配对比较来检验哪些均值之间存在差异。多重比较分析方法有很多种，如最小显著差异(Least Significant Difference，简称 LSD)检验、最小显著极差值(Least Significant Range，简称 LSR)检验、Tukey 检验、Bonferronit 检验、Sidak 检验等。

1) LSD 检验

LSD 检验由统计学家 Fisher 提出，是对检验两个总体均值是否相等的 $t$ 检验方法的总体方差估计加以修正(用 $MSE$ 来代替)得到的。LSD 法实质上是 $F$ 检验为显著的前提下的 $t$ 检验，又称为 $F$ 检验保护下的最小显著差数法(Fisher's Protected LSD，简称 FPLSD)。步骤如下：

(1) 提出假设：假设第 $i$ 个组均值等于第 $j$ 个组均值，如式(3.26)。

$$H_0: \mu_i = \mu_j \Leftrightarrow H_1: \mu_i \neq \mu_j \tag{3.26}$$

(2) 计算检验统计量：按式(3.27)计算 $LSD_{ij}$。其中，$t_{\alpha/2}(n-r)$ 为 $t$ 分布的临界值，$\alpha$ 为显著性水平，$MSE$ 是组内方差，$n-r$ 是组内方差自由度，$n_i$ 和 $n_j$ 是第 $i$、$j$ 个样本的观测值个数。

$$LSD_{ij} = t_{\frac{\alpha}{2}}(n-r)\sqrt{MSE\left(\frac{1}{n_i} + \frac{1}{n_j}\right)} \tag{3.27}$$

(3) 统计决策：若第 $i$ 个组均值与第 $j$ 个组均值差的绝对值 $|\bar{x}_i - \bar{x}_j| > LSD_{ij}$，拒绝 $H_0$；否则接受 $H_0$。

2) LSR 检验

LSR 检验由 Duncan 提出，不同平均数间用不同的显著差数标准进行比较，依据极差范围内所包含的处理数据 $k$（秩次距）的不同来采用不同的检验尺度。步骤如下：

(1) 提出假设:假设第 $i$ 个组均值等于第 $j$ 个组均值,如式(3.28)。
$$H_0:\mu_i = \mu_j \Leftrightarrow H_1:\mu_i \neq \mu_j \tag{3.28}$$

(2) 计算检验统计量:将因素样本均值排序得 $\bar{x}_1 < \bar{x}_2 < \cdots < \bar{x}_r$,计算间距 $k = |j-i+1|$。并按式(3.29)计算 $LSR_{ij}$。其中,$SSR_a(k, df_E)$ 是显著水平为 $\alpha$,间距为 $k$,组内方差自由度为 $df_E$ 的标准显著极差。

$$LSR_{ij} = SSR_a(k, df_E) \sqrt{\frac{MSE}{2}\left(\frac{1}{n_i} + \frac{1}{n_j}\right)} \tag{3.29}$$

(3) 统计决策:若第 $i$ 个组均值与第 $j$ 个组均值差的绝对值 $|\bar{x}_i - \bar{x}_j| > LSR_{ij}$,拒绝 $H_0$;否则接受 $H_0$。

## 3.4 双因素试验方差分析

单因素方差分析只考虑一个因素对结果的影响。实际问题中,常需要分析多个因素的影响。例如复配改性剂对混合料性能的影响。当方差分析涉及两个分类型因素时,称为双因素方差分析(Two-Way Analysis of Variance)。在获取数据时,需要将一个因素安排在"行"(Row)的位置,称为行因素,另一个因素安排在"列"(Column)的位置,称为列因素。双因素方差分析同样需要满足每个总体都呈正态分布、各总体方差相同以及观测值独立的三个基本假定。根据两因素之间的效应是否独立,双因素方差分析也可分为以下两种类型:

(1) 无交互作用,即每个因素对试验结果的影响相互独立,如一种改性剂的效果不会因为掺入另一种改性剂而发生变化。无交互双因素方差分析不要求试验有重复。

(2) 有交互作用,即其中一个因素对结果的影响受到另一个因素的作用,如一种改性剂的效果会因为掺入另一种改性剂而发生变化。有交互双因素方差分析要求试验有重复。

### 3.4.1 无交互双因素试验

无交互双因素方差分析同样包括提出假设、计算检验统计量、统计决策三个步骤。对 $r$ 个水平的行因素 $A$ 与 $k$ 个水平的列因素 $B$,进行无重复试验,其无交互双因素方差分析数据结构如表 3.4 所示,其中 $\bar{x}_{i.}$ 是行因素 $A$ 的第 $i$ 个水平下试验结果均值,$\bar{x}_{.j}$ 是列因素 $B$ 的第 $j$ 个水平下试验结果均值,$\bar{x}$ 是全部 $kr$ 个试验结果总均值,分别按式(3.30)~式(3.32)计算。

$$\overline{x}_{i\cdot} = \frac{1}{k}\sum_{j=1}^{k} x_{ij}, \quad i=1,2,\cdots,r \tag{3.30}$$

$$\overline{x}_{\cdot j} = \frac{1}{r}\sum_{i=1}^{r} x_{ij}, \quad j=1,2,\cdots,k \tag{3.31}$$

$$\overline{x} = \frac{1}{kr}\sum_{i=1}^{r}\sum_{j=1}^{k} x_{ij} \tag{3.32}$$

表3.4 无交互双因素方差分析试验数据表

| 观测值 | | 列因素 B | | | | 平均值 $\overline{x}_{i\cdot}$ |
|---|---|---|---|---|---|---|
| | | $B_1$ | $B_2$ | $\cdots$ | $B_k$ | |
| 行因素 A | $A_1$ | $x_{11}$ | $x_{12}$ | $\cdots$ | $x_{1k}$ | $\overline{x}_{1\cdot}$ |
| | $A_2$ | $x_{21}$ | $x_{22}$ | $\cdots$ | $x_{2k}$ | $\overline{x}_{2\cdot}$ |
| | $\vdots$ | $\vdots$ | $\vdots$ | | $\vdots$ | $\vdots$ |
| | $A_r$ | $x_{r1}$ | $x_{r2}$ | $\cdots$ | $x_{rk}$ | $\overline{x}_{r\cdot}$ |
| 平均值 $\overline{x}_{\cdot j}$ | | $\overline{x}_{\cdot 1}$ | $\overline{x}_{\cdot 2}$ | $\cdots$ | $\overline{x}_{\cdot k}$ | $\overline{x}$ |

1）提出假设

对行因素 A 提出的假设如式(3.33)。

$$H_{0A}: \mu_{1\cdot}=\mu_{2\cdot}=\cdots=\mu_{r\cdot} \Leftrightarrow H_{1A}: \mu_{1\cdot},\mu_{2\cdot},\cdots,\mu_{r\cdot} \text{ 不全相等} \tag{3.33}$$

对列因素 B 提出的假设如式(3.34)。

$$H_{0B}: \mu_{\cdot 1}=\mu_{\cdot 2}=\cdots=\mu_{\cdot k} \Leftrightarrow H_{1B}: \mu_{\cdot 1},\mu_{\cdot 2},\cdots,\mu_{\cdot k} \text{ 不全相等} \tag{3.34}$$

双因素方差分析的线性可加模型如式(3.35)，试验结果样本由总均值 $\mu$、因素 A 效应 $\alpha_i$、因素 B 效应 $\beta_j$、随机误差 $\varepsilon_{ij}$ 四部分叠加而成，其中 $\varepsilon_{ij} \sim N(0,\sigma^2)$。

$$X_{ij} = \mu_{ij} + \varepsilon_{ij} = \mu + \alpha_i + \beta_j + \varepsilon_{ij} \tag{3.35}$$

其零假设可用效应表达，如式(3.36)。

$$H_{0A}: \alpha_1=\alpha_2=\cdots=\alpha_r=0$$
$$H_{0B}: \beta_1=\beta_2=\cdots=\beta_k=0 \tag{3.36}$$

2）计算检验统计量

（1）计算离差平方和

总离差平方和 SST、行因素离差平方和 SSA、列因素离差平方和 SSB、误差项离差平方和 SSE 分别按式(3.37)～式(3.40)计算，它们的自由度分别为 $kr-1$、$r-1$、$k-1$、$(k-1)(r-1)$，并且离差平方和与自由度满足式(3.41)和式(3.42)。

$$SST = \sum_{i=1}^{r}\sum_{j=1}^{k}(x_{ij} - \bar{\bar{x}})^2 \tag{3.37}$$

$$SSA = \sum_{i=1}^{r} k(\bar{x}_{i\cdot} - \bar{\bar{x}})^2 \tag{3.38}$$

$$SSB = \sum_{j=1}^{k} r(\bar{x}_{\cdot j} - \bar{\bar{x}})^2 \tag{3.39}$$

$$SSE = \sum_{i=1}^{r}\sum_{j=1}^{k}(x_{ij} - \bar{x}_{i\cdot} - \bar{x}_{\cdot j} + \bar{\bar{x}})^2 \tag{3.40}$$

$$SST = SSA + SSB + SSE \tag{3.41}$$

$$kr - 1 = r - 1 + k - 1 + (k-1)(r-1) \tag{3.42}$$

同样可以证明式(3.43)和式(3.44)成立。在零假设成立时,式(3.45)和式(3.46)成立。

$$\frac{SST}{\sigma^2} \sim \chi^2(kr-1) \tag{3.43}$$

$$\frac{SSE}{\sigma^2} \sim \chi^2[(r-1)(k-1)] \tag{3.44}$$

$$\frac{SSA}{\sigma^2} \stackrel{H_{0A}}{\sim} \chi^2(r-1) \tag{3.45}$$

$$\frac{SSB}{\sigma^2} \stackrel{H_{0B}}{\sim} \chi^2(k-1) \tag{3.46}$$

(2) 计算均方

行因素均方 $MSA$、列因素均方 $MSB$、随机误差项均方和 $MSE$ 按式(3.47)~式(3.49)计算。

$$MSA = \frac{SSA}{r-1} \tag{3.47}$$

$$MSB = \frac{SSB}{k-1} \tag{3.48}$$

$$MSE = \frac{SSE}{(r-1)(k-1)} \tag{3.49}$$

(3) 计算检验统计量 $F$

行因素 $A$ 和列因素 $B$ 的检验统计量 $F_A$ 和 $F_B$ 分别按式(3.50)和式(3.51)计算。

$$F_A = \frac{MSA}{MSE} \sim F[r-1, (r-1)(k-1)] \tag{3.50}$$

$$F_B = \frac{MSB}{MSE} \sim F[k-1, (r-1)(k-1)] \tag{3.51}$$

3）统计决策

无交互双因素方差分析表如表3.5所示，根据显著性水平$\alpha$在$F$分布表中查找相应的临界值$F_\alpha$，将统计量的值$F_A$、$F_B$与给定的显著性水平$\alpha$的临界值进行比较，若$F_A > F_\alpha[r-1,(r-1)(k-1)]$，拒绝零假设$H_{0A}$，行因素对观测值有显著影响；若$F_B > F_\alpha[k-1,(r-1)(k-1)]$，拒绝零假设$H_{0B}$，列因素对观测值有显著影响。

表3.5　无交互双因素方差分析表

| 来源 | 自由度 | 方差 | 均方差 | $F$统计量 | $F$临界值 |
| --- | --- | --- | --- | --- | --- |
| 行因素 | $r-1$ | SSA | MSA | $F_A = \dfrac{MSA}{MSE}$ | $F_\alpha[r-1,(r-1)(k-1)]$ |
| 列因素 | $k-1$ | SSB | MSB | $F_B = \dfrac{MSB}{MSE}$ | $F_\alpha[k-1,(r-1)(k-1)]$ |
| 误差 | $(r-1)(k-1)$ | SSE | MSE | | |
| 总和 | $kr-1$ | SST | | | |

行平方和反映了行因素对结果的效应，列平方和反映了列因素对结果的效应。行列平方和之和反映了两个因素对结果的联合效应。联合效应与总平方和的比定义如式(3.52)，即线性回归分析中的决定系数，反映了这两个自变量合起来与因变量之间的关系强度。

$$R^2 = \frac{SSA + SSB}{SST} = 1 - \frac{SSE}{SST} \tag{3.52}$$

## 3.4.2　有交互双因素试验

有交互作用的双因素方差分析，不仅分析两个因素各自效应，还应对两个因素组合的效应进行显著性检验。为进行交互作用的显著性检验，需要对两个因素的任意组合进行多次观测，因此有交互作用的双因素方差分析通常也称为重复双因素方差分析。对$r$个水平的行因素$A$与$k$个水平的列因素$B$，进行$s$次重复试验，有交互作用的双因素方差分析数据结构如表3.6所示，其中，$\bar{x}_{ij\cdot}$表示行列因素搭配成的组合$(A_i,B_j)$做$s$次试验观测值的均值，$\bar{x}_{i\cdot\cdot}$表示第$i$个行因素$A$观测值的均值，$\bar{x}_{\cdot j\cdot}$表示第$j$个列因素$B$观测值的均值，$\bar{x}$表示全部$rks$个样本观测值的均值，分别按式(3.53)～式(3.56)计算。

## 3 试验设计与方差分析

**表 3.6　有交互双因素方差分析试验数据表**

| 观测值 | | 列因素 $B$ | | | | 平均值 $\overline{x}_{i..}$ |
|---|---|---|---|---|---|---|
| | | $B_1$ | $B_2$ | $\cdots$ | $B_k$ | |
| 行因素 $A$ | $A_1$ | $x_{111}$<br>$x_{112}$<br>$\vdots$<br>$x_{11s}$ | $x_{121}$<br>$x_{122}$<br>$\vdots$<br>$x_{12s}$ | $\cdots$<br>$\cdots$<br>$\cdots$ | $x_{1k1}$<br>$x_{1k2}$<br>$\vdots$<br>$x_{1ks}$ | $\overline{x}_{1..}$ |
| | 均值 $\overline{x}_{ij.}$ | $\overline{x}_{11.}$ | $\overline{x}_{12.}$ | $\cdots$ | $\overline{x}_{1k.}$ | |
| | $A_2$ | $x_{211}$<br>$x_{212}$<br>$\vdots$<br>$x_{21s}$ | $x_{221}$<br>$x_{222}$<br>$\vdots$<br>$x_{22s}$ | $\cdots$<br>$\cdots$<br>$\cdots$ | $x_{2k1}$<br>$x_{2k2}$<br>$\vdots$<br>$x_{2ks}$ | $\overline{x}_{2..}$ |
| | 均值 $\overline{x}_{ij.}$ | $\overline{x}_{21.}$ | $\overline{x}_{22.}$ | $\cdots$ | $\overline{x}_{2k.}$ | |
| | $\vdots$<br>$A_r$ | $\vdots$<br>$x_{r11}$<br>$x_{r12}$<br>$\vdots$<br>$x_{r1s}$ | $\vdots$<br>$x_{r21}$<br>$x_{r22}$<br>$\vdots$<br>$x_{r2s}$ | $\vdots$<br>$\cdots$<br>$\cdots$<br>$\cdots$ | $\vdots$<br>$x_{rk1}$<br>$x_{rk2}$<br>$\vdots$<br>$x_{rks}$ | $\overline{x}_{r..}$ |
| | 均值 $\overline{x}_{ij.}$ | $\overline{x}_{r1.}$ | $\overline{x}_{r2.}$ | $\cdots$ | $\overline{x}_{rk.}$ | |
| | 平均值 $\overline{x}_{.j.}$ | $\overline{x}_{.1.}$ | $\overline{x}_{.2.}$ | $\cdots$ | $\overline{x}_{.k.}$ | $\overline{\overline{x}}$ |

$$\overline{x}_{ij.} = \frac{\sum\limits_{t=1}^{s} x_{ijt}}{s}, \quad i=1,2,\cdots,r; j=1,2,\cdots,k; t=1,2,\cdots,s \quad (3.53)$$

$$\overline{x}_{i..} = \frac{\sum\limits_{j=1}^{k}\sum\limits_{t=1}^{s} x_{ijt}}{ks}, \quad i=1,2,\cdots,r \quad (3.54)$$

$$\overline{x}_{.j.} = \frac{\sum\limits_{i=1}^{r}\sum\limits_{t=1}^{s} x_{ijt}}{rs}, \quad j=1,2,\cdots,k \quad (3.55)$$

$$\overline{\overline{x}} = \frac{\sum\limits_{i=1}^{r}\sum\limits_{j=1}^{k}\sum\limits_{t=1}^{s} x_{ijt}}{rks} \quad (3.56)$$

1) 提出假设

对行因素 $A$ 的假设如式(3.57)。

$$H_{0A}:\mu_{1..} = \mu_{2..} = \cdots = \mu_{r..} \Leftrightarrow H_{1A}:\mu_{1..},\mu_{2..},\cdots,\mu_{r..} \text{ 不全相等} \quad (3.57)$$

对列因素 $B$ 的假设如式(3.58)。

$$H_{0B}:\mu_{.1.} = \mu_{.2.} = \cdots = \mu_{.k.} \Leftrightarrow H_{1B}:\mu_{.1.},\mu_{.2.},\cdots,\mu_{.k.} \text{ 不全相等} \quad (3.58)$$

对交互作用 $A \times B$ 的假设如式(3.59)。

$$\begin{aligned}&H_{0AB}:\mu_{11.} = \mu_{12.} = \cdots = \mu_{1k.} = \mu_{21.} = \mu_{22.} = \cdots = \mu_{2k.} = \cdots = \mu_{rk.}\\&H_{1AB}:\mu_{11.},\mu_{12.},\cdots,\mu_{1k.},\mu_{21.},\mu_{22.},\cdots,\mu_{2k.},\cdots,\mu_{rk.} \text{ 不全相等}\end{aligned} \quad (3.59)$$

有交互双因素方差分析非线性可加,模型如式(3.60),试验结果样本由总均值 $\mu$、因素 $A$ 效应 $\alpha_i$、因素 $B$ 效应 $\beta_j$、因素 $A$ 和 $B$ 的交互效应 $\gamma_{ij}$、随机误差 $\varepsilon_{ij}$ 四部分叠加而成,$\varepsilon_{ij} \sim N(0, \sigma^2)$。

$$X_{ij} = \mu_{ij} + \varepsilon_{ij} = \mu + \alpha_i + \beta_j + \gamma_{ij} + \varepsilon_{ij} \quad (3.60)$$

其零假设用效应来表达更为简单,如式(3.61)。

$$\begin{aligned}&H_{0A}:\alpha_1 = \alpha_2 = \cdots = \alpha_r = 0\\&H_{0B}:\beta_1 = \beta_2 = \cdots = \beta_k = 0\\&H_{0AB}:\gamma_{11} = \gamma_{12} = \cdots = \gamma_{rk} = 0\end{aligned} \quad (3.61)$$

2) 计算检验统计量

(1) 计算离差平方和

总离差平方和 $SST$、行因素 $A$ 离差平方和 $SSA$、列因素 $B$ 离差平方和 $SSB$、交互作用离差平方和 $SSAB$、误差项离差平方和 $SSE$ 分别按式(3.62)~式(3.66)计算,其自由度为 $rks-1$、$r-1$、$k-1$、$(r-1)(k-1)$ 和 $rk(s-1)$,并且离差平方和与自由度分别满足式(3.67)和式(3.68)。

$$SST = \sum_{i=1}^{r}\sum_{j=1}^{k}\sum_{t=1}^{s}(x_{ijt} - \overline{\overline{x}})^2 \quad (3.62)$$

$$SSA = \sum_{i=1}^{r} ks\,(\overline{x}_{i..} - \overline{\overline{x}})^2 \quad (3.63)$$

$$SSB = \sum_{j=1}^{k} rs\,(\overline{x}_{.j.} - \overline{\overline{x}})^2 \quad (3.64)$$

$$SSAB = \sum_{i=1}^{r}\sum_{j=1}^{k} s\,(\overline{x}_{ij.} - \overline{x}_{i..} - \overline{x}_{.j.} + \overline{\overline{x}})^2 \quad (3.65)$$

$$SSE = \sum_{i=1}^{r}\sum_{j=1}^{k}\sum_{t=1}^{s}(x_{ijt} - \overline{x}_{ij.})^2 \quad (3.66)$$

$$SST = SSA + SSB + SSAB + SSE \quad (3.67)$$

$$rks - 1 = r - 1 + k - 1 + (r-1)(k-1) + rk(s-1) \tag{3.68}$$

同样可以证明式(3.69)和式(3.70)成立。在零假设成立时,式(3.71)~式(3.73)成立。

$$\frac{SST}{\sigma^2} \sim \chi^2(rks-1) \tag{3.69}$$

$$\frac{SSE}{\sigma^2} \sim \chi^2[rk(s-1)] \tag{3.70}$$

$$\frac{SSA}{\sigma^2} \overset{H_{0A}}{\sim} \chi^2(r-1) \tag{3.71}$$

$$\frac{SSB}{\sigma^2} \overset{H_{0B}}{\sim} \chi^2(k-1) \tag{3.72}$$

$$\frac{SSAB}{\sigma^2} \overset{H_{0AB}}{\sim} \chi^2[(r-1)(k-1)] \tag{3.73}$$

(2) 计算均方

行因素 $A$ 均方 $MSA$、列因素 $B$ 均方 $MSB$、交互均方 $MSAB$ 和误差项均方 $MSE$ 按式(3.74)~式(3.77)计算。

$$MSA = \frac{SSA}{r-1} \tag{3.74}$$

$$MSB = \frac{SSB}{k-1} \tag{3.75}$$

$$MSAB = \frac{SSAB}{(r-1)(k-1)} \tag{3.76}$$

$$MSE = \frac{SSE}{rk(s-1)} \tag{3.77}$$

(3) 计算检验统计量 $F$

行因素 $A$、列因素 $B$ 及交互作用 $A \times B$ 的检验统计量 $F_A$、$F_B$ 和 $F_{A \times B}$ 分别按式(3.78)~式(3.80)计算。

$$F_A = \frac{MSA}{MSE} \sim F[r-1, rk(s-1)] \tag{3.78}$$

$$F_B = \frac{MSB}{MSE} \sim F[k-1, rk(s-1)] \tag{3.79}$$

$$F_{A \times B} = \frac{MSAB}{MSE} \sim F[(r-1)(k-1), rk(s-1)] \tag{3.80}$$

3) 统计决策

有交互双因素方差分析表如表3.7所示,根据给定的显著性水平 $\alpha$ 在 $F$ 分布表中查找相应的临界值 $F_\alpha$,若 $F_A > F_\alpha[r-1, rk(s-1)]$,拒绝零假设,因素 $A$ 各水平之间有显著差异；若 $F_B > F_a[k-1, rk(s-1)]$，拒绝零假设，因素 $B$ 各水平之间有显著差异；若 $F_{A \times B} > F_a[(r-1)(k-1), rk(s-1)]$，拒绝零假设，交互作用 $A \times B$ 是显著的。同样，可采用联合效应与总平方和的比，如式(3.81)，来反映这两个自变量合起来与因变量之间的关系强度。

$$R^2 = \frac{SSA + SSB + SSAB}{SST} = 1 - \frac{SSE}{SST} \tag{3.81}$$

**表 3.7　有交互双因素方差分析表**

| 来源 | 自由度 | 方差 | 均方差 | $F$ 统计量 | $F$ 临界值 |
|------|--------|------|--------|-----------|-----------|
| 行因素 | $r-1$ | $SSA$ | $MSA$ | $F_A = \dfrac{MSA}{MSE}$ | $F_a[r-1, rk(s-1)]$ |
| 列因素 | $k-1$ | $SSB$ | $MSB$ | $F_B = \dfrac{MSB}{MSE}$ | $F_a[k-1, rk(s-1)]$ |
| 交互作用 | $(r-1)(k-1)$ | $SSAB$ | $MSAB$ | $F_{A \times B} = \dfrac{MSAB}{MSE}$ | $F_a[(r-1)(k-1), rk(s-1)]$ |
| 组内 | $rk(s-1)$ | $SSE$ | $MSE$ | | |
| 总和 | $krs-1$ | $SST$ | | | |

## 3.5　正交试验设计方差分析

当试验因素及水平的数量增加时，进行完全析因试验会导致试验次数的快速增长。借助正交表可以选出具有代表性的试验组合，以较少的试验次数得到足够的试验结果信息。正交表于1944年起源于美国，记为 $L_n(r^m)$，其中 $L$ 为正交表符号；$n$ 为试验次数，即正交表行数；$r$ 为水平数；$m$ 为最多因素个数，即正交表列数。正交的意思是两个向量对应元素的乘积的和，即内积为0。表3.8和表3.9为两个常用的正交表 $L_9(3^4)$、$L_8(2^7)$，其给出了每次试验每列因素对应的水平数。正交表的特性包括：

(1) 每列中不同水平出现的次数相同，为 $n/r$ 次。如表3.8中每一列三个水平"1""2""3"各出现3次。

(2) 任两列中，同一横行所组成的数字对出现的次数相同，为 $n/r^2$ 次。如表3.8的有序数对为(1,1)(1,2)(1,3)(2,1)(2,2)(2,3)(3,1)(3,2)(3,3)共9个，它们各出现一次。

表 3.8　$L_9(3^4)$ 正交表

| 试验号 | 列号 | | | |
|---|---|---|---|---|
| | 1 | 2 | 3 | 4 |
| 1 | 1 | 1 | 1 | 1 |
| 2 | 1 | 2 | 2 | 2 |
| 3 | 1 | 3 | 3 | 3 |
| 4 | 2 | 1 | 2 | 3 |
| 5 | 2 | 2 | 3 | 1 |
| 6 | 2 | 3 | 1 | 2 |
| 7 | 3 | 1 | 3 | 2 |
| 8 | 3 | 2 | 1 | 3 |
| 9 | 3 | 3 | 2 | 1 |

表 3.9　$L_8(2^7)$ 正交表

| 试验号 | 列号 | | | | | | |
|---|---|---|---|---|---|---|---|
| | 1 | 2 | 3 | 4 | 5 | 6 | 7 |
| 1 | 1 | 1 | 1 | 1 | 1 | 1 | 1 |
| 2 | 1 | 1 | 1 | 2 | 2 | 2 | 2 |
| 3 | 1 | 2 | 2 | 1 | 1 | 2 | 2 |
| 4 | 1 | 2 | 2 | 2 | 2 | 1 | 1 |
| 5 | 2 | 1 | 2 | 1 | 2 | 1 | 2 |
| 6 | 2 | 1 | 2 | 2 | 1 | 2 | 1 |
| 7 | 2 | 2 | 1 | 1 | 2 | 2 | 1 |
| 8 | 2 | 2 | 1 | 2 | 1 | 1 | 2 |

正交设计具有均衡分散和整齐可比的特点。均衡分散是指各因素各水平组合在全部水平组合中的分布是均衡的。整齐可比是指每一个因素的各水平间具有可比性。因为每一因素的任一水平下都均衡地包含着另外因素的各个水平，当比较某因素不同水平时，其他因素的效应都彼此抵消。例如，在 $L_9(3^4)$ 中，因素 1 各水平下包括了因素 2、3 的 3 个水平，虽然搭配方式不同，当比较因素 1 不同水平时，因素 2、3 不同水平的效应相互抵消。所以因素 1 的 3 个水平间具有可比性。同样，因素 2、3 的 3 个水平间也具有可比性。

## 3.5.1 无交互正交设计

下面结合一个实例来说明无交互正交试验设计及结果分析的步骤。

第一步:确定试验目标和研究的试验指标。

试验目标是寻找抗裂性能最好的沥青混合料方案,试验指标是常温半圆劈裂强度,高者为优。

第二步:确定因素和水平。

确定本试验包含纤维含量、石灰矿粉含量及纤维类型3个因素,每个因素包含3个水平,如表3.10所示。

表 3.10 试验因素及水平

| 水平 | 因素 | | |
|---|---|---|---|
| | $A$ 纤维含量 | $B$ 石灰矿粉含量 | $C$ 纤维类型 |
| 1 | 1% | 2% | 甲 |
| 2 | 2% | 4% | 乙 |
| 3 | 3% | 6% | 丙 |

第三步:选择正交表,进行表头设计。

选择正交表时,要求正交表中的水平数 $r$ 与每个因素水平数一致,正交表中因素个数 $m$ 大于或等于实际因素个数,然后适当选用试验次数 $n$ 较小的正交表。本例是3水平试验,因此要从 $L_n(3^m)$ 型中选择正交表。不考虑交互作用时,共有3个因素,所以应选 $m \geqslant 3$ 的最小的表,因此选用 $L_9(3^4)$,即 $n=9, r=3, m=3$。表头设计就是将 $A$、$B$、$C$ 随机地放到 $L_9(3^4)$ 的表头各列中,如表3.11所示。

表 3.11 无交互正交表头设计

| 因素 | $A$ | $B$ | $C$ | 空 |
|---|---|---|---|---|
| 列号 | 1 | 2 | 3 | 4 |

第四步:制定试验方案,记录试验结果。

严格按照所选正交表进行试验,将试验结果填在表中最后一列,如表3.12所示。

表 3.12　无交互正交设计试验数据表

| 试验号 | 因素/列号 | | | | 半圆劈裂强度/MPa |
|---|---|---|---|---|---|
| | A | B | C | 空 | |
| | 1 | 2 | 3 | 4 | |
| 1 | 1 | 1 | 1 | 1 | 5.16 |
| 2 | 1 | 2 | 2 | 2 | 5.46 |
| 3 | 1 | 3 | 3 | 3 | 5.40 |
| 4 | 2 | 1 | 2 | 3 | 5.76 |
| 5 | 2 | 2 | 3 | 1 | 5.49 |
| 6 | 2 | 3 | 1 | 2 | 5.94 |
| 7 | 3 | 1 | 3 | 2 | 4.77 |
| 8 | 3 | 2 | 1 | 3 | 4.80 |
| 9 | 3 | 3 | 2 | 1 | 5.43 |

第五步:试验结果极差分析。

极差分析是一种描述某因素的水平变化对试验指标的影响大小的方法。对于本例有:

(1) 计算第 $j$ 列上第 $i$ 个水平,即因素 $j$ 在 $i$ 个水平上试验结果总和 $K_{ij}$,如式(3.82)。

$$K_{1A} = y_1 + y_2 + y_3 = 16.02$$
$$K_{2A} = y_4 + y_5 + y_6 = 17.19 \tag{3.82}$$
$$K_{3A} = y_7 + y_8 + y_9 = 15.00$$

(2) 计算因素 $j$ 在 $i$ 水平上试验结果的均值 $k_{ij} = \dfrac{1}{n/r} K_{ij}$,其中 $n/r$ 为第 $j$ 列上第 $i$ 个水平出现的次数,如式(3.83)。

$$k_{1A} = \frac{1}{3} K_{1A} = 5.34$$
$$k_{2A} = \frac{1}{3} K_{2A} = 5.73 \tag{3.83}$$
$$k_{3A} = \frac{1}{3} K_{3A} = 5.00$$

(3) 计算第 $j$ 列,即因素 $j$ 的极差 $R_j = \max_i\{k_{ij}\} - \min_i\{k_{ij}\}$,如式(3.84)。
$$R_A = \max_i\{k_{iA}\} - \min_i\{k_{iA}\} = 5.73 - 5.00 = 0.73$$
$$R_B = 0.36$$
$$R_C = 0.33 \tag{3.84}$$

(4) 选择最优试验组合

极差 $R_j$ 越大,说明该因素的水平变化对试验指标的影响越大,即该因素越重要;$R_j$ 越小,该因素越不重要。可根据 $R_j$ 的大小排出因素的主次。本例中 $R_A > R_B > R_C$,因此因素 $A$、$B$、$C$ 的主次顺序为 $A \to B \to C$。

因为 $k_{1A}$、$k_{2A}$、$k_{3A}$ 之间的差别仅仅是由 $A_1$、$A_2$、$A_3$ 引起的,与 $B$、$C$ 取什么水平无关,因此可通过比较 $k_{1A}$, $k_{2A}$, $\cdots$, $k_{rA}$ 的大小来确定 $A$ 的最佳水平。本例中,由于 $k_{2A} = 5.73$ 最大,说明 $A$ 取 $A_2$ 水平最好。类似地,可确定 $B$ 的最佳水平为 $B_3$,$C$ 的最佳水平为 $C_2$,由此得最优组合为 $A_2B_3C_2$。而上述 9 个试验方案中并不包括 $A_2B_3C_2$,说明用正交表安排试验不仅可以从表上看到 9 次试验中的最优组合是 $A_2B_3C_1$,而且还可以推断出全面试验中的最优组合是 $A_2B_3C_2$。

空白列也需要分析极差,若它的极差很小,可认为因素之间交互作用很小,可忽略不计。若它的极差比所有因素的极差都大,则说明因素之间可能存在不可忽略的交互作用,或是对试验结果有重要影响的因素被忽略了。表 3.13 汇总了该正交设计的极差与方差计算。

表 3.13　无交互正交设计极差与方差计算表

| 试验号 | 因素/列号 | | | | 半圆劈裂强度 /MPa |
|---|---|---|---|---|---|
| | $A$ | $B$ | $C$ | 空 | |
| | 1 | 2 | 3 | 4 | |
| 1 | 1 | 1 | 1 | 1 | 5.16 |
| 2 | 1 | 2 | 2 | 2 | 5.46 |
| 3 | 1 | 3 | 3 | 3 | 5.40 |
| 4 | 2 | 1 | 2 | 3 | 5.76 |
| 5 | 2 | 2 | 3 | 1 | 5.49 |
| 6 | 2 | 3 | 1 | 2 | 5.94 |
| 7 | 3 | 1 | 3 | 2 | 4.77 |
| 8 | 3 | 2 | 1 | 3 | 4.80 |
| 9 | 3 | 3 | 2 | 1 | 5.43 |

续表

| 试验号 | 因素/列号 | | | | 半圆劈裂强度/MPa |
|---|---|---|---|---|---|
| | $A$ | $B$ | $C$ | 空 | |
| | 1 | 2 | 3 | 4 | |
| $K_{1j}$ | 16.02 | 15.69 | 15.90 | 16.08 | |
| $K_{2j}$ | 17.19 | 15.75 | 16.65 | 16.17 | |
| $K_{3j}$ | 15.00 | 16.77 | 15.66 | 15.96 | $\bar{y} = 5.357$ |
| $k_{1j}$ | 5.34 | 5.23 | 5.30 | 5.36 | $SST = 112.875$ |
| $k_{2j}$ | 5.73 | 5.25 | 5.55 | 5.39 | |
| $k_{3j}$ | 5.00 | 5.59 | 5.22 | 5.32 | |
| $R_j$ | 0.73 | 0.36 | 0.33 | 0.07 | |
| | $SSA$ | $SSB$ | $SSC$ | | $SSE$ |
| $SSj$ | 0.801 | 0.246 | 0.178 | | 0.007 4 |

**第六步**:试验结果方差分析。

极差分析能够给出因素影响的相对大小,但研究因素影响显著性,仍需要进行方差分析。正交设计方差分析与传统方差分析类似,仅统计量的计算有些变化。以下将结合示例,按照提出假设、计算检验统计量和统计决策三步进行正交试验方差分析。

**1) 提出假设**

假定因素 $A$、$B$、$C$ 没有交互作用,设因素 $A$ 在水平 $A_1$、$A_2$、$A_3$ 上的效应分别为 $a_1$、$a_2$、$a_3$;因素 $B$ 在水平 $B_1$、$B_2$、$B_3$ 上的效应分别为 $b_1$、$b_2$、$b_3$;因素 $C$ 在水平 $C_1$、$C_2$、$C_3$ 上的效应分别为 $c_1$、$c_2$、$c_3$。效应表示一个因素在某种水平上与总体平均数的偏差,其数学模型如式(3.85),并且 $\varepsilon_i \sim N(0, \sigma^2)$。

$$\begin{cases} Y_1 = \mu + a_1 + b_1 + c_1 + \varepsilon_1, \\ Y_2 = \mu + a_1 + b_2 + c_2 + \varepsilon_2, \\ Y_3 = \mu + a_1 + b_3 + c_3 + \varepsilon_3, \\ Y_4 = \mu + a_2 + b_1 + c_2 + \varepsilon_4, \\ Y_5 = \mu + a_2 + b_2 + c_3 + \varepsilon_5, \\ Y_6 = \mu + a_2 + b_3 + c_1 + \varepsilon_6, \\ Y_7 = \mu + a_3 + b_1 + c_3 + \varepsilon_7, \\ Y_8 = \mu + a_3 + b_2 + c_1 + \varepsilon_8, \\ Y_9 = \mu + a_3 + b_3 + c_2 + \varepsilon_9 \end{cases} \quad (3.85)$$

针对3个因素的方差分析零假设如式(3.86),即各因素效应为0。

$$H_{0A}: a_1 = a_2 = a_3 = 0$$
$$H_{0B}: b_1 = b_2 = b_3 = 0 \quad (3.86)$$
$$H_{0C}: c_1 = c_2 = c_3 = 0$$

2) 计算检验统计量

当 $H_{0A}, H_{0B}, H_{0C}$ 成立时,可继续计算统计量。

(1) 计算离差平方和

总离差平方和为 $SST = \sum_{i=1}^{n}(Y_i - \bar{Y})^2$,自由度为 $n-1$,本例中 $SST = 1.231$,自由度为8。第 $j$ 列因素的离差平方和为 $SSj = \dfrac{n}{r}\sum_{i=1}^{r}(\bar{k}_{ij} - \bar{Y})^2$,自由度为 $r-1$,本例中计算结果如(3.87)。

$$SSA = 3\sum_{i=1}^{r}(k_{iA} - \bar{Y})^2 = 0.800$$
$$SSB = 3\sum_{i=1}^{r}(k_{iB} - \bar{Y})^2 = 0.246 \quad (3.87)$$
$$SSC = 3\sum_{i=1}^{r}(k_{iC} - \bar{Y})^2 = 0.178$$

误差项离差平方和为 $SSE = SST - \sum_{j=1}^{m} SS_j$,自由度为 $m-1$,本例中 $SSE = 0.0074$,自由度为 $3-1=2$。

(2) 计算均方

本例中因素 $A$、$B$、$C$ 和误差的均方计算结果如式(3.88)。

$$MSA = \frac{SSA}{2} = 0.400$$
$$MSB = \frac{SSB}{2} = 0.123$$
$$MSC = \frac{SSC}{2} = 0.089 \quad (3.88)$$
$$MSE = \frac{SSE}{2} = 0.0037$$

(3) 计算检验统计量 $F$

因素 $A$、$B$、$C$ 的检验统计量计算结果如式(3.89)。

$$F_A = \frac{MSA}{MSE} \sim F(2,2)$$

$$F_B = \frac{MSB}{MSE} \sim F(2,2)$$

$$F_C = \frac{MSC}{MSE} \sim F(2,2) \tag{3.89}$$

3）统计决策

方差分析如表 3.14 所示，查 $F$ 分布表得 $F_{0.05}(2,2)=19$，因素 $A$、$B$、$C$ 的 $F$ 值均大于此临界值，因此三因素均显著。

表 3.14　无交互正交设计方差分析表

| 来源 | 自由度 | 方差 | 均方差 | $F$ 统计量 | $F_{0.05}(2,2)$ |
|---|---|---|---|---|---|
| $A$ | 2 | 0.800 6 | 0.400 3 | 108.19 * | 19 |
| $B$ | 2 | 0.245 6 | 0.122 8 | 33.19 * | 19 |
| $C$ | 2 | 0.177 8 | 0.088 9 | 24.03 * | 19 |
| 误差 | 2 | 0.007 4 | 0.003 7 | | |
| 总和 | 8 | 1.231 4 | | | |

注：* 代表该因素显著。

## 3.5.2　有交互正交设计

有交互正交设计与无交互正交设计步骤与分析方法类似，下面结合实例进行分析。

第一步：确定试验目标和研究的试验指标。

试验目标是寻找耐久性最好的沥青罩面材料，试验指标为沥青罩面服役寿命，寿命越长越好。

第二步：确定因素和水平。

考察的因素与水平列于表 3.15 中，包括沥青类型、纤维类型、填料类型、集料类型 4 个因素，每个因素包含 2 个水平。分析 $A$、$B$、$C$、$D$ 4 个因素，及 $A\times B$，$A\times C$ 两个交互作用对服役寿命影响的重要性及最优组合。

表 3.15　试验因素与水平

| 水平 | 因素 | | | |
|---|---|---|---|---|
| | $A$ 沥青类型 | $B$ 纤维类型 | $C$ 填料类型 | $D$ 集料类型 |
| 1 | 改性 | 甲 | 石灰 | 石灰岩 |
| 2 | 普通 | 乙 | 矿粉 | 玄武岩 |

第三步:选择正交表,进行表头设计。

有交互正交试验设计需要用到正交表对应的交互作用表进行表头设计。表 3.16 为正交表 $L_8(2^7)$ 所对应的交互作用表。两个交互列号所在行、列的交叉点上的数字就是交互作用列的列号。例如,第 1 行与第 2 列的交叉点为 3,即第 1 列与第 2 列的交互作用列为第 3 列。正交设计时,若 A、B 分别安排在第 1 列与第 2 列上,则交互作用 $A \times B$ 就要安排在第 3 列上。同理,第 1 列与第 4 列的交互作用列 $A \times C$ 为第 5 列,第 2 列与第 4 列的交互作用列 $B \times C$ 为第 6 列。交互作用列对安排试验不起作用,但在分析试验结果时,交互项,例如 $A \times B$,作为一个单独因素计算它的极差。

表 3.16 $L_8(2^7)$ 正交表交互项设置

| 行号 | 列号 | | | | | | |
|---|---|---|---|---|---|---|---|
| | 1 | 2 | 3 | 4 | 5 | 6 | 7 |
| 1 | (1) | 3 | 2 | 5 | 4 | 7 | 6 |
| 2 | | (2) | 1 | 6 | 7 | 4 | 5 |
| 3 | | | (3) | 7 | 6 | 5 | 4 |
| 4 | | | | (4) | 1 | 2 | 3 |
| 5 | | | | | (5) | 3 | 2 |
| 6 | | | | | | (6) | 1 |

本例是 2 水平试验,要从 $L_n(2^m)$ 型中选择正交表。本例考虑 4 因素及 2 个交互作用,共 6 个因素,应选 $m \geqslant 6$ 的最小的表,因此选用 $L_8(2^7)$,即 $n=8, r=2, m=7$。其表头设计如表 3.17 所示。由于第六列正交表已安排 $B \times C$,因此尽管本案例无须考虑 $B \times C$,因素 D 要安排在第 7 列。

表 3.17 正交表交互项设置

| 因素 | A | B | $A \times B$ | C | $A \times C$ | $B \times C$ | D |
|---|---|---|---|---|---|---|---|
| 列号 | 1 | 2 | 3 | 4 | 5 | 6 | 7 |

第四步:制定试验方案,记录试验结果。

依据所选正交表 $L_8(2^7)$(表 3.9),填入沥青罩面服役寿命调查结果,得到表 3.18 所示试验数据表。

## 3 试验设计与方差分析

表 3.18 有交互正交设计试验数据表

| 试验号 | 因素/列号 | | | | | | | 寿命/年 |
|---|---|---|---|---|---|---|---|---|
| | A | B | A×B | C | A×C | 空 | D | |
| | 1 | 2 | 3 | 4 | 5 | 6 | 7 | |
| 1 | 1 | 1 | 1 | 1 | 1 | 1 | 1 | 12 |
| 2 | 1 | 1 | 1 | 2 | 2 | 2 | 2 | 11 |
| 3 | 1 | 2 | 2 | 1 | 1 | 2 | 2 | 16 |
| 4 | 1 | 2 | 2 | 2 | 2 | 1 | 1 | 16 |
| 5 | 2 | 1 | 2 | 1 | 2 | 1 | 2 | 5 |
| 6 | 2 | 1 | 2 | 2 | 1 | 2 | 1 | 7 |
| 7 | 2 | 2 | 1 | 1 | 2 | 2 | 1 | 8 |
| 8 | 2 | 2 | 1 | 2 | 1 | 1 | 2 | 12 |

第五步:试验结果极差分析。

试验结果极差分析如表 3.19 所示,结果较好的组合为第 3、4 号试验,即 $A_1B_2C_1D_2$ 和 $A_1B_2C_2D_1$。由极差 $R_j$ 行可知,因素主次顺序为 $A \rightarrow B \rightarrow A \times C \rightarrow C \rightarrow D \rightarrow A \times B$。从主次顺序看 A 为首要因素,因 $\overline{K}_{1A} > \overline{K}_{2A}$,A 的最优水平是 $A_1$;类似地,B 的最优水平是 $B_2$;因素 C 比交互作用 $A \times C$ 还次要,因此 C 的水平的选取还要由 $A \times C$ 决定。为此先计算因素 A 与 C 的搭配表如表 3.20 所示,可见 $A_1C_1$ 组合试验结果均值最高,故取 C 的最优水平 $C_1$。对次要因素 D,可以从方便、经济的角度出发在 2 水平中任取一个,记为 $D_0$。故由表 3.19 数据计算的最优条件为 $A_1B_2C_1D_0$。

表 3.19 有交互正交设计极差及方差计算表

| 试验号 | 因素/列号 | | | | | | | 寿命/年 |
|---|---|---|---|---|---|---|---|---|
| | A | B | A×B | C | A×C | 空 | D | |
| | 1 | 2 | 3 | 4 | 5 | 6 | 7 | |
| 1 | 1 | 1 | 1 | 1 | 1 | 1 | 1 | 12 |
| 2 | 1 | 1 | 1 | 2 | 2 | 2 | 2 | 11 |
| 3 | 1 | 2 | 2 | 1 | 1 | 2 | 2 | 16 |
| 4 | 1 | 2 | 2 | 2 | 2 | 1 | 1 | 16 |
| 5 | 2 | 1 | 2 | 1 | 2 | 1 | 2 | 5 |
| 6 | 2 | 1 | 2 | 2 | 1 | 2 | 1 | 7 |
| 7 | 2 | 2 | 1 | 1 | 2 | 2 | 1 | 8 |
| 8 | 2 | 2 | 1 | 2 | 1 | 1 | 2 | 12 |

续表

| 试验号 | 因素/列号 | | | | | | | 寿命/年 |
|---|---|---|---|---|---|---|---|---|
| | A | B | A×B | C | A×C | 空 | D | |
| | 1 | 2 | 3 | 4 | 5 | 6 | 7 | |
| $K_{1j}$ | 55 | 35 | 43 | 41 | 47 | 45 | 43 | $\bar{y} = 10.875$ $SST = 112.875$ |
| $K_{2j}$ | 32 | 52 | 44 | 46 | 40 | 42 | 44 | |
| $k_{1j}$ | 13.75 | 8.75 | 10.75 | 0.25 | 11.75 | 11.25 | 10.75 | |
| $k_{2j}$ | 8 | 13 | 11 | 11.5 | 10 | 10.5 | 11 | |
| $R_j$ | 5.75 | 4.25 | 0.25 | 1.25 | 1.75 | 0.75 | 0.25 | |
| | SSA | SSB | SSAB | SSC | SSAC | | SSD | SSE |
| $SS_j$ | 66.125 | 36.125 | 0.125 | 3.125 | 6.125 | | 0.125 | 1.125 |

表 3.20　因素 A 与 C 的搭配表

| | $C_1$ | $C_2$ |
|---|---|---|
| $A_1$ | $\frac{1}{2}(y_1+y_3) = 28$ | $\frac{1}{2}(y_2+y_4) = 27$ |
| $A_2$ | $\frac{1}{2}(y_5+y_7) = 13$ | $\frac{1}{2}(y_6+y_8) = 19$ |

第六步:试验结果方差分析。

根据表 3.19 中不同列离差平方和的计算结果,可见 SSAB 和 SSD 小于 SSE,这两项的作用很不显著。为提高检验效果,把 SSAB 和 SSD 并入 SSE,SSE 的自由度变为三项自由度之和,得方差分析表 3.21。查表得 $F_{0.05}(1,3) = 10.1$,因素 A 和 B,交互作用 A×C 对结果有显著影响。

表 3.21　有交互正交设计方差分析表

| 来源 | 自由度 | 方差 | 均方差 | F 统计量 | $F_{0.05}(1,3)$ |
|---|---|---|---|---|---|
| A | 1 | 66.125 | 66.125 | 144.27* | 10.1 |
| B | 1 | 36.125 | 36.125 | 78.82* | |
| C | 1 | 3.125 | 3.125 | 6.82 | |
| AC | 1 | 6.125 | 6.125 | 13.36* | |
| 误差 | 3 | 1.375 | 0.458 | | |
| 总和 | 7 | 112.875 | | | |

注:* 表示 F 值 > $F_{0.05}$,该因素或交互作用显著。

上述均属无重复正交试验结果的方差分析,误差由"空列"来估计。然而"空列"并不空,实际上是被未考察的交互作用所占据。这种误差既包含试验误差,也包含交互作用,称为模型误差。若交互作用不存在,则可用模型误差估计试验误差;若存在交互作用,则模型误差会夸大试验误差,有可能掩盖考察因素的显著性。这时,试验误差应通过重复试验值来估计。所以,进行正交试验最好能有二次以上的重复。正交试验的重复,可采用完全随机或随机单位组设计。此外,极差分析不能对各因素的主要程度给予精确的数量估计。方差分析不仅可给出各因素及交互作用对试验指标影响的主次顺序,而且可分析出哪些因素影响显著,哪些影响不显著。对于显著因素,选取优水平并在试验中加以严格控制;对不显著因素,可视具体情况确定优水平。

## 3.6 例3.1 混凝土强度可重复双因素试验方差分析

### 3.6.1 背景与数据

试验设计与方差分析已被广泛用于道路工程材料配比设计与优化中。首先确定需要分析的材料组成,即确定试验因素;再确定每种组成的用量,即每个因素的水平。综合考虑试验因素及水平的数量、试验难度、试验量、试验目的进行试验设计,再根据试验结果进行方差分析,分析因素影响规律,确定最佳配比。

表3.22所示为纤维混凝土强度试验结果,该试验采用了$A$、$B$、$C$、$D$、$E$共5种纤维,每种纤维测试3种含量,每个含量进行3次重复试验。该表中的试验设计为随机区组设计,也是2因素完全析因设计。

表3.22 有交互双因素试验设计

| 掺量 | 纤维 | | | | |
|---|---|---|---|---|---|
| | $A$ | $B$ | $C$ | $D$ | $E$ |
| 2% | 38 | 35 | 31 | 32 | 37 |
| | 40 | 34 | 32 | 35 | 38 |
| | 39 | 36 | 33 | 34 | 40 |
| 4% | 40 | 37 | 29 | 32 | 35 |
| | 42 | 39 | 30 | 30 | 34 |
| | 43 | 40 | 31 | 27 | 37 |

续表

| 掺量 | 纤维 | | | | |
|---|---|---|---|---|---|
| | A | B | C | D | E |
| 6% | 36 | 34 | 28 | 33 | 34 |
| | 34 | 32 | 30 | 31 | 31 |
| | 34 | 31 | 27 | 31 | 32 |

### 3.6.2 分析结果

利用 Excel 中的方差分析功能进行可重复双因素分析,分析结果如表 3.23 所示。可见行变量、列变量与交互作用的 $F$ 值均大于 $F$ 临界值,即 0.05 显著性水平下的 $F$ 值,说明两因素及其交互作用均显著。直接比较各组试验结果可以发现纤维 $A$ 在 4% 的含量下达到最大值。

表 3.23 有重复双因素方差分析

| 来源 | 自由度 $df$ | 方差 SS | 均方差 MS | $F$ 值 | $P$ 值 | $F$ 临界值 |
|---|---|---|---|---|---|---|
| 行 | 2 | 122.311 1 | 61.156 | 28.968 | $9.87 \times 10^{-8}$ | 3.315 83 |
| 列 | 4 | 393.466 7 | 98.367 | 46.595 | $1.87 \times 10^{-12}$ | 2.689 63 |
| 交互 | 8 | 111.466 7 | 13.933 | 6.6 | $5.74 \times 10^{-5}$ | 2.266 16 |
| 内部 | 30 | 63.333 3 | 2.111 1 | | | |
| 总计 | 44 | 690.577 8 | | | | |

## 3.7 例 3.2 罩面抗裂性能交互正交设计方差分析

### 3.7.1 背景与数据

正交设计方差分析不仅可用于材料性能试验结果分析,同样可用于对路面养护措施性能长期观测结果的分析,本案例选取了 LTPP 数据库中加利福尼亚州 8 段 SPS5 沥青路面罩面养护试验路,观测结果为第 8 年的横向裂缝数量。

### 3.7.2 分析结果

第一步:确定试验目标和研究的试验指标。

试验目标是寻找抗裂能力最佳的沥青罩面方案,试验指标为第 8 年的横向裂缝指数(100/横向裂缝数量),该指标值越大说明裂缝数量越小,结果越优。

第二步:确定因素和水平。

考察的因素与水平列于表 3.24 中,包括罩面厚度、是否铣刨及是否使用再生料 3 个因素,每个因素包含 2 个水平。分析 $A$、$B$、$C$ 三个因素,及 $A \times B$、$B \times C$、$A \times C$ 3 个交互作用对横向裂缝指标的影响及最优组合。

表 3.24  有交互正交设计因素及水平

| 水平 | 因素 | | |
|---|---|---|---|
| | $A$ 罩面厚度 | $B$ 铣刨 | $C$ 再生料 |
| 1 | 薄 | 是 | 是 |
| 2 | 厚 | 否 | 否 |

第三步:选择正交表,进行表头设计。

这是一个 3 因素 2 水平且具有交互作用的试验,因此选用 2 水平正交表,满足该条件的 2 水平正交表 $L_8(2^7)$ 最小,故选用 $L_8(2^7)$ 的交互作用列表进行设计。其表头设计如表 3.25 所示,由于不存在因素 $D$,第 7 列留空。

表 3.25  有交互正交设计表头设计

| 因素 | $A$ | $B$ | $A \times B$ | $C$ | $A \times C$ | $B \times C$ | $D$ |
|---|---|---|---|---|---|---|---|
| 列号 | 1 | 2 | 3 | 4 | 5 | 6 | 7 |

第四步:制定试验方案,记录试验结果。

将观测计算得到的横向裂缝指数填在正交表中最后一列,如表 3.26 所示。

表 3.26  有交互正交设计及试验结果

| 试验号 | 因素/列号 | | | | | | | 横向裂缝指数 |
|---|---|---|---|---|---|---|---|---|
| | $A$ | $B$ | $A \times B$ | $C$ | $A \times C$ | $B \times C$ | 空 | |
| | 1 | 2 | 3 | 4 | 5 | 6 | 7 | |
| 1 | 1 | 1 | 1 | 1 | 1 | 1 | 1 | 2.5 |
| 2 | 1 | 1 | 1 | 2 | 2 | 2 | 2 | 2.1 |
| 3 | 1 | 2 | 2 | 1 | 1 | 2 | 2 | 1.0 |
| 4 | 1 | 2 | 2 | 2 | 2 | 1 | 1 | 2.3 |
| 5 | 2 | 1 | 2 | 1 | 2 | 1 | 2 | 2.8 |

续表

| 试验号 | 因素/列号 | | | | | | | 横向裂缝指数 |
|---|---|---|---|---|---|---|---|---|
| | A | B | A×B | C | A×C | B×C | 空 | |
| | 1 | 2 | 3 | 4 | 5 | 6 | 7 | |
| 6 | 2 | 1 | 2 | 2 | 1 | 2 | 1 | 12.5 |
| 7 | 2 | 2 | 1 | 1 | 2 | 2 | 1 | 1.2 |
| 8 | 2 | 2 | 1 | 2 | 1 | 1 | 2 | 8.3 |

第五步:试验结果极差分析。

试验结果极差分析如表3.27所示,结果较好的组合为第6号试验,即$A_2B_1C_2$。由极差$R_j$行可知,因素主次顺序为$C \rightarrow A \rightarrow A \times C \rightarrow B \rightarrow A \times B \rightarrow B \times C$。从主次顺序看$C$为首要因素,因$\overline{K}_{1C} < \overline{K}_{2C}$,$C$的最优水平是$C_2$,即不使用再生料抗裂性能较好;类似地,$A$的最优水平是$A_2$,即较厚的罩面抗裂性能较好;$B$的最优水平是$B_1$,即铣刨罩面的抗裂性能相对较好。本实验最优组合为$A_2B_1C_2$,为试验号6。实际上本试验为3因素2水平,8次试验足够完成全析因实验,因此最优组合必然出现在正交表的某次试验中。

表3.27 交互正交设计极差分析及方差分析

| 试验号 | 因素/列号 | | | | | | | 横向裂缝指数 |
|---|---|---|---|---|---|---|---|---|
| | A | B | A×B | C | A×C | B×C | 空 | |
| | 1 | 2 | 3 | 4 | 5 | 6 | 7 | |
| 1 | 1 | 1 | 1 | 1 | 1 | 1 | 1 | 2.5 |
| 2 | 1 | 1 | 1 | 2 | 2 | 2 | 2 | 2.1 |
| 3 | 1 | 2 | 2 | 1 | 1 | 2 | 2 | 1.0 |
| 4 | 1 | 2 | 2 | 2 | 2 | 1 | 1 | 2.3 |
| 5 | 2 | 1 | 2 | 1 | 2 | 1 | 2 | 2.8 |
| 6 | 2 | 1 | 2 | 2 | 1 | 2 | 1 | 12.5 |
| 7 | 2 | 2 | 1 | 1 | 2 | 2 | 1 | 1.2 |
| 8 | 2 | 2 | 1 | 2 | 1 | 1 | 2 | 8.3 |
| $K_{1j}$ | 7.9 | 19.9 | 14.1 | 7.5 | 24.3 | 15.9 | 18.5 | $\overline{y} = 4.0875$ |
| $K_{2j}$ | 24.8 | 12.8 | 18.6 | 25.2 | 8.4 | 16.8 | 14.2 | $SST = 117.709$ |
| $k_{1j}$ | 1.975 | 4.975 | 3.525 | 1.875 | 6.075 | 3.975 | 4.625 | |
| $k_{2j}$ | 6.20 | 3.20 | 4.65 | 6.30 | 2.10 | 4.20 | 3.55 | |
| $R_j$ | 4.225 | 1.775 | 1.125 | 4.425 | 3.975 | 0.225 | 1.075 | |
| | SSA | SSB | SSAB | SSC | SSAC | SSBC | | SSE |
| $SS_j$ | 35.701 | 6.301 | 2.531 | 39.161 | 31.601 | 0.101 | | 2.311 |

第六步:试验结果方差分析。

根据表3.27中不同列方差的计算结果,可见$SSBC$小于误差项方差,该项的作用很不显著。为提高检验效果,把$SSBC$并入$SSE$,$SSE$的自由度变为两项自由度之和。方差分析表如表3.28所示。查表得$F_{0.05}(1,2)=18.5$,因素$A$和$C$,及交互项$A\times C$对结果有显著影响。说明罩面厚度与是否使用再生料对沥青罩面的抗裂性能有显著影响,并且其中一个因素的影响规律受到另一个影响因素的作用。因素$B$和交互项$A\times B$不显著,说明铣刨倾向于提高抗裂性能,但在0.05水平下并非显著因素。

表3.28 交互正交设计方差分析表

| 来源 | 自由度 | 方差 | 均方差 | $F$统计量 | $F_{0.05}(1,2)$ |
| --- | --- | --- | --- | --- | --- |
| $A$ | 1 | 35.701 | 35.701 | 29.597* | 18.5 |
| $B$ | 1 | 6.301 | 6.301 | 5.224 | |
| $AB$ | 1 | 2.531 | 2.531 | 2.098 | |
| $C$ | 1 | 39.161 | 39.161 | 32.465* | |
| $AC$ | 1 | 31.601 | 31.601 | 26.198* | |
| 误差 | 2 | 2.413 | 1.206 | | |
| 总和 | 7 | 117.708 | | | |

注:* 表示$F$值$>F_{0.05}$,该因素或交互作用显著。

# 思考题

1. 简述方差分析过程。
2. 简述无交互与有交互双因素试验设计方差分析方法。
3. 简述极差分析方法与目的。
4. 简述无交互正交试验设计的过程与分析方法。
5. 简述有交互正交试验设计的过程与分析方法。

# 4 回归分析

回归(Regression)是最常见的数据分析方法,由英国统计学家F. Calton在19世纪末提出,用于描述一个或多个自变量(Independent Variable)的变化如何引起因变量(Dependent Variable)的变化。自变量通常用$X_1, X_2, \cdots, X_n$表示,因变量通常用$Y$表示。最简单的回归分析是一元线性回归;增加自变量数量,可构建多元线性回归;考虑不同自变量之间的交互作用,可构建包含交互项的多项式回归;考虑因变量与自变量间的特定关系,可构建非线性回归。回归分析不仅可以研究自变量对因变量的影响显著性与规律,还可用于预测。传统的路面"时间-性能"模型都是以路面性能为因变量,时间、交通量等为自变量,采用回归分析的方法构建。回归模型是工程中应用最广泛的模型。本章主要介绍一元线性回归、多元线性回归、线性回归诊断、逐步回归、多项式回归、非线性回归以及回归分析在道路工程中的应用。

## 4.1 一元线性回归

### 4.1.1 回归模型

一元线性回归模型如式(4.1)。

$$Y = \beta_0 + \beta_1 X + \varepsilon \tag{4.1}$$

其中,$\beta_0$为常数项或截距;$\beta_1$为回归系数或斜率,即$X$增加或减少一个单位时$Y$的平均变化量;$\varepsilon$为随机误差,通常假定$\varepsilon \sim N(0, \sigma^2)$,此时$Y \sim N(\beta_0 + \beta_1 X, \sigma^2)$。

对于观测值$(x_1, y_1), (x_2, y_2), \cdots, (x_n, y_n)$,一元线性回归模型可写成式(4.2)。

$$y_i = \beta_0 + \beta_1 x_i + \varepsilon_i, \quad i = 1, 2, \cdots, n \tag{4.2}$$

其中,$\varepsilon_i$和$y_i$分别为$\varepsilon$和$Y$独立同分布的样本,$\varepsilon_i \sim N(0, \sigma^2)$,$y_i \sim N(\beta_0 + \beta_1 x_i,$

$\sigma^2$)。回归分析就是通过 $n$ 组样本观测值对参数 $\beta_0$ 和 $\beta_1$ 进行估计,参数估计量一般用 $\hat{\beta}_0$ 和 $\hat{\beta}_1$ 来表示。一般大写 $X$ 表示变量或样本,小写 $x$ 表示观测值,符号"(^)"表示估计量,黑体加粗表示向量或矩阵。

## 4.1.2 参数估计

1. 最小二乘法

为求出参数估计 $\hat{\beta}_0$ 和 $\hat{\beta}_1$,最常采用的方法是最小二乘法(Least Square Estimation,简称 LSE),最小二乘法的原理是使观测值 $y_i$ 与回归值 $E(y_i) = \beta_0 + \beta_1 x_i$ 的离差越小越好。定义离差平方和如式(4.3)。

$$Q(\beta_0, \beta_1) = \sum_{i=1}^{n} [y_i - E(y_i)]^2 = \sum_{i=1}^{n} (y_i - \beta_0 - \beta_1 x_i)^2 \qquad (4.3)$$

$\beta_0$ 和 $\beta_1$ 的最小二乘估计 $\hat{\beta}_0$ 和 $\hat{\beta}_1$ 是使式(4.3)取得最小值,如式(4.4)。

$$Q(\hat{\beta}_0, \hat{\beta}_1) = \min_{\beta_0, \beta_1} Q(\beta_0, \beta_1) = \min_{\beta_0, \beta_1} \sum_{i=1}^{n} (y_i - \beta_0 - \beta_1 x_i)^2 \qquad (4.4)$$

回归拟合值即 $y_i$ 的估计值为 $\hat{y}_i = \hat{\beta}_0 + \hat{\beta}_1 x_i$,回归残差为 $\varepsilon_i = y_i - \hat{y}_i$。根据微积分极值原理,离差平方和对 $\beta_0$ 和 $\beta_1$ 的偏导分别为 0,可求得 $\hat{\beta}_0$ 和 $\hat{\beta}_1$,如式(4.5)和式(4.6)。

$$\hat{\beta}_1 = \frac{\sum_{i=1}^{n}(x_i - \bar{x})(y_i - \bar{y})}{\sum_{i=1}^{n}(x_i - \bar{x})^2} = \frac{S_{xy}}{S_{xx}} \qquad (4.5)$$

$$\hat{\beta}_0 = \bar{y} - \hat{\beta}_1 \bar{x} \qquad (4.6)$$

其中,

$$\bar{x} = \frac{1}{n} \sum_{i=1}^{n} x_i \qquad (4.7)$$

$$S_{xx} = \sum_{i=1}^{n}(x_i - \bar{x})^2 \qquad (4.8)$$

$$\bar{y} = \frac{1}{n} \sum_{i=1}^{n} y_i \qquad (4.9)$$

$$S_{xy} = \sum_{i=1}^{n}(x_i - \bar{x})(y_i - \bar{y}) \qquad (4.10)$$

此外,$\sigma^2$ 的估计量如式(4.11),称为回归标准差。

$$\hat{\sigma}^2 = \frac{\sum_{i=1}^{n}(y_i - \hat{y}_i)^2}{n-2} = \frac{\sum_{i=1}^{n}(y_i - \hat{\beta}_0 - \hat{\beta}_1 x_i)^2}{n-2} \qquad (4.11)$$

$\hat{\beta}_0$ 和 $\hat{\beta}_1$ 是 $n$ 个独立正态随机变量 $y_1, y_2, \cdots, y_n$ 的线性组合,因此也服从正态分

布,如式(4.12)和式(4.13)。

$$\hat{\beta}_0 \sim N\left[\beta_0, \left(\frac{1}{n} + \frac{\bar{x}^2}{S_{xx}}\right)\sigma^2\right] \quad (4.12)$$

$$\hat{\beta}_1 \sim N\left(\beta_1, \frac{\sigma^2}{S_{xx}}\right) \quad (4.13)$$

2) 极大似然法

除采用最小二乘法,还可采用极大似然法(Maximum Likelihood Estimation,简称 MLE)估计参数。最小二乘法通过使样本观测数据的残差平方和最小来估计参数,极大似然法通过最大化对数似然值来估计参数。对因变量不满足正态分布等假设的模型,可采用极大似然估计,利用总体的分布密度或概率分布的表达式及样本所提供的信息求未知参数估计量。

概率(Probability)描述的是在一定条件下某件事件发生的可能性,概率越大说明这件事情越可能会发生;与之相对应的是似然(Likelihood),描述的是结果已知的情况下,该事件在不同条件下发生的可能性,似然函数值越大说明该事件在对应的条件下发生的可能性越大。条件概率 $P(x|\theta)$ 表示在 $\theta$ 条件下,事件 $x$ 发生的概率,似然函数 $L(\theta|x)$ 表示事件 $x$ 发生时,条件 $\theta$ 的似然率,并且 $P(x|\theta) = L(\theta|x)$。实际问题中会涉及多个独立事件,似然函数中通常包括连乘,如式(4.14)。

$$L = \prod_{i=1}^{n} p_i \quad (4.14)$$

若总体 $X$ 是连续型随机变量,其概率密度 $f(x;\theta), \theta \in \Theta$ 的形式已知,$\theta$ 为待估参数,$\Theta$ 是 $\theta$ 的可能取值范围。设 $X_1, X_2, \cdots, X_n$ 是来自 $X$ 的样本,则 $X_1, X_2, \cdots, X_n$ 的联合密度分布函数如式(4.15)。

$$\prod_{i=1}^{n} f(x_i;\theta) \quad (4.15)$$

设 $x_1, x_2, \cdots, x_n$ 是相应于样本 $X_1, X_2, \cdots, X_n$ 的一个观测值,则随机样本 $X_1, X_2, \cdots, X_n$ 落在点 $x_1, x_2, \cdots, x_n$ 的邻域内的概率就是样本的似然函数 $L(\theta)$,如式(4.16)。

$$L(\theta) = L(x_1, x_2, \cdots, x_n;\theta) = \prod_{i=1}^{n} f(x_i;\theta) \quad (4.16)$$

对连续型随机变量,似然函数是样本联合概率密度函数;对离散型随机变量,似然函数是样本的联合概率质量函数。似然函数不局限于独立同分布的样本,只要样本的联合密度的形式是已知的,就可以应用极大似然估计。极大似然估计是在一切 $\theta$ 中选取使随机样本 $X_1, X_2, \cdots, X_n$ 落在点 $x_1, x_2, \cdots, x_n$ 附近概率最大的 $\hat{\theta}$,将使得 $L(\theta)$ 达到最大值的 $\hat{\theta}$ 作为 $\theta$ 的极大似然估计量。为了简化最大值的求导,需要取对数将乘积变为多项求和,似然函数可写为式(4.17)。

$$\ln L(\theta) = \ln L(x_1, x_2, \cdots, x_n; \theta) = \sum_{i=1}^{n} \ln f(x_i; \theta) \quad (4.17)$$

如式(4.18),对待测参数求导,并令导数为零,可得 $\theta$ 的极大似然估计量 $\hat{\theta}$。

$$\frac{\partial}{\partial \theta_k} \ln L(x_1, x_2, \cdots, x_n; \theta_1, \theta_2, \cdots, \theta_n) =$$
$$\sum_{i=1}^{n} \frac{\partial}{\partial \theta_k} f(x_i; \theta_1, \theta_2, \cdots, \theta_n) = 0, \quad k = 1, 2, \cdots, n \quad (4.18)$$

对于一元线性回归模型参数的极大似然估计,已知随机样本服从正态分布 $y_i \sim N(\beta_0 + \beta_1 x_i, \sigma^2)$,$y_i$ 的分布密度如式(4.19)。

$$f_i(y_i) = \frac{1}{\sqrt{2\pi}\sigma} e^{-\frac{1}{2\sigma^2}[y_i - (\beta_0 + \beta_1 x_i)]^2}, \quad i = 1, 2, \cdots, n \quad (4.19)$$

于是 $y_1, y_2, \cdots, y_n$ 的似然函数可写为式(4.20)。

$$L(\beta_0, \beta_1, \sigma^2) = \prod_{i=1}^{n} f_i(y_i) = (2\pi\sigma^2)^{-\frac{n}{2}} e^{-\frac{1}{2\sigma^2}[y_i - (\beta_0 + \beta_1 x_i)]^2} \quad (4.20)$$

取对数后求最大值,等价于求式(4.21),与最小二乘法相同。

$$\min_{\beta_0, \beta_1} \sum_{i=1}^{n} (y_i - \beta_0 - \beta_1 x_i)^2 \quad (4.21)$$

### 4.1.3 显著性检验

采用最小二乘法得到回归方程 $y = \hat{\beta}_0 + \hat{\beta}_1 x$ 的参数估计后,还需要检验其显著性。线性回归分析的显著性检验包括两类:一是采用 $F$ 检验确定回归方程显著性,即因变量和自变量之间是否存在显著性的关系;二是采用 $t$ 检验确定回归系数显著性,即自变量是否显著。

1) $F$ 检验

(1) 提出假设

$F$ 检验的零假设为自变量系数为 0,如式(4.22)。

$$H_0: \beta_1 = 0 \Leftrightarrow H_1: \beta_1 \neq 0 \quad (4.22)$$

(2) 计算检验统计量

如式(4.23)和式(4.24)所示,根据真实值、回归值、总体均值之差平方和的分解式,"总平方和 = 组间平方和 + 组内平方和",构造 $F$ 检验统计量如式(4.25)。零假设成立时,式(4.25)服从自由度为 $(1, n-2)$ 的 $F$ 分布。

$$\sum_{i=1}^{n} (y_i - \bar{y})^2 = \sum_{i=1}^{n} (\hat{y}_i - \bar{y})^2 + \sum_{i=1}^{n} (y_i - \hat{y}_i)^2 \quad (4.23)$$

$$SST = SSR + SSE \quad (4.24)$$

$$F = \frac{SSR/1}{SSE/(n-2)} \tag{4.25}$$

其中，$\sum_{i=1}^{n}(y_i - \bar{y})^2$ 为真实值与总体均值的总离差平方和(Sum of Squares for Total，简称 SST)；$\sum_{i=1}^{n}(\hat{y}_i - \bar{y})^2$ 为回归拟合值与总体均值的回归平方和(Sum of Squares for Regression，简称 SSR)；$\sum_{i=1}^{n}(y_i - \hat{y}_i)^2$ 为真实值与回归拟合值间的残差平方和(Sum of Squares for Error，简称 SSE)，也称为 RSS(Residual Sum of Squares)；$n$ 为样本量，1 和 $n-2$ 为 SSR 和 SSE 的自由度。

自由度是当以样本的统计量来估计总体的参数时，样本中独立或能自由变化的数据的个数，即"自由度 = 样本个数 − 样本数据受约束条件的个数"。$SST = \sum_{i=1}^{n}(y_i - \bar{y})^2$ 中含有 $n$ 个观测值，当知道 $n-1$ 个观测值的时候，平均值和最后一个观测值只需知道一个就可以计算出另外一个，因而计算平均值 $\bar{y}$ 相当于用掉一个自由度，因此 SST 的自由度为 $n-1$。$SSE = \sum_{i=1}^{n}(y_i - \hat{y}_i)^2$ 中计算回归拟合值 $\hat{y}_i$ 时用到回归方程的截距与斜率 $\beta_0$ 和 $\beta_1$，约束条件为 2（自变量数 + 1），因此 SSE 的自由度为 $n-2$。$SSR = \sum_{i=1}^{n}(\hat{y}_i - \bar{y})^2$ 中回归值 $\hat{y}_i$ 只有 $\beta_0$ 和 $\beta_1$ 两个参数会变化，有 2 个自由度，而减去的均值 $\bar{y}$ 又抵消掉截距的自由度，因此 SSR 的自由度为 1，即需要估计的自变量的个数。并且，SST 的自由度为 SSR 与 SSE 自由度之和。

(3) 统计决策

显然，SSR 越大，SSE 越小，回归效果越好。当 $F$ 值大于 $F_\alpha(1, n-2)$ 时，拒绝 $H_0$，说明方程显著。具体检验过程可在表 4.1 所示的方差分析表中进行。

表 4.1 一元线性回归方差分析表(ANOVA)

| 来源 | 自由度 | 方差 | 均方差 | F 统计量 | F 临界值 | P 值 |
|---|---|---|---|---|---|---|
| 回归 | 1 | SSR | SSR/1 | $\frac{SSR/1}{SSE/(n-2)}$ | $F_\alpha(1, n-2)$ | $P(F > F_\alpha)$ |
| 残差 | $n-2$ | SSE | $SSE/(n-2)$ | | | |
| 总体 | $n-1$ | SST | | | | |

由于 SSR 越大，SSE 越小，回归效果越好，因此可定义决定系数(Coefficient of

Determination），即 $R^2$ 来表征因变量的变化中能够被回归方程或自变量解释的比例，如式(4.26)。

$$R^2 = \frac{SSR}{SST} = \frac{\sum_{i=1}^{n}(\hat{y}_i - \bar{y})^2}{\sum_{i=1}^{n}(y_i - \bar{y})^2} \qquad (4.26)$$

此外，评估模型拟合效果的统计量还包括均方差（Mean Square Error，简称 MSE），即残差平方和的均值，如式(4.27)；以及均方根误差（Root Mean Square Error，简称 RMSE），也叫回归模型的拟合标准差，是均方差的平方根。

$$MSE = \frac{SSE}{n} = \frac{1}{n}\sum_{i=1}^{n}(y_i - \hat{y}_i)^2 \qquad (4.27)$$

2) $t$ 检验

（1）提出假设

$t$ 检验的零假设为自变量的系数为 0，如式(4.28)。

$$H_0: \beta_1 = 0 \Leftrightarrow H_1: \beta_1 \neq 0 \qquad (4.28)$$

（2）计算检验统计量

零假设成立时，$\hat{\beta}_1 \sim N\left(0, \frac{\sigma^2}{S_{xx}}\right)$，构造 $t$ 统计量如式(4.29)，满足 $t(n-2)$ 分布。

$$t = \frac{\hat{\beta}_1}{\sqrt{\frac{\hat{\sigma}^2}{S_{xx}}}} \qquad (4.29)$$

（3）统计决策

当 $|t| \geq t_{\frac{\alpha}{2}}(n-2)$，拒绝零假设，$\beta_1$ 显著不为零，因变量有显著影响。

## 4.2 多元线性回归

### 4.2.1 回归模型

实际问题中影响因变量 $Y$ 的自变量往往有多个，多元线性回归就是用来构建因变量 $Y$ 与 $p$ 个自变量 $X_i$ 之间关系的方法，回归模型如式(4.30)。

$$Y = \beta_0 + \beta_1 X_1 + \beta_2 X_2 + \cdots + \beta_p X_p + \varepsilon \qquad (4.30)$$

其中，$\beta_0$ 为常数项；$\beta_i$ 为偏回归系数，即其他自变量保持不变时，$X_i$ 增加或减少一个单位时 $Y$ 的平均变化量；$\varepsilon$ 为去除 $n$ 个自变量影响后的随机误差，$\varepsilon \sim N(0,\sigma^2)$。对于 $(X_1, X_2, \cdots, X_p, Y)$ 的 $n$ 次观测值 $(x_{i1}, x_{i2}, \cdots, x_{ip}, y_i)$，多元线性回归模型

可表示为式(4.31)。

$$y_i = \beta_0 + \beta_1 x_{i1} + \cdots + \beta_p x_{ip} + \varepsilon_i = \boldsymbol{x}_i^T \boldsymbol{\beta} + \varepsilon_i, \quad i = 1,2,\cdots,n \quad (4.31)$$

其中，$\varepsilon_i \sim N(0,\sigma^2)$。

多元线性回归写成矩阵形式为式(4.32)。

$$\boldsymbol{Y} = \boldsymbol{X}\boldsymbol{\beta} + \boldsymbol{\varepsilon} \quad (4.32)$$

$$\boldsymbol{Y} = \begin{bmatrix} y_1 \\ y_2 \\ \vdots \\ y_n \end{bmatrix}, \boldsymbol{\beta} = \begin{bmatrix} \beta_0 \\ \beta_1 \\ \vdots \\ \beta_p \end{bmatrix}, \boldsymbol{X} = \begin{bmatrix} 1 & x_{11} & x_{12} & \cdots & x_{1p} \\ 1 & x_{21} & x_{22} & \cdots & x_{2p} \\ \vdots & \vdots & \vdots & & \vdots \\ 1 & x_{n1} & x_{n2} & \cdots & x_{np} \end{bmatrix}, \boldsymbol{\varepsilon} = \begin{bmatrix} \varepsilon_1 \\ \varepsilon_2 \\ \vdots \\ \varepsilon_n \end{bmatrix} \quad (4.33)$$

其中，$\boldsymbol{Y}$ 是因变量构成的 $n$ 维向量；$\boldsymbol{X}$ 是 $n\times(p+1)$ 阶矩阵；$\boldsymbol{\beta}$ 是 $p+1$ 维向量，$\boldsymbol{\varepsilon}$ 是 $n$ 维残差向量，并且满足 $\boldsymbol{\varepsilon} \sim N(\boldsymbol{0}, \sigma^2 \boldsymbol{I}_n), \boldsymbol{Y} \sim N(\boldsymbol{X\beta}, \sigma^2 \boldsymbol{I}_n), \boldsymbol{I}_n$ 为 $n$ 阶单位矩阵。

### 4.2.2 参数估计

与一元线性回归方程类似，多元线性回归同样采用最小二乘法求向量 $\boldsymbol{\beta}$ 的参数估计，如式(4.34)，即使观测值 $y_i$ 与回归值 $\hat{y}_i$ 的离差平方和达到最小的 $\boldsymbol{\beta}$ 值。

$$Q(\boldsymbol{\beta}) = (\boldsymbol{Y} - \boldsymbol{X\beta})^T (\boldsymbol{Y} - \boldsymbol{X\beta}) \quad (4.34)$$

根据微积分极值原理，离差平方和分别对 $\beta_0, \beta_1, \beta_2, \cdots, \beta_p$ 的偏导为 0，可求得 $\hat{\boldsymbol{\beta}}$ 是随机向量 $\boldsymbol{Y}$ 的一个线性变换，如式(4.35)。

$$\hat{\boldsymbol{\beta}} = (\boldsymbol{X}^T \boldsymbol{X})^{-1} \boldsymbol{X}^T \boldsymbol{Y} \quad (4.35)$$

得到参数估计后，可得回归方程如式(4.36)。

$$\hat{y} = \hat{\beta}_0 + \hat{\beta}_1 x_1 + \hat{\beta}_2 x_2 + \cdots + \hat{\beta}_p x_p \quad (4.36)$$

其中，残差向量 $\hat{\boldsymbol{\varepsilon}} = \boldsymbol{Y} - \boldsymbol{X}\hat{\boldsymbol{\beta}}$，并且 $\hat{\boldsymbol{\varepsilon}} \sim N(\boldsymbol{0}, \sigma^2 \boldsymbol{I}_n)$，$\hat{\beta}_i$ 为独立正态随机变量 $y_1, y_2, \cdots, y_n$ 的线性组合，也服从正态分布，如式(4.37)。

$$\hat{\boldsymbol{\beta}} \sim N(\boldsymbol{\beta}, \sigma^2 (\boldsymbol{X}^T \boldsymbol{X})^{-1}) \quad (4.37)$$

### 4.2.3 显著性检验

与一元线性回归类似，同样采用 $F$ 检验回归方程显著性；采用 $t$ 检验回归系数显著性。

1) $F$ 检验

首先，构造假设检验如式(4.38)。

$$H_0: \beta_1 = \beta_2 = \cdots = \beta_p = 0 \Leftrightarrow H_1: \beta_i \neq 0, \quad i = 1,2,\cdots,p \quad (4.38)$$

基于离差平方和分解式，构建 $F$ 检验统计量如式(4.39)。

$$F = \frac{SSR/p}{SSE/(n-p-1)} \tag{4.39}$$

零假设成立时,式(4.39)服从自由度为$(p, n-p-1)$的$F$分布,当$F$值大于$F_\alpha(1, n-p-1)$时,拒绝$H_0$,说明方程显著。其中,多元线性回归中$SST$的自由度为$n-1$。$SSE$中计算回归值$\hat{y}_i$时用到$p+1$个参数$\beta_0, \beta_1, \cdots, \beta_p$,要$p+1$个约束条件来计算,因此$SSE$的自由度为$n-p-1$。$SSR$中回归值拟合$\hat{y}_i$只有$p+1$个参数会变化,而减去的均值$\bar{y}$抵消掉截距的自由度,因此$SSR$的自由度为$p$。具体检验过程可在如表4.2所示方差分析表中进行。

表4.2 多元线性回归方差分析(ANOVA)

| 来源 | 自由度 | 方差 | 均方差 | F值 | F临界值 | P值 |
| --- | --- | --- | --- | --- | --- | --- |
| 回归 | $p$ | SSR | $\dfrac{SSR}{p}$ | $\dfrac{SSR/p}{SSE/(n-p-1)}$ | $F_\alpha(p, n-p-1)$ | $P(F > F_\alpha)$ |
| 残差 | $n-p-1$ | SSE | $\dfrac{SSE}{(n-p-1)}$ | | | |
| 总体 | $n-1$ | SST | | | | |

对于多元线性回归,由于变量数目增加时$R^2$增大,因此存在修正$R_a^2$,如式(4.40)所示。

$$R_a^2 = 1 - \frac{n-1}{n-p-1}(1-R^2) \tag{4.40}$$

2) $t$检验

首先,构造假设检验如式(4.41)。

$$H_0: \beta_i = 0 \Leftrightarrow H_1: \beta_i \neq 0, \ i = 1, 2, \cdots, p \tag{4.41}$$

零假设成立时$\hat{\boldsymbol{\beta}}_i \sim N(\boldsymbol{\beta}, \sigma^2 (\boldsymbol{X}^T \boldsymbol{X})^{-1})$,构造检验统计量如式(4.42)。

$$t_i = \frac{\hat{\beta}_i}{\sqrt{c_{ii}} \hat{\sigma}} \tag{4.42}$$

其中,$\hat{\sigma} = \sqrt{\dfrac{\sum\limits_{i=1}^{n}(y_i - \hat{y}_i)^2}{n-p-1}}$为回归标准差的估计值;$c_{ii}$是$\boldsymbol{C} = (\boldsymbol{X}^T \boldsymbol{X})^{-1}$对角线上的第$i$个元素。

式(4.42)服从自由度为$n-p-1$的$t$分布,当$|t_i| \geq t_{\frac{\alpha}{2}}(n-p-1)$,拒绝零假设,$\beta_i$显著不为零。

## 4.3 线性回归诊断

### 4.3.1 回归条件

为获取较好的线性回归结果,样本量 $n$ 应为变量 $x$ 个数的 5~10 倍。此外,线性回归还应满足一些假设,如表 4.3 所示,否则会出现参数估计的问题。这些假设及改进方法包括:

(1) 线性回归因变量为连续变量,若非连续变量需要进行转换。例如二分类变量可采用逻辑回归。另外,线性回归自变量可包括类型变量或名义变量。

(2) 线性回归默认因变量与各自变量间呈线性关系。如果不满足,需要对 $Y$ 或者 $X$ 进行函数变换。如果无法通过变换满足线性回归要求,需要考虑采用非线性回归。

(3) 误差项应满足无偏性(Unbiasedness),即误差项期望为 0。

(4) 误差项应满足同方差性(Homoscedasticity),即误差项方差固定。

(5) 误差项应满足正态分布(Normality),$\varepsilon_i \sim N(0,\sigma^2)$。此时因变量也为正态分布 $y_i \sim N(x_i^T \boldsymbol{\beta}, \sigma^2)$,最小二乘法与极大似然法相同。一般检查误差项正态性即可。

(6) 无自相关性(Autocorrelation),误差项之间应该相互独立。

(7) 无共线性(Linear Dependence),自变量之间相互独立。此时,自变量与误差项也相互独立。如果误差项随样本变化,需要采用加权最小二乘法或者广义最小二乘法估计参数。也可选择剔除一个共线性自变量或采用主成分分析进行数据降维。

表 4.3 线性回归基本假设

| 假设 | 表达式 | 含义 |
| --- | --- | --- |
| 连续因变量 | $F(x) = \int_{-\infty}^{x} f(t) \mathrm{d}t$ | 因变量为连续变量 |
| 线性关系 | $y_i = \beta_0 + \beta_1 x_{1i} + \varepsilon_i$ | 因变量与自变量间呈线性关系 |
| 无偏性 | $E(\varepsilon_i) = 0$ | 最小二乘法成立基础 |
| 同方差性 | $\mathrm{Var}(\varepsilon_i) = \sigma^2$ | 所有随机变量方差相等 |
| 正态性 | $\varepsilon_i \sim N(0,\sigma^2)$ | 误差项满足正态分布 |
| 无自相关性 | $\mathrm{Cov}(\varepsilon_i, \varepsilon_j) = 0, \quad \text{if } i \neq j$ | 误差项相互独立 |
| 无共线性 | $\mathrm{Cov}(X_i, X_j) = 0, \quad \text{if } i \neq j$ | 自变量相互独立 |

## 4.3.2　残差分析

采用最小二乘法求解回归模型时,对误差项做了独立、等方差、正态性等假设,可通过残差图来检验。残差图是进行线性回归模型诊断的重要工具,是以残差(Residuals)$\hat{\varepsilon}_i$为纵坐标,拟合值$\hat{y}_i$对应的数据观测序号$i$或数据观测时间为横坐标的散点图。

图4.1(a)说明残差与回归值无关,满足模型假设条件;图4.1(b)说明等方差性假设不成立;图4.1(c)表示因变量与自变量之间呈非线性。此外,图4.1(a)中,如果大部分点都落在中间部分,而只有少数几个点落在外边,则这些点对应的样本,可能存在异常值。对图4.1(b)的情况,可采用加权最小二乘法来进行模型估计。即在模型拟合时,对于变异程度较小、测量更精确的数据赋予较大的权重,对于变异程度较大、测量不稳定的数据赋予较小的权重,从而使得加权后回归直线的残差平方和最小,保证拟合模型具有更好的预测价值。

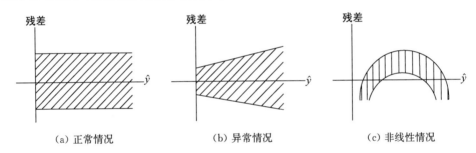

(a) 正常情况　　　　　　(b) 异常情况　　　　　　(c) 非线性情况

**图 4.1　回归拟合值 $\hat{y}$ 与残差的散点图**

## 4.3.3　多重共线性

如果存在常数$c_0,c_1,\cdots,c_p$使得$p(>2)$个自变量近似满足式(4.43),则表示这$p$个变量存在完美的多重共线性(Collinearity)。在实际问题中,存在的往往是近似的多重共线性。

$$c_0 + c_1 X_{1i} + c_2 X_{2i} + \cdots + c_p X_{pi} = 0 \qquad (4.43)$$

多重共线性意味着自变量之间显著相关,会出现参数估计由于其他自变量而改变数值,甚至符号;模型显著性通过$F$检验,但几乎所有的回归系数$\beta_i$的$t$检验却不显著等问题。多重共线性,可用容忍度(Tolerance)和方差扩大因子(Variance Inflation Factor,简称 VIF)来判断。容忍度按式(4.44)计算,是 1 减去该自变量为因变量而剩余自变量为预测变量时所得到的线性回归的决定系数$R_i^2$。$VIF_i$为容忍度倒数,按式(4.45)计算。容忍度越小,多重共线性越严重。通常认为容忍度小于0.1,即$VIF_i > 10$时,存在严重的多重共线性。存在多重共线性时,可采用删除某个回归系数最小的变量、系数符号不符合逻辑的变量等方式进行消除。

$$Tol_i = 1 - R_i^2 \tag{4.44}$$

$$VIF_i = \frac{1}{Tol_i} = \frac{1}{1-R_i^2} \tag{4.45}$$

### 4.3.4 Box-Cox 变换

针对线性回归中对因变量正态分布的假设,Box 和 Cox 于 1964 年提出一种广义幂变换方法 Box-Cox 变换,将不满足正态分布的连续因变量转换为正态分布,按式(4.46)计算。

$$y^{(\lambda)} = \begin{cases} \dfrac{y^\lambda - 1}{\lambda}, & \lambda \neq 0 \\ \ln y, & \lambda = 0 \end{cases} \tag{4.46}$$

其中,对不同的参数$\lambda$,对应的变换也不相同,所以 Box-Cox 变换是一个族变换,它包括了平方根变换($\lambda = 0.5$)、对数变换($\lambda = 0$)和倒数变换($\lambda = -1$)等。$\lambda$一般通过极大似然法选取,可通过对因变量观测值$y_1, y_2, \cdots, y_n$变换得向量$\boldsymbol{y}^{(\lambda)} = (y_1^{(\lambda)}, y_2^{(\lambda)}, \cdots, y_n^{(\lambda)})$,使其与自变量具有线性关系,误差也服从正态分布,即满足式(4.47)。

$$\boldsymbol{y}^{(\lambda)} = \boldsymbol{X}^\mathrm{T}\boldsymbol{\beta} + \boldsymbol{\varepsilon}, \quad \boldsymbol{\varepsilon} \sim N(\boldsymbol{0}, \sigma^2 \boldsymbol{I}) \tag{4.47}$$

## 4.4 逐步回归

### 4.4.1 逐步回归方法

当自变量数量较多时,可根据显著性检验来选择具有显著影响的自变量构建回归模型,一般采用逐步(Stepwise)筛选或者剔除自变量的方法,称为逐步回归。对每个自变量的取舍一般进行$F$检验,若增加一个自变量使残差平方和$SSE$显著减少,说明有必要将该变量引入回归模型,否则没有必要。计算到每一步时,对$X_i$的取舍构造如式(4.48)和式(4.49)所示的$F$检验。

$$F = \frac{SSR(X_i)/1}{SSE/(n-p-1)} \tag{4.48}$$

其中,$p$为方程中自变量个数;$SSR(X_i)$为偏回归平方和;$SSE$为残差平方和。

$$\text{select } X_i \text{ if } F_j \geqslant F_{\alpha_{\text{enter}}}(1, n-p-1), \quad p\_value < \alpha_{\text{enter}},$$
$$\text{drop } X_i \text{ if } F_i \leqslant F_{\alpha_{\text{drop}}}(1, n-p-1), \quad p\_value > \alpha_{\text{drop}} \tag{4.49}$$

一般建议 $\alpha_{\text{enter}} \leqslant \alpha_{\text{drop}}$，以免 $X_i$ 在上一步剔除后下一步又被选入。$\alpha_{\text{enter}}$ 越小，选取自变量标准越严，被选入方程内的自变量数越少。$\alpha_{\text{enter}}$ 越大则反之。样本量较小时，一般 $\alpha_{\text{enter}} = 0.05$。样本量较大时，一般 $\alpha_{\text{enter}} = 0.1$ 或 $0.15$。按选入变量顺序不同，逐步回归分为前进法(Forward)、后退法(Backward)与混合法(Mixed)。前进法每一步只选入一个自变量，后退法每一步剔除一个自变量，混合法是选入与剔除同时进行。具体步骤如下：

（1）前进法：初始模型中无自变量，从模型外选取 $SSR(X_i)$ 最大的自变量作 $F$ 检验判断是否选入方程，直至无自变量可以选入方程。不足之处是某些自变量高度相关时，可能得不到正确的结果。

（2）后退法：初始模型包含所有自变量，从模型中选取 $SSR(X_i)$ 最小的自变量作 $F$ 检验判断是否从方程中剔除，直至无自变量可以剔除为止。同样，当某些自变量高度相关时，可能得不到正确的结果。

（3）混合法：初始模型中无自变量，从模型外选取 $SSR(X_i)$ 最大的自变量作 $F$ 检验判断是否选入方程；每引入一个自变量后，从模型中选取 $SSR(X_i)$ 最小的自变量作 $F$ 检验判断是否从模型中剔除；直至模型外无自变量可引入，模型内无自变量可剔除。

## 4.4.2 变量选择准则

除了 $\alpha$ 外，还有一些常用的统计量可用于逐步回归变量选择，以及更广泛的模型拟合效果评估。首先是 Mallows 于 1973 年提出的 $C_p$ 准则，是 $SSR(x_i)$ 的替代测度，按式(4.50)计算。一般选择 $C_p$ 最接近 $p$ 或 $p+1$ 的方程。其中，$s^2$ 是完全模型的均方差 $MSE$；$SSE_p$ 是具有 $p$ 个系数的模型的离差平方和；$N$ 是样本量。由于这里的 $p$ 包括截距项，因此是变量数量加 1。

$$C_p = \left(\frac{SSE_p}{s^2}\right) - (N - 2p) \tag{4.50}$$

还可采用赤池信息量准则(Akaike Information Criterion，简称 AIC)、校正的赤池信息准则(Corrected Akaike Information Criterion，简称 $AIC_C$)、贝叶斯信息量准则(Bayesian Information Criterion，简称 BIC)。即增加该变量使得 $AIC$ 或 $BIC$ 显著减小。三者均基于对数似然函数 Likelihood，分别按式(4.51)～式(4.53)计算。其中，$k$ 是估计参数的个数，$n$ 是观测样本数。通常选择 $AIC$、$AIC_C$ 最小的模型或两个模型中 $BIC$ 较小的模型。$AIC_C$ 是 $AIC$ 针对小样本量的改进。对使用较多参数的模型，BIC 通常对模型惩罚更多。这会导致 BIC 选择更简化的模型，即具有更少参数的模型。

$$AIC = -2\ln Likelihood + 2k \tag{4.51}$$

$$AIC_c = -2\ln Likelihood + 2k + \frac{2k(k+1)}{n-k-1} \tag{4.52}$$

$$BIC = -2\ln Likelihood + k\ln(n) \tag{4.53}$$

## 4.5 多项式回归

当线性回归模型中出现自变量的多次方或多个自变量乘积时，线性回归转变为多项式回归及非线性回归。首先，自变量多次方的回归系数被称为二次、三次效应系数。当自变量的幂次超过 3 时，回归系数的实际意义难以解释，并且回归函数很不稳定，因此除非具有明确物理逻辑关系，幂次超过 3 的多项式回归模型不常使用。

多项式回归模型中多个自变量乘积称为交互项。类似方差分析中的交互作用，可通过引入交互项来分析一个自变量对另一个自变量效果的影响。例如式(4.54)中，自变量 $X_1$ 保持不变时，自变量 $X_2$ 增加或减少一个单位时因变量 $Y$ 的平均变化量为 $\beta_2 + \beta_{12}X_1$。当一个自变量对因变量的作用依赖于另一个自变量时，两个自变量之间便有了一阶交互作用，自变量的总体效应不再简单等于各自变量效应之和。交互项系数同样可进行显著性 $t$ 检验及参数估计。

$$Y = \beta_0 + \beta_1 X_1 + \beta_2 X_2 + \beta_{12} X_1 X_2 + \varepsilon \tag{4.54}$$

## 4.6 非线性回归

线性回归默认因变量与自变量之间为线性关系，广义线性模型认为因变量的函数与自变量之间为线性关系。但在很多实际情况下，尤其是路面性能指标与时间、交通量等之间的关系并非线性。统计学家认为，因变量与自变量之间的潜在逻辑或物理关系，仍然是构建统计模型时考虑的一个重要因素。对于这种因变量与自变量之间存在复杂非线性关系，并且无法通过连接函数转换为线性关系的情况，可采用非线性回归构建模型。表 4.4 给出了一些常用非线性函数。其中，S 形(Sigmoid) 函数强调了函数的形状为 S 形，Logit 函数也是 S 形，因此，有时也将 Logit 称为 Sigmoid 函数的一种。需要注意的是表 4.4 中有些模型可以转化为线性关系，属于可线性化问题。例如指数函数可以转化为 $\ln Y = \ln b_0 + b_1 X$。一般尽量将可线性化问题转化线性回归,采用最小二乘法估计参数。有些模型无法转化为线性关系,属于不可线性化问题,需要采用迭代法估计参数。

**表 4.4　常见非线性函数方程**

| 函数 | Function | 方程形式 |
| --- | --- | --- |
| 线性函数 | Linear | $Y = b_0 + b_1 X$ |
| 二次曲线函数 | Quadratic | $Y = b_0 + b_1 X + b_2 X^2$ |
| 三次曲线函数 | Cubic | $Y = b_0 + b_1 X + b_2 X^2 + b_3 X^3$ |
| 对数函数 | Logarithmic | $Y = b_0 + b_1 \ln X$ |
| 幂函数 | Power | $Y = b_0 X^{b_1}$ |
| 指数函数 | Exponential | $Y = b_0 e^{b_1 X}$ |
| 逆函数 | Inverse | $Y = b_0 + \dfrac{b_1}{X}$ |
| S 形函数 | Sigmoid | $Y = e^{b_0 + \frac{b_1}{X}},\ Y = \dfrac{1}{b_0 + b_1 e^{-X}}$ |
| 逻辑函数 | Logistic | $Y = \dfrac{1}{1 + e^{b_0 + b_1 X}}$ |

非线性回归模型一般可记为式(4.55)。

$$Y = f(\boldsymbol{X}, \boldsymbol{\beta}) + \varepsilon \tag{4.55}$$

其中,$\boldsymbol{\beta}$ 为参数向量,$\varepsilon$ 为随机误差项并满足独立同分布假定,即均值为 0,方差固定,协方差为 0。可采用迭代法估计参数 $\boldsymbol{\beta}$,即求使残差平方和达到最小的 $\hat{\boldsymbol{\beta}}$,如式(4.56)。

$$Q(\boldsymbol{\beta}) = \sum_{i=1}^{n} [y_i - f(\boldsymbol{x}_i, \boldsymbol{\beta})]^2 \tag{4.56}$$

假定 $f$ 函数对参数 $\boldsymbol{\beta}$ 连续可微,令 $Q(\boldsymbol{\beta})$ 对参数 $\beta_j$ 的偏导为 0,得 $p+1$ 个方程,采用牛顿迭代法可求解此正规方程组。也可直接极小化 $Q(\boldsymbol{\beta})$ 来求解 $\hat{\boldsymbol{\beta}}$。非线性回归拟合效果可用 RMSE 来评估。虽然 $SST = SSR + SSE$ 不再成立,但也有研究采用式(4.57)计算的决定系数 $Pseudo\text{-}R^2$ 来评估相对拟合效果。

$$Pseudo\text{-}R^2 = 1 - \dfrac{SSE}{SST} \tag{4.57}$$

## 4.7　例 4.1　养护效益线性回归

### 4.7.1　背景与数据

道路工程的回归模型包括两类变量:一是因变量,如路面性能、养护效益等;二是自变量，如时间、交通量、结构、材料等对路面性能与养护效益存在潜在影响的因素。通过回归分析，可以研究自变量对因变量的影响显著性与影响规律，检验分析重要因素；并且在回归决定系数较高时，用于预测路面性能或养护效益。

为选择合适的道路养护措施，道路工作者研究了不同因素对路面养护措施长期效果的影响，其中代表路面养护效果的变量包括：养护后路面性能的短期提升，养护后路面性能衰变速率，养护后路面长期平均性能，养护措施服役时间，全生命周期费用，以及路面性能随时间变化曲线与路面性能阈值间的面积等。通过回归分析可以量化不同养护措施或外界因素对路面养护措施效果的影响，用于选择更合适的路面养护措施。

本例提取了 LTPP 数据库中沥青路面罩面类养护路段的路面性能及其他相关数据，以路面养护后路面平整度为因变量，其他材料、交通量、养护措施等数据作为自变量进行线性回归分析。LTPP 记录的沥青罩面项目主要分布在 SPS-5、GPS-6B 等几个项目的路段中。本例提取了 430 个路段样本的各种数据变量，表 4.5 为所提取变量的统计描述。

表 4.5  多元线性回归分析变量及描述

| | 变量 | 描述 | 最大值 | 最小值 | 均值 | 标准差 |
|---|---|---|---|---|---|---|
| 自变量 | $Mill$ | 是否进行铣刨 | 1 | 0 | | |
| | $RAP$ | 是否使用 30% 的厂拌热再生料 | 1 | 0 | | |
| | $T_{thick}$ | 路面总厚度 /cm | 197.4 | 20.3 | 64.3 | 26.8 |
| | $O_{thick}$ | 罩面厚度 /cm | 22.9 | 1.3 | 6.7 | 4.1 |
| | $PreIRI$ | 养护前国际平整度指数 /(m/km) | 5.48 | 0.47 | 1.66 | 0.72 |
| | $kESAL$ | 年等效标准轴载次数 /$10^3$ | 1 590 | 1 | 322 | 305 |
| 因变量 | $PostIRI$ | 养护后平整度指数 /(m/km) | 3.14 | 0.38 | 0.97 | 0.34 |

## 4.7.2  分析结果

对因变量分布情况进行了分析，发现并不满足正态分布，采用 Box-Cox 对因变量 $PostIRI$ 进行变换，如式(4.58)，确定 $\lambda$ 为 $-0.032$。图 4.2 表明经过转换后，数据更加接近正态分布。

$$PostIRIT = \frac{PostIRI^{-0.032} - 1}{-PostIRI} \tag{4.58}$$

## 4 回归分析

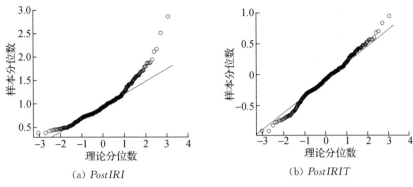

(a) $PostIRI$  (b) $PostIRIT$

图 4.2　转换前后因变量分布 QQ 图

对养护后路面平整度的 Box-Cox 转换变量 $PostIRIT$ 为因变量的多元线性回归模型，如式(4.60)。

$$PostIRIT = \beta_0 + \beta_1 Tthick + \beta_2 Othick + \beta_3 PreIRI + \beta_4 Mill + \varepsilon_i \quad (4.59)$$

图 4.3(a) 为预测值与实际值的对比，图 4.3(b) 为残差与预测值的关系。表 4.6 为方差分析表，给出了整个回归模型的 $F$ 检验，表 4.7 为参数估计及 $t$ 检验结果。首先，整个模型 $F$ 检验 $P$ 值远小于 0.05，说明该模型显著。模型的残差随着预测值增大没有明显变化趋势，说明关于等方差的假设成立。对各参数的 $t$ 检验表明：养护前平整度、是否铣刨、罩面厚度、路面总厚度四个变量的 $P$ 值小于 0.05，为显著影响因素。$RAP$ 和 $kESAL$ 两个变量因 $P$ 值较大，可认为并非显著影响因素，并未包括在最终模型中。根据参数估计，可以看出较小的养护前平整度指数、铣刨、较厚的罩面厚度及路面总厚度均有利于降低养护后平整度指数。回归分析结果与实际经验相符，并且给出了量化结果。但是回归模型 $R^2 = 0.13$，值较低。图 4.3(a) 预测值与实际值的对比也说明拟合效果较差。这说明仍然有大量无法解释的变异性，例如施工、材料等因素。因此，该回归模型只能用于分析因素影响规律，难以用于预测。

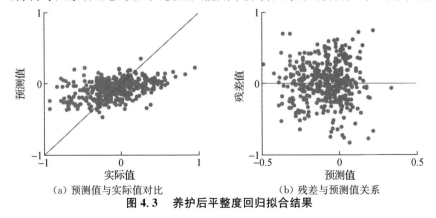

(a) 预测值与实际值对比　(b) 残差与预测值关系

图 4.3　养护后平整度回归拟合结果

表 4.6 养护后平整度回归拟合方差分析表

| 来源 | 自由度 | 方差 | 均方差 | F 值 | P 值 |
| --- | --- | --- | --- | --- | --- |
| 模型 | 4 | 7.340 590 | 1.835 15 | 24.006 9 | <0.000 1* |
| 误差 | 425 | 32.488 039 | 0.076 44 | | |
| 总和 | 429 | 39.828 629 | | | |

表 4.7 养护后平整度回归拟合参数估计

| 变量 | 参数估计 | 标准误差 | t 值 | P 值 |
| --- | --- | --- | --- | --- |
| 截距 | -0.075 59 | 0.053 992 | -1.40 | 0.162 2 |
| $T_{thick}$ | -0.001 5 | 0.000 603 | -2.49 | 0.013 2* |
| $O_{thick}$ | -0.011 103 | 0.003 641 | -3.05 | 0.002 4* |
| $PreIRI$ | 0.088 8349 | 0.018 477 | 4.81 | <0.000 1* |
| $Mill$ | -0.074 278 | 0.015 219 | -4.88 | <0.000 1* |

\* 表示该变量显著。

## 4.8 例4.2 平整度多项式预测

### 4.8.1 背景与数据

针对LTPP数据库中的沥青罩面养护项目,提取了加利福尼亚州的SPS-5试验路,SPS-5试验的目的是评价不同热拌沥青罩面养护措施的性能,共包括18个分布在北美的试验路,每个试验路包含连续的9段152 m长的路段,路段501并未进行任何罩面养护措施,路段502~509为考虑了铣刨、罩面厚度、材料3个因素2水平的 $2^3 = 8$ 全析因试验设计。详细情况如表4.8所示。

表 4.8 LTPP 数据库 SPS-5 试验设计

| 路段 | 是否铣刨 | 设计厚度 /in. | 是否使用回收料(RAP) |
| --- | --- | --- | --- |
| 501 Control | | 0 | |
| 502 | 否 | 2 | RAP |
| 503 | 否 | 5 | RAP |

续表

| 路段 | 是否铣刨 | 设计厚度 /in | 是否使用回收料(RAP) |
|---|---|---|---|
| 504 | 否 | 5 | Virgin |
| 505 | 否 | 2 | Virgin |
| 506 | 是 | 2 | Virgin |
| 507 | 是 | 5 | Virgin |
| 508 | 是 | 5 | RAP |
| 509 | 是 | 2 | RAP |

本次选取的加利福尼亚州的SPS-5试验路包含8个路段共49个观测样本。表4.9是分析时所用因变量与自变量的说明与统计描述，需要注意的是实际摊铺厚度与铣刨深度会与设计值有偏差，因此分析时以实际厚度或深度为准。

表4.9 变量统计描述

| 变量 | 描述 | 最大值 | 最小值 | 均值 | 标准差 |
|---|---|---|---|---|---|
| $Othick$ | 罩面厚度 /cm | 17.0 | 7.6 | 13.4 | 3.5 |
| $Mdepth$ | 铣刨深度 /cm | 5.6 | 0 | 3.2 | 2.0 |
| $RAP$ | 1代表使用30%再生料,0代表无 | 28个"0",21个"1" | | | |
| $Age$ | 观测时罩面服役时间 /a | 15 | 0.6 | 6 | 3 |
| $IRI$ | 路面平整度 /m·km$^{-1}$ | 2.54 | 0.80 | 1.17 | 0.37 |

## 4.8.2 分析结果

采用Box-Cox对因变量$IRI$进行变换，如式(4.60)所示，确定$\lambda=-1.441$。由图4.4所示QQ图可看出由于本身分布偏度较大，经过转换后仍与正态分布存在一定差距。对因变量中个别的极大值和极小值，如果确定为离群值，可以删除，能够显著提高模型拟合效果。

$$IRIT = \frac{IRI^{-1.441}-1}{-1.441} \tag{4.60}$$

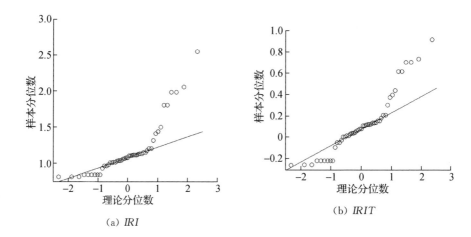

(a) IRI  (b) IRIT

图 4.4　转换前后平整度分布 QQ 图

以 IRIT 为因变量，建立包含 Othick、Mdepth、Age 及其交互项的多项式线性回归模型，如式(4.61)。

$$IRIT = \beta_0 + \beta_1 Othick + \beta_2 Mdepth + \beta_3 Age + \beta_{12} Othick \times Mill + \beta_{13} Othick \times Age + \beta_{23} Mdepth \times Age + \varepsilon_i \quad (4.61)$$

图 4.5(a)为预测值与实际值的对比，图 4.5(b)为残差与预测值的关系。表 4.10 为参数估计及 $t$ 检验结果。决定系数 $R^2$ 为 0.76，模型拟合结果较好，但残差随预测值增大呈现减小趋势，说明残差的等方差假设不成立，可采用加权最小二乘法来改进模型参数估计。$t$ 检验表明每一个因素，包括交互项对养护后平整度均有显著影响。

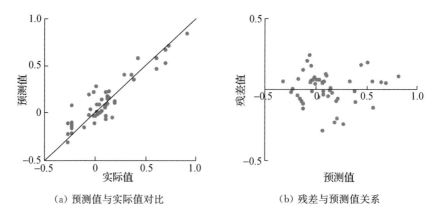

(a) 预测值与实际值对比　　(b) 残差与预测值关系

图 4.5　平整度回归拟合结果

表4.10　平整度回归拟合参数估计

| 变量 | 参数估计 | 标准误差 | $t$值 | $P$值 |
| --- | --- | --- | --- | --- |
| 截距 | 0.382 0912 | 0.063 302 | 6.04 | $<$0.000 1* |
| $Othick$ | $-$0.028 077 | 0.004 628 | $-$6.07 | $<$0.000 1* |
| $Mdepth$ | $-$0.043 039 | 0.009 2 | $-$4.68 | $<$0.000 1* |
| $Age$ | 0.036 613 3 | 0.005 852 | 6.26 | $<$0.000 1* |
| $(Othick-13.405)\times(Mdepth-3.203\ 51)$ | 0.012 489 7 | 0.002 962 | 4.22 | 0.000 1* |
| $(Othick-13.405)\times(Age-6.015\ 66)$ | $-$0.008 708 | 0.002 037 | $-$4.28 | 0.000 1* |
| $(Mdepth-3.203 51)\times(Age-6.015\ 66)$ | $-$0.010 012 | 0.003 252 | $-$3.08 | 0.003 7* |

多项式回归能够表征出一个自变量对因变量的效果受其他自变量的影响。根据表4.10可得$IRIT$的预测方程如式(4.62)。表4.11列出了对应不同铣刨深度与罩面厚度的平整度表达式。可以看出，$Age$的系数受到铣刨深度与罩面厚度的影响，实际上为$\beta_2+\beta_{13}Othick+\beta_{23}Mdepth$。对于较高的铣刨深度与罩面厚度，平整度随时间不断增长的速率会降低。

$$IRIT = 0.023-0.016Othick-0.15Mdepth+0.185Age+0.012Othick\times Mdepth-0.009Othick\times Age-0.01Mdepth\times Age \tag{4.62}$$

表4.11　对应不同铣刨深度与罩面厚度的平整度表达式

| 铣刨深度/cm | 罩面厚度/cm | 回归模型 |
| --- | --- | --- |
| 2 | 5 | $IRIT=-0.231+0.122Age$ |
| 2 | 10 | $IRIT=-0.184+0.078Age$ |
| 5 | 10 | $IRIT=-0.260+0.048Age$ |

## 4.9　例4.3　平整度非线性预测模型

例4.2中的数据由于因变量经Box-Cox转换也难以变为正态分布，其线性拟合参数无偏性较差，因此可考虑采用非线性模型，参考美国AASHTO力学经验设计法(Mechanistic-Empirical Pavement Design Guide，简称MEPDG)中的路面性能预测公式的基本形式，建立如式(4.63)所示的路面平整度的非线性预测模型。

$$IRI=\frac{100}{1+\mathrm{e}^{b_0+(b_1+b_2Othick+b_3Mdepth+b_4RAP)Age}} \tag{4.63}$$

非线性拟合的 RMSE 为 0.19,从图 4.6 预测值与真实值的关系图中可以看出拟合效果较好。从表 4.12 中可看出参数估计的标准差均小于参数估计值,说明各参数正负号不会发生变化,显著性较好,并且各参数影响规律与多项式分析结果一致。厚度、铣刨的参数估计为正,说明较厚的罩面与使用铣刨的平整度较低,是否使用热再生材料的参数估计为负,说明使用热再生材料的长期平整度较大。

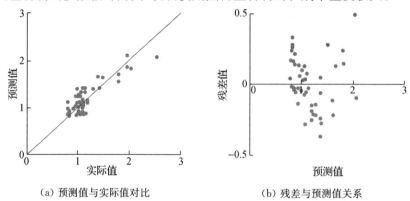

(a) 预测值与实际值对比　　　　　　(b) 残差与预测值关系

图 4.6　平整度非线性回归拟合结果

表 4.12　平整度非线性拟合参数估计

| 参数 | 参数估计 | 近似标准误差 |
| --- | --- | --- |
| $b_0$ | 4.828 | 0.069 |
| $b_1$ | −0.199 | 0.022 |
| $b_2$ | 0.008 | 0.001 |
| $b_3$ | 0.008 | 0.003 |
| $b_4$ | −0.015 | 0.010 |

# 思考题

1. 简述最小二乘法和极大似然法参数估计过程。
2. 简述线性回归基本假设。
3. 简述线性回归方程显著性检验与参数显著性检验。
4. 简述多重共线性及判别指标。
5. 简述逐步回归三种类型及步骤。
6. 简述线性回归中交互项的意义。
7. 简述线性与非线性回归在道路工程领域有哪些应用场景。

# 5 逻辑回归

线性回归与非线性回归都假设因变量为连续变量,当研究对象为分类问题时,通常需要通过一个转换方程将其转换成一个连续变量,再与自变量建立线性回归。逻辑回归(Logistic Regression)通过采用 Logit 函数来对类型变量进行转换,是一种常用于解决分类问题的回归模型。19 世纪,逻辑回归被提出用于研究人口增长以及化学催化反应与时间的关系。逻辑回归在医学统计中有着广泛的应用,主要用于寻找某一疾病的危险因素,预测在不同条件下患某种疾病或发生某种状况的概率,判断某人患某种疾病或发生某种状况的概率。在交通工程中,逻辑回归常被用于分析交通事故发生的概率及显著影响因素;在道路工程中,逻辑回归已被用于分析路面性能失效、路面病害出现等问题。本章介绍二项逻辑回归、无序多分类逻辑回归、有序逻辑回归、广义线性模型以及逻辑回归在路面开裂分析的应用。

## 5.1 二项逻辑回归

### 5.1.1 回归方程

二项逻辑回归针对二分类问题,二项分布类型变量的期望如式(5.1)。

$$E(Y) = P\{Y = 1\} = p \tag{5.1}$$

由于自变量线性回归 $\boldsymbol{X}^\mathrm{T}\boldsymbol{\beta}$ 的预测值为 $(-\infty, +\infty)$,故可采用 Logit 函数转换类型变量的期望,再建立转换后的期望与自变量间的线性关系,来预测 $\hat{E}(Y)$,即 $Y=1$ 的概率 $\hat{p}$。通常称式(5.2)为 Logit 模型,称式(5.3)为 Logistic 模型。其中,$\beta_0$ 为常数项或截距,$\beta_1, \beta_2, \cdots, \beta_k$ 为逻辑回归模型自变量的回归系数。

$$\mathrm{Logit}(p) = \ln\left(\frac{p}{1-p}\right) = \beta_0 + \beta_1 X_1 + \beta_2 X_2 + \cdots + \beta_k X_k \tag{5.2}$$

$$p = \frac{e^{\beta_0 + \beta_1 X_1 + \beta_2 X_2 + \cdots + \beta_k X_k}}{1 + e^{\beta_0 + \beta_1 X_1 + \beta_2 X_2 + \cdots + \beta_k X_k}} = \frac{1}{1 + e^{-(\beta_0 + \beta_1 X_1 + \beta_2 X_2 + \cdots + \beta_k X_k)}} \tag{5.3}$$

逻辑为 Logit 的音译,Logit 就是指"Log it"。it 指的是 $p/(1-p)$,称为发生比(Odds),是事件发生与不发生的概率之比。可见逻辑回归其实是假设事件发生比的对数为线性模型。因此,逻辑回归模型又称对数比例模型或对数线性模型。如式(5.4),当 $X_i$ 增加一个单位时,事件发生比的差值为 $\beta_i$,这也是回归系数的意义。此外,还可定义发生比率(Odds Ratio,简称 OR),即两组事件发生比的商来评价哪一组更容易发生。$X_i$ 增加 1 个单位时的发生比率为 $e^{\beta_i}$,如式(5.5)。

$$\ln(odds_{X_i+1}) = \ln(odds_{X_i}) + \beta_i \tag{5.4}$$

$$OR = \frac{odds_{X_i+1}}{odds_{X_i}} = e^{\beta_i} \tag{5.5}$$

## 5.1.2 参数估计

对于如式(5.2)所示的逻辑模型,需要采用极大似然法来估计参数。设 $Y$ 是 0—1 型变量,$X_1, X_2, \cdots, X_k$ 是与 $Y$ 相关的自变量,$n$ 组观测数据为 $(x_{i1}, x_{i2}, \cdots, x_{ik}; y_i), i = 1, 2, 3, \cdots, n$。于是 $y_1, y_2, \cdots, y_n$ 的似然函数为式(5.6)。

$$L = \prod_{i=1}^{n} p(y_i) = \prod_{i=1}^{n} p(\boldsymbol{x}_i)^{y_i} [1 - p(\boldsymbol{x}_i)]^{1-y_i} \tag{5.6}$$

极大似然估计就是选取 $\beta_0, \beta_1, \beta_2, \cdots, \beta_k$ 的估计值 $\hat{\beta}_0, \hat{\beta}_1, \hat{\beta}_2, \cdots, \hat{\beta}_k$,最大化其对数似然函数,如式(5.7)。

$$\ln L = \sum_{i=1}^{n} [y_i(\beta_0 + \beta_1 x_{i1} + \beta_2 x_{i2} + \cdots + \beta_k x_{ik}) - \ln(1 + e^{\beta_0 + \beta_1 x_{i1} + \beta_2 x_{i2} + \cdots + \beta_k x_{ik}})]$$

$$\tag{5.7}$$

为检验回归系数是否为零,即判断一个变量是否应该包含在模型中,可采用 Wald 统计量,其检验步骤与线性回归中的参数 $t$ 检验类似:首先提出假设,构造 Wald 统计量,再作出统计判断。

## 5.1.3 拟合优度

逻辑回归模型不能产生类似于经典线性模型中的 $R^2$ 统计量,可采用一些替代性的统计量来衡量拟合优度(Goodness of Fit),例如似然比检验(Likelihood Ratio Test),一些 Pseudo R²,包括 Cox 和 Snell 的 $R_{CS}^2$、Nagelkerke 的 $R_N^2$,以及 AIC 与 BIC 等。

(1) 似然比检验如式(5.8)所示,其中 $L(0)$ 和 $L(\hat{\beta})$ 分别表示不含变量的模型和包含变量的模型的似然值。该统计量服从卡方分布,可进行模型显著性检验。

$$D_{null} - D_{fitted} = -2\ln \frac{L(0)}{L(\hat{\beta})} \tag{5.8}$$

(2) Cox 和 Snell 的 $R_{\text{CS}}^2$ 是在似然值基础上模仿线性回归的 $R^2$，按式(5.9)计算。

$$R_{\text{CS}}^2 = 1 - \left(\frac{L(0)}{L(\hat{\beta})}\right)^{\frac{2}{n}} \tag{5.9}$$

(3) 为了对 $R_{\text{CS}}^2$ 进一步调整，使得取值范围在 $0 \sim 1$ 之间，Nagelkerke 把 $R_{\text{CS}}^2$ 除以它的最大值得到 $R_{\text{N}}^2$，按式(5.10)计算。

$$R_{\text{N}}^2 = \frac{R_{\text{CS}}^2}{\max\{R_{\text{CS}}^2\}} = \frac{R_{\text{CS}}^2}{1 - [L(0)]^2} \tag{5.10}$$

(4) Akaike 信息准则($AIC$) 和 Bayesian 信息准则($BIC$) 均基于对数似然函数，分别按式(5.11) 和式(5.12) 计算。其中，$k$ 是估计参数的个数，$n$ 是观测样本数。通常选择多个模型中 $AIC$ 最小的或两个模型中 $BIC$ 较小的那个。

$$AIC = -2\ln Likelihood + 2k \tag{5.11}$$
$$BIC = -2\ln Likelihood + k\ln(n) \tag{5.12}$$

## 5.2 多项逻辑回归

多项逻辑回归针对多分类问题，当因变量类别超过 2 个时，需要采用广义 Logit 模型的方法。多项逻辑回归又可分为无序多分类(Multinomial) 逻辑回归及有序(Ordered) 逻辑回归。无序多分类逻辑回归的因变量为名义变量，各类别地位相同。有序逻辑回归的因变量为有序变量，各类别存在顺序或程度之分。

### 5.2.1 无序多分类逻辑回归

对于无序多分类逻辑回归，设因变量有 $J$ 个类别，可以对其中的 $J-1$ 个类别各建立一个 Logit 方程。对于类别 $j(j=1,2,\cdots,J-1)$，通常取最后一类为基线类别(Baseline Category)，把每个类别与一个基线类别或参考类别配对。这时 Logit 模型如式(5.13)，该模型共包含 $J-1$ 个方程，每个方程有各自的参数估计，反映了相对于基线类别，因变量取类别 $j$ 的概率。

$$\text{Logit}(p_j) = \ln\left(\frac{p_j}{p_J}\right) = \beta_{0j} + \beta_{1j}X_1 + \beta_{2j}X_2 + \cdots + \beta_{kj}X_k = \beta_{0j} + \boldsymbol{X}^{\text{T}}\boldsymbol{\beta}_j \tag{5.13}$$

假设因变量分为 a、b、c 三类，各类之间无顺序或程度之分，选取 c 类为基线类别，则 Logit 模型为式(5.14) ~ 式(5.16)。

$$\text{Logit}(p_a) = \ln\left(\frac{p_a}{p_c}\right) = \beta_{0a} + \boldsymbol{X}^{\text{T}}\boldsymbol{\beta}_a \tag{5.14}$$

$$\text{Logit}(p_b) = \ln\left(\frac{p_b}{p_c}\right) = \beta_{0b} + \boldsymbol{X}^\text{T}\boldsymbol{\beta}_b \tag{5.15}$$

$$\text{Logit}(p_c) = \ln\left(\frac{p_c}{p_c}\right) = 0 \tag{5.16}$$

如果要比较因变量取类别 a 和 b 的概率情况，直接将式(5.14)和式(5.15)相减即可，如式(5.17)所示。

$$\ln\left(\frac{p_a}{p_b}\right) = \ln\left(\frac{\frac{p_a}{p_c}}{\frac{p_b}{p_c}}\right) = \ln\left(\frac{p_a}{p_c}\right) - \ln\left(\frac{p_b}{p_c}\right) = (\beta_{0a} - \beta_{0b}) + \boldsymbol{X}^\text{T}(\boldsymbol{\beta}_a - \boldsymbol{\beta}_b) \tag{5.17}$$

## 5.2.2 有序逻辑回归

有序多分类逻辑回归采用累积 Logit 模型，比基线类别 Logit 模型更易解释。首先，对于 $J$ 个有序分类中的第 $j$ 个类别，变量取前 $j$ 个类别的累积概率如式(5.18)，并且满足式(5.19)。变量取第 $j$ 个类别的概率如式(5.20)。

$$P\{Y \leqslant j\} = p_1 + p_2 + \cdots + p_j \tag{5.18}$$

$$P\{Y \leqslant 1\} \leqslant P\{Y \leqslant 2\} \leqslant \cdots \leqslant P\{Y \leqslant J\} = 1 \tag{5.19}$$

$$P\{Y = j\} = P\{Y \leqslant j\} - P\{Y \leqslant j - 1\} \tag{5.20}$$

可定义累积概率的 Logit 形式为式(5.21)，此时相当于一个取值为前 $j$ 个类别与 $j+1$ 到 $J$ 个类别的二项 Logit 模型。

$$\text{Logit}[P\{Y \leqslant j\}] = \ln\left[\frac{P\{Y \leqslant j\}}{1 - P\{Y \leqslant j\}}\right] = \ln\left(\frac{p_1 + p_2 + \cdots + p_j}{p_{j+1} + p_{j+2} + \cdots + p_J}\right) \tag{5.21}$$

累积概率 Logit 模型及 Logistic 模型与自变量之间的关系如式(5.22)和式(5.23)，需要注意的是这里假设自变量对分类概率的影响与具体某个类别无关，即对于每个 $j$，仅仅 $\beta_{0j}$ 变化，$\beta_1,\beta_2,\cdots,\beta_k$ 相同。

$$\text{Logit}(P\{Y \leqslant j\}) = \beta_{0j} + \boldsymbol{X}^\text{T}\boldsymbol{\beta} \tag{5.22}$$

$$P\{Y \leqslant j\} = \frac{e^{\beta_{0j} + \boldsymbol{X}^\text{T}\boldsymbol{\beta}}}{1 + e^{\beta_{0j} + \boldsymbol{X}^\text{T}\boldsymbol{\beta}}} \tag{5.23}$$

此时，两组自变量 $\boldsymbol{X}_1$ 和 $\boldsymbol{X}_2$ 的发生比率，是因变量在不同自变量时取前 $j$ 个类别之比，如式(5.24)。

$$OR = \beta_{0j} + \boldsymbol{X}_2^\text{T}\boldsymbol{\beta} - (\beta_{0j} + \boldsymbol{X}_1^\text{T}\boldsymbol{\beta}) = (\boldsymbol{X}_2^\text{T} - \boldsymbol{X}_1^\text{T})\boldsymbol{\beta} \tag{5.24}$$

## 5.3 广义线性模型

逻辑回归针对的是因变量 Y 为类型变量的情况,通过 Logit 连接函数将因变量转换为一个连续变量进行线性回归。Nelder 和 Wedderburn 将这一类模型统称为广义线性模型。与线性回归相比,广义线性模型通过连接函数(Link Function),将因变量的期望与自变量建立线性联系,对误差的分布给出误差函数。表 5.1 给出了常见的因变量连接函数和误差分布函数:

(1) 正态分布族针对因变量呈正态分布的情况,因变量期望为自变量线性组合 $\boldsymbol{X}^\mathrm{T}\boldsymbol{\beta}$。

(2) 泊松分布族针对因变量呈泊松分布的情况,采用对数函数作为连接函数,因变量期望的对数为自变量线性组合 $\boldsymbol{X}^\mathrm{T}\boldsymbol{\beta}$;泊松分布族要求因变量为整数,当因变量不为整数,但其对数为自变量线性组合 $\boldsymbol{X}^\mathrm{T}\boldsymbol{\beta}$ 时,仍可采用拟泊松分布族模型。

(3) 二项分布族针对因变量呈"0-1"二项分布的情况,采用 Logit 函数作为连接函数,因变量期望的 Logit 函数为自变量线性组合 $\boldsymbol{X}^\mathrm{T}\boldsymbol{\beta}$。

(4) 伽马(Gamma)分布族针对因变量呈伽马分布的情况,采用逆函数作为连接函数,即因变量期望的倒数为自变量线性组合 $\boldsymbol{X}^\mathrm{T}\boldsymbol{\beta}$。

表 5.1 常用连接函数与误差函数

| 关系 | 连接函数 | 逆连接函数(回归模型) | 典型误差函数 |
| --- | --- | --- | --- |
| 恒等 | $\boldsymbol{X}^\mathrm{T}\boldsymbol{\beta} = E(Y)$ | $E(Y) = \boldsymbol{X}^\mathrm{T}\boldsymbol{\beta}$ | 正态分布 |
| 对数 | $\boldsymbol{X}^\mathrm{T}\boldsymbol{\beta} = \ln E(Y)$ | $E(Y) = e^{\boldsymbol{X}^\mathrm{T}\boldsymbol{\beta}}$ | 泊松分布 |
| 对数比例 | $\boldsymbol{X}^\mathrm{T}\boldsymbol{\beta} = \mathrm{Logit} E(Y)$ | $E(Y) = \dfrac{e^{\boldsymbol{X}^\mathrm{T}\boldsymbol{\beta}}}{1+e^{\boldsymbol{X}^\mathrm{T}\boldsymbol{\beta}}}$ | 二项分布 |
| 逆函数 | $\boldsymbol{X}^\mathrm{T}\boldsymbol{\beta} = \dfrac{1}{E(Y)}$ | $E(Y) = \dfrac{1}{\boldsymbol{X}^\mathrm{T}\boldsymbol{\beta}}$ | 伽马分布 |

## 5.4 例 养护措施开裂概率逻辑回归

### 5.4.1 背景与数据

作为一种最简单的分类算法,逻辑回归常被用于研究不同影响因素对路面性能、路面材料性能的影响规律,从而判定不同养护措施及材料组成的效果。由于路面性能变化规律较为复杂,传统的回归拟合预测方程往往精度不高,故可以根据某个路面性能指标是否达到阈值来判断路面性能的优劣,构建类型变量,再采用逻辑回归进行分析。此外,逻辑回归还可以与其他机器学习算法结合,从路表照片中提取路面病害。

选取了LTPP数据库中SPS-3沥青路面预防性养护试验段的历年路面性能指标以及结构系数、交通、气象等数据,采用逻辑回归研究以疲劳裂缝为指标的路面失效影响因素及预测方法。本例共提取到729个样本用于分析。首先,根据力学经验设计法,疲劳裂缝的失效阈值为20%轮迹带面积。路面病害未超过阈值,认为仍在服役期内,记为"1";否则认为已失效,记为"0"。表5.2给出了连续自变量的统计性描述,其中将养护前路段疲劳裂缝总面积作为表征养护前路面开裂情况的变量。自变量中包括一个表示预防性养护措施的类型变量Treatment,包含薄层罩面(Asphalt Overlay)、碎石封层(Chip Seal)、雾封层(Fog Seal)、稀浆封层(Slury Seal)4种类型,所占比例分别为12%、52%、16%、21%。所用薄层罩面的厚度为1.2～2.5 cm;碎石封层是在撒布乳化沥青后迅速撒布并碾压单一级配碎石;这里的稀浆封层类似微表处,为橡胶改性乳化沥青细级配混合料;雾封层为直接在旧路表面撒布沥青。

表5.2 自变量统计描述

| 自变量 | 描述 | 最大值 | 最小值 | 平均值 | 标准差 |
|---|---|---|---|---|---|
| *Precipitation* | 年平均降雨量/cm | 4 552.0 | 275 | 1 727.2 | 1 016.2 |
| *Freeze* | 年冰冻指数/℃-days | 1 735.2 | 0 | 296.1 | 455.9 |
| *SN* | 结构系数 | 10.4 | 1.3 | 5.2 | 1.8 |
| *kESAL* | 年等效标准轴载次数/$10^3$ | 1 185.7 | 1.8 | 250.7 | 255.9 |
| *Age* | 服役时间/年 | 13.08 | 0.02 | 3.10 | 2.60 |
| *Pre-treatment* | 养护前疲劳开裂面积/m² | 755.4 | 0 | 43.6 | 94.1 |
| *Treatment* | 养护措施类型 | 薄层罩面、碎石封层、雾封层、稀浆封层 | | | |

## 5.4.2 分析结果

表5.3给出了以疲劳裂缝为指标的预防性养护措施是否失效的逻辑回归分析结果。根据参数估计,可看出对于几种养护措施,失效概率从小到大分别是碎石封层、稀浆封层、薄层罩面和雾封层。养护前开裂严重、降雨量大、交通量高、较长的服役时间趋于增加失效概率。而较大的结构系数和较高的冰冻指数趋于降低失效概率。

在 0.05 显著性水平下，只有养护前路面开裂情况、交通量及养护措施类型变量为显著变量，参数估计变异性较大。另外，参数估计结果表明较高的冰冻指数趋于降低失效概率，与工程经验不一致，其中参数估计变异性大也可能是导致这种情况的原因。因此如何提高模型的参数估计精度显得尤为重要，可以通过提高检测精度，增加观测样本量来实现，也可以通过采用基于贝叶斯方法的蒙特卡洛抽样来一定程度提高参数估计精度。

表 5.3　以疲劳开裂为指标时的逻辑回归分析结果

| 变量 | 参数估计 | 标准差 | P 值 | 95% 置信区间 | |
| --- | --- | --- | --- | --- | --- |
| 截距 | 4.956 | 1.484 | 0.001* | 2.225 | 8.078 |
| *Precipitation* | −0.000 5 | 0.000 3 | 0.072 | −0.001 | 0.000 04 |
| *Freeze* | 0.001 | 0.001 | 0.308 | −0.001 | 0.003 |
| *SN* | 0.407 | 0.237 | 0.087 | −0.044 | 0.894 |
| *kESAL* | −0.003 | 0.001 | 0.021* | −0.005 | −0.000 34 |
| *Age* | −0.180 | 0.107 | 0.093 | −0.396 | 0.029 |
| *Pre-treatment* | −0.018 | 0.002 | <0.000 1* | −0.023 | −0.014 |
| *Treatment Asphalt overlay* | −0.323 | 0.497 | 0.516 | −1.313 | 0.659 |
| *Treatment Chip Seal* | 1.114 | 0.467 | 0.017* | 0.237 | 2.087 |
| *Treatment Fog Seal* | −1.845 | 0.537 | 0.001* | −2.963 | −0.835 |
| *Treatment Slurry Seal* * | 1.054 | | | | |

\* 当多元回归中包含类型变量时，类型变量的参数估计根据其某个类型的均值与所有类型的均值的差异来进行。对于包含 $n$ 个类型的类型变量，一般给出其中 $n-1$ 个类型的参数估计，第 $n$ 个类型的参数估计为其他 $n-1$ 个类型的参数估计的和的负数。这是因为该类型变量所有类型的总效应为零，和试验设计中的方差分析类似。而试验设计中的方差分析相当于只有类型变量的多元线性回归分析。

# 思考题

1. 结合模型公式，简述逻辑回归的意义。
2. 简述发生比、发生比率及逻辑回归自变量参数的含义。
3. 简述无序多分类及有序逻辑回归的原理。
4. 简述广义线性模型类型及转换公式。
5. 简述逻辑回归在道路工程领域还有哪些应用场景。

# 6 计数数据模型

进行路面病害评估时,通常需要统计路面出现裂缝、坑洞等病害的数量,在交通工程中,也会统计交通事故的次数。针对这种离散计数数据(Count Data)及其影响因素分析的一类模型称为计数数据模型。另外,在统计这些路面病害或交通事故的过程中,往往会发现在最初的几年并无裂缝或病害,或者在大部分时段、路段或者场景中没有发生事故。这时观测结果中出现大量的零,传统计数数据模型又难以给出正确的预测结果,针对这种情况学者们又提出零膨胀(Zero-Inflated)计数模型。本章介绍泊松模型、负二项模型、零膨胀泊松模型、零膨胀负二项模型的基本概念与参数估计方法,以及路面横向裂缝发展的零膨胀模型应用。

## 6.1 计数数据模型

### 6.1.1 泊松模型

泊松模型由 Gilbert 在 1979 年提出。泊松模型假设观测值 $y$ 来自参数为 $\lambda$ 的泊松分布,泊松模型如式(6.1)。

$$P\{Y=y\} = \frac{e^{-\lambda}\lambda^y}{y!}, \quad y=0,1,2,\cdots \tag{6.1}$$

根据泊松分布要求,$Y$ 的条件期望和方差均为 $\lambda$,如式(6.2)。

$$E(Y) = \mathrm{Var}(Y) = \lambda \tag{6.2}$$

由于 $\lambda$ 非负,一般将 $\lambda$ 表示为自变量的指数函数,则 $Y$ 的条件期望函数(Conditional Expectation)如式(6.3)所示。

$$E(Y \mid \boldsymbol{X}) = \lambda = e^{\boldsymbol{X}^\mathrm{T}\boldsymbol{\beta}} \tag{6.3}$$

泊松模型和以指数函数为连接函数的广义线性模型类似,如式(6.4)所示。

$$P\{Y=y \mid \boldsymbol{X}\} = \frac{e^{-e^{\boldsymbol{X}^\mathrm{T}\boldsymbol{\beta}}} e^{\boldsymbol{X}^\mathrm{T}\boldsymbol{\beta} y}}{y!} \tag{6.4}$$

进行参数 $\boldsymbol{\beta}$ 的估计,其对数似然函数如式(6.5)。

$$\ln L = \sum_{i=1}^{n}\left[\mathrm{e}^{\boldsymbol{x}_i^\mathrm{T}\boldsymbol{\beta}} + y_i \boldsymbol{x}_i^\mathrm{T}\boldsymbol{\beta} - \ln(y_i!)\right] \quad (6.5)$$

令其一阶导数为 0 得式(6.6)。

$$\frac{\partial \ln L}{\partial \boldsymbol{\beta}} = \sum_{i=1}^{n}\left[y_i - \mathrm{e}^{\boldsymbol{x}_i^\mathrm{T}\boldsymbol{\beta}}\right]\boldsymbol{x}_i^\mathrm{T} = 0 \quad (6.6)$$

式(6.6)的 Hessian 矩阵如式(6.7),对所有的 $\boldsymbol{x}_i$ 和 $\boldsymbol{\beta}$,Hessian 矩阵都是负定,即 $\ln L$ 是全局凹的,可以取到最大。

$$\frac{\partial \ln L}{\partial \boldsymbol{\beta} \partial \boldsymbol{\beta}^\mathrm{T}} = -\sum_{i=1}^{n}\mathrm{e}^{\boldsymbol{x}_i^\mathrm{T}\boldsymbol{\beta}}\boldsymbol{x}_i^\mathrm{T}\boldsymbol{x}_i \quad (6.7)$$

泊松回归模型假定计数数据因变量的均值等于方差,实际上大多数应用都难以满足这一条件。因此一些应用中放宽了方差等于均值的假设。一些学者提出关于模型是否过度分散(Overdispersion)的检验。过度分散表示模型方差大于泊松模型方差的情形,即 $D(Y \mid \boldsymbol{X}) > 1$。可通过基于某一回归式的检验、条件矩检验以及拉格朗日乘子检验等方法进行检验。

由于泊松回归模型的条件均值非线性,且回归方程存在异方差,不能产生类似于线性模型中的 $R^2$ 统计量,可采用其他统计量来衡量拟合优度。例如伪 $R_\mathrm{d}^2$ (Pseudo R-square),如式(6.8)所示。此外,还有基于标准残差的统计量 $R_\mathrm{p}^2$,如式(6.9)所示,该统计量实际上是将拟合的泊松模型和仅含常数项的模型进行比较,但是可能为负。还可采用基于各样本观察值的偏差和的统计量 $G^2$,如式(6.10)所示,模型完全拟合时,统计量为 0。

$$R_\mathrm{d}^2 = 1 - \frac{\sum_{i=1}^{n}\left[y_i \ln\left(\frac{\hat{\lambda}_i}{\bar{y}}\right) - (\hat{\lambda}_i - \bar{y})\right]}{\sum_{i=1}^{n} y_i \ln\left(\frac{y_i}{\bar{y}}\right)} \quad (6.8)$$

$$R_\mathrm{p}^2 = 1 - \frac{\sum_{i=1}^{n}\frac{(y_i - \lambda_i)^2}{\hat{\lambda}_i}}{\sum_{i=1}^{n}\frac{(y_i - \bar{y})^2}{\bar{y}}} \quad (6.9)$$

$$G^2 = \sum_{i=1}^{n} d_i = 2\sum_{i=1}^{n} y_i \ln\left(\frac{y_i}{\hat{\lambda}_i}\right) \quad (6.10)$$

## 6.1.2 负二项模型

条件均值等于条件方差的要求限制了泊松分布大量应用,因此一些学者提出了其他模型,其中最常用的是负二项(Negative Binomial)模型。该模型假定因变量来自负二项分布。泊松分布假定 $E(Y) = \lambda = e^{X^T \beta}$。负二项模型假定 $\ln[Y] = X^T \beta + \varepsilon = \ln\lambda + \ln c$,此时 $Y$ 关于 $X$ 和 $c$ 的条件分布依然为泊松分布,如式(6.11)。

$$f(Y = y \mid X, c) = \frac{e^{-\lambda c} (\lambda c)^y}{y!} \qquad (6.11)$$

$Y$ 关于 $X$ 的条件分布,即关于 $c$ 的无条件分布是 $f(Y \mid X, c)$ 的期望,如式(6.12)。

$$f(Y = y \mid X) = \int_0^{+\infty} \frac{e^{-\lambda c} (\lambda c)^y}{y!} g(c) \mathrm{d}c \qquad (6.12)$$

显然,$c$ 的概率密度函数决定了 $f(Y \mid X)$ 的形式,一般假设 $c$ 服从伽马分布,即 $c \sim \Gamma(1, \eta^2)$。在其他异方差模型中,若模型包含常数项,则分布均值无法识别。根据伽马分布的概率密度函数及均值与方差公式,可得 $c$ 的概率密度函数,并求得 $Y$ 的概率密度函数如式(6.13)。

$$f(Y = y \mid X) = \frac{\Gamma(\eta^{-2} + y)}{\Gamma(y+1)\Gamma(\eta^{-2})} \left(\frac{\lambda}{\lambda + \eta^{-2}}\right)^y \left(\frac{\eta^{-2}}{\lambda + \eta^{-2}}\right)^{\eta^{-2}} \qquad (6.13)$$

对比负二项分布的密度函数公式,可以看出 $Y$ 服从负二项分布。根据 $Y$ 的概率密度函数再求得对数似然函数就可以通过极大似然法估计参数。而负二项分布假设可以用 Wald 或者似然比检验。

## 6.2 零膨胀模型

20 世纪 60 年代,Johnson 和 Kotz 注意到因变量中包含较高比例零的情况,称之为"零膨胀"现象。但直到 1986 年,才有学者提出了解决针对经济学领域的"零膨胀"现象的模型——Hurdle 模型。零膨胀计数模型实际上就是一种针对零较多且符合等离散的泊松分布模型或过离散的负二项分布模型的数据进行拟合的复合计数模型。它的本质是一个混合模型:描述事件是否发生的逻辑回归模型,以及事件发生次数的泊松或负二项模型。零膨胀计数模型的复合概率分布如式(6.14)。

$$Y \sim \begin{cases} 0, & p \\ g(Y), & 1-p \end{cases} \qquad (6.14)$$

其中,$p$ 表示个体来源于第一个过程伯努利分布的概率,表示"过多零"发生的概率;$g(Y)$ 表示个体来源于第二个过程,服从泊松或者负二项分布。

观察值中的零包括两部分:一部分是始终不可能发生事件的个体,概率为 $p$;另一部分是泊松或者负二项分布下没有发生事件的个体,概率为 $(1 - p_i)$。因此,$Y$

$=y$ 的概率密度如式(6.15)。

$$P\{Y=y \mid \boldsymbol{X}\} = \begin{cases} p+(1-p)g(0), & y=0, \\ (1-p)g(y), & y>0 \end{cases} \quad (6.15)$$

如果 $p_i$ 的取值受个体自身协变量的影响,也就是 $p=f(\boldsymbol{w}^\mathrm{T}\boldsymbol{\gamma})$,$f(x)$ 称为零膨胀连接函数,那么可以选择用 Logit 或者 Probit 函数,如式(6.16)和式(6.17)所示。其中 $\boldsymbol{w}^\mathrm{T}$ 为 $1\times q$ 零膨胀自变量向量,$\boldsymbol{\gamma}$ 为 $q\times 1$ 零膨胀参数。

$$p = \frac{e^{\boldsymbol{w}^\mathrm{T}\boldsymbol{\gamma}}}{1+e^{\boldsymbol{w}^\mathrm{T}\boldsymbol{\gamma}}} \quad (6.16)$$

$$p = f(\boldsymbol{w}^\mathrm{T}\boldsymbol{\gamma}) = \int_0^{\boldsymbol{w}^\mathrm{T}\boldsymbol{\gamma}} \frac{1}{\sqrt{2\pi}} e^{-\mu^2/2} \mathrm{d}\mu \quad (6.17)$$

### 6.2.1 零膨胀泊松模型

1992年,针对零和非零计数值,Lambert 提出一种混合分布模型——零膨胀泊松(Zero-Inflated Poisson,简称 ZIP)模型,同时引入自变量,用于电子制造业中的质量控制。首先,泊松模型采用指数连接函数,如式(6.18)。其中,$\boldsymbol{X}$ 为自变量;$\boldsymbol{\beta}$ 为参数估计;$Y$ 的概率分布如式(6.19)。

$$\lambda = E(Y) = e^{\boldsymbol{X}^\mathrm{T}\boldsymbol{\beta}} \quad (6.18)$$

$$g(Y) = \frac{e^{-\lambda}\lambda^y}{y!} \quad (6.19)$$

零膨胀泊松模型条件概率分布为式(6.20),可见第一部分由伯努利过程控制,生成0,另一部分由泊松分布控制,生成计数数据。

$$P\{Y=y \mid \boldsymbol{X},\boldsymbol{W}\} = \begin{cases} p+(1-p)\,e^{-\lambda}, & y=0, \\ (1-p)\dfrac{e^{-\lambda}\lambda^y}{y!}, & y>0 \end{cases} \quad (6.20)$$

零膨胀泊松模型中 $y_i$ 的期望值为 $E(Y)=\lambda(1-p)$,方差为 $\mathrm{Var}(Y)=\lambda(1-p)(1+\lambda p)$,$\boldsymbol{X}$ 与 $\boldsymbol{W}$ 可以一致,也可以不同。当 $\boldsymbol{W}$ 仅包含常数项时,零膨胀泊松模型比泊松模型需要多估计一个参数;如果 $\boldsymbol{X}=\boldsymbol{W}$,则零膨胀泊松模型要多估计一倍的参数。

### 6.2.2 零膨胀负二项模型

Greene 将零膨胀泊松模型的思想应用到负二项分布,提出了零膨胀负二项(Zero-Inflated Negative Binomial,简称 ZINB)模型,并用一种 BHHH 极大似然法估计模型参数的标准误差。首先,负二项分布的概率分布如式(6.21)。

$$P(Y) = (-1)^k \begin{bmatrix} -r \\ k \end{bmatrix} p^r (1-p)^k, \quad k = 0, 1, \cdots, n \qquad (6.21)$$

对于观测值$(y,x)$,$Y \sim NB(\lambda,\alpha)$,期望为$\lambda$,方差为$\lambda + \alpha\lambda^2$,可见其方差与期望的比值为$1+\alpha\lambda$,说明已经允许部分过度离散,其概率分布如式(6.22)。

$$g(Y) = \frac{\Gamma(y+\alpha^{-1})}{y!\Gamma(\alpha^{-1})} \left(\frac{\alpha^{-1}}{\lambda+\alpha^{-1}}\right)^{\alpha^{-1}} \left(\frac{\lambda}{\lambda+\alpha^{-1}}\right)^y \qquad (6.22)$$

零膨胀负二项(ZINB)模型的概率分布如式(6.23)。

$$P\{Y=y \mid \boldsymbol{X},\boldsymbol{W}\} = \begin{cases} p + (1-p)(1+\alpha\lambda)^{-\alpha^{-1}}, & y = 0, \\ p + (1-p)\frac{\Gamma(y+\alpha^{-1})}{y!\Gamma(\alpha^{-1})} \left(\frac{\alpha^{-1}}{\lambda+\alpha^{-1}}\right)^{\alpha^{-1}} \left(\frac{\lambda}{\lambda+\alpha^{-1}}\right)^y, & y > 0 \end{cases}$$
$$(6.23)$$

零膨胀负二项模型中$Y$的期望值为$E(Y) = \mu(1-p)$,方差为$\mathrm{Var}(Y) = (\lambda + \alpha\lambda^2)(1-p)(1+\lambda p)$,当$\alpha = 0$时,ZINB模型等同于ZIP模型。

## 6.2.3　参数估计及模型检验

零膨胀模型采用极大似然法进行参数估计,其对数似然函数如式(6.24)。

$$\ln(L) = \sum_{i=1}^{n} \ln[P\{Y=y_i \mid \boldsymbol{x}_i, \boldsymbol{w}_i\}] \qquad (6.24)$$

在检验两个模型(模型1和模型2,注意有先后顺序)的解释能力时,除了采用AIC和BIC检验外,还推荐采用Vuong检验。Vuong检验的关键是构造统计量,如果统计量显著为正,则说明模型1的解释能力更强;如果显著为负,则说明模型2的解释能力更强;如果不显著异于0,则无法区分两个模型的解释能力。Vuong统计量按式(6.25)和式(6.26)计算。

$$m_i = \ln\left(\frac{P_1\{Y=y_i \mid \boldsymbol{x}_i\}}{P_2\{Y=y_i \mid \boldsymbol{x}_i\}}\right) \qquad (6.25)$$

$$V = \frac{\sqrt{n}\left(\frac{1}{n}\sum_{i=1}^{n} m_i\right)}{\sqrt{\frac{1}{n}\sum_{i=1}^{n}(m_i - \overline{m})^2}} \qquad (6.26)$$

其中,$P_1\{Y=y_i \mid \boldsymbol{x}_i\}$和$P_2\{Y=y_i \mid \boldsymbol{x}_i\}$分别为第一个与第二个模型预测样本$i$为非零数值的概率;$V$是Vuong统计量。如果$V > 1.96$,优先选择第一个模型;如果$V < -1.96$,优先选择第二个模型。零膨胀模型的建立步骤为:

(1) 观察变量是否存在零膨胀现象。

(2) 观察变量是否存在过度分散的情况。观察变量的均值与方差是否相等,并

观察 α 检验是否显著。若两者基本相等，α 检验不显著，则为等分散，宜采用零膨胀泊松模型；若方差明显大于均值，α 检验不显著，则属于过度分散的情况，宜采用零膨胀负二项模型。

（3）采用 Vuong 检验决定模型的选择，并用图形比较观测数据的分布与截距回归、泊松模型、负二项模型、零膨胀负二项模型拟合曲线的差异。

## 6.3 例 横向裂缝发展零膨胀模型

### 6.3.1 背景与数据

计数数据模型主要用来模拟路面裂缝、坑洞、修补等病害数量的统计数据，将这些技术数据的期望表达为自变量线性组合的指数函数，从而分析不同因素对路面病害数量的影响。其中最简单的就是采用指数连接函数的泊松模型。由于实际数据难以满足泊松分布的期望与方差相等的假设，可以采用负二项模型。而在存在大量零值的情况下，还可采用零膨胀模型。

本例采用零膨胀模型来拟合路面裂缝的产生与发展，并分析量化相关因素的影响。选择 LTPP 数据库中 SPS-5 项目的数据。表 6.1 为模型中变量定义与统计描述。图 6.1 为裂缝数量分布直方图，可见裂缝变量的偏度值较高。其中零值所占的比例为 51%。

表 6.1 变量统计描述

| 变量 | 定义 | 最小值 | 最大值 | 平均值 | 标准差 |
| --- | --- | --- | --- | --- | --- |
| $Ncrack$ | 横向裂缝条数 | 0 | 166 | 13 | 27 |
| $Age$ | 罩面使用时间 / 年 | 0.3 | 17.3 | 7.3 | 4.1 |
| $Mill$ | 是否铣刨，1 代表是，0 代表否 | 0 | 1 | — | — |
| $RAP$ | 材料类型，1 代表包含再生料，0 代表无 | 0 | 1 | — | — |
| $Othick$ | 罩面厚度 /in. | 1 | 7.9 | 4.5 | 1.7 |
| $kESAL$ | 年等效标准轴载次数 /$10^3$ | 49.0 | 1 024.8 | 299.8 | 286.6 |
| $Tthick$ | 路面总厚度 /in. | 9.8 | 78.0 | 29.0 | 10.0 |
| $Freeze$ | 年冰冻指数(℃-days)，一年零度以下天数的温度绝对值之和 | 0 | 1 370 | 170 | 326 |

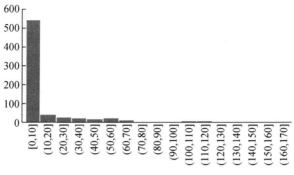

图 6.1 裂缝数量分布直方图

## 6.3.2 分析结果

构建负二项与零膨胀负二项模型,基于极大似然估计,利用牛顿迭代法估计模型参数。首先检查模型拟合效果。两个模型的拟合度比较如表 6.2,可以看出 ZINB 模型的 $AIC$ 值和 $BIC$ 值较小,Vuong 检验结果为 ZINB:NB = 5.3 > 1.96,说明第二个模型 ZINB 更适合于拟合横向裂缝出现及发展情况。

表 6.2 NB 与 ZINB 模型结果比较

| 模型 | 对数似然值 | AIC | BIC |
| --- | --- | --- | --- |
| NB | -1 777 | 3 571 | 3 612 |
| ZINB | -1 724 | 3 471 | 3 526 |

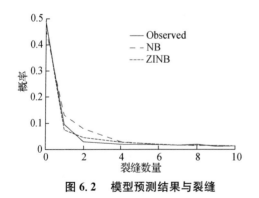

图 6.2 模型预测结果与裂缝数量观测结果的对比

图 6.2 给出了负二项模型(NB)和零膨胀负二项模型(ZINB)预测结果与观测结果的对比。由于每个路段上超过 10 条横向裂缝的情况较少,图中给出了 NB 和 ZINB 模型对裂缝数量 0 到 10 样本的预测结果以及原始观测数据。可以看出 ZINB 模型预测概率与实际观测结果更加接近,尤其是在低裂缝数区域,即裂缝数为 0 和 1 的区域。NB 模型预测零裂缝的概率较低,但裂缝数为 1 和 2 的概率更高。两种模型对超过 5 条以上裂缝数的预测差别不大。总体而言 ZINB 模型优于 NB 模型。

表 6.3 给出了参数估计结果。ZINB 模型的参数估计包括逻辑回归与负二项回归两部分，分别对应裂缝的出现与发展。首先，离散参数 $\alpha$ 为 1.5，$P$ 值小于 0.001，说明因变量过度离散性较大，因此采用零膨胀模型是有必要的。在逻辑回归部分，沥青罩面服役时间 $Age$ 与是否铣刨 $Mill$ 两个自变量的 $P$ 值均远小于 0.05，说明其对横向裂缝是否出现具有显著影响。服役时间 $Age$ 的参数估计为 $-0.47$，说明随着服役时间增加，无裂缝的概率降低。是否铣刨 $Mill$ 的参数估计为 1.02，说明铣刨后无裂缝的概率增加。

负二项回归部分参数估计的意义是自变量增加时预测的裂缝数量的变化。可以看出，罩面服役时间 $Age$、是否铣刨 $Mill$、是否使用回收料 $RAP$、交通量 $kESAL$ 和罩面厚度 $Othick$ 的 $P$ 值远小于 0.05，对横向裂缝数量有显著影响。而沥青面层总厚 $Tthick$ 和冰冻指数 $Freeze$ 的 $P$ 值较大，对横向裂缝数量影响并不显著。这里冰冻指数影响不显著的原因是沥青针入度指数与气候密切相关，冰冻严重的地区沥青本身针入度高，抗裂性并不差。并且寒冷严重地区的降温速率未必较高，因此冰冻指数不是横向裂缝数量的显著影响因素。

**表 6.3  ZINB 模型及逻辑回归模型参数估计**

| | 变量 | 参数估计 | 标准误差 | $t$ 值 | $P$ 值 |
|---|---|---|---|---|---|
| 负二项回归 | 截距 | 0.568 322 | 0.271 683 | 2.09 | 0.036 5 |
| | $Age$ | 0.231 512 | 0.023 057 | 10.04 | <0.000 1 |
| | $kESAL$ | 0.002 362 | 0.000 298 | 7.93 | <0.000 1 |
| | $RAP$ | 0.925 781 | 0.140 737 | 6.58 | <0.000 1 |
| | $Othick$ | $-0.363\ 469$ | 0.050 012 | $-7.27$ | <0.000 1 |
| | $Mill$ | $-0.249\ 795$ | 0.169 754 | $-1.47$ | 0.141 2 |
| | $Tthick$ | 0.009 745 | 0.006 375 | 1.53 | 0.126 4 |
| | $Freeze$ | 0.000 371 | 0.000 826 | 0.45 | 0.653 5 |
| 逻辑回归 | $Inf\_Intercept$ | 1.821 757 | 0.394 204 | 4.62 | <0.000 1 |
| | $Inf\_Age$ | $-0.465\ 431$ | 0.068 675 | $-6.78$ | <0.000 1 |
| | $Inf\_Mill$ | 1.017 097 | 0.310 738 | 3.27 | 0.001 1 |
| | $\alpha\_Alpha$ | 1.500 326 | 0.190 515 | 7.88 | <0.000 1 |

## 思考题

1. 简述泊松模型、负二项模型如何引入自变量与因变量。
2. 简述零膨胀模型的结构与特征。
3. 简述计数数据模型在道路工程中还有哪些应用场景。

# 7 生存分析

路面病害产生时间、路面失效时间等问题,类似于医学研究中对病情变化和治疗效果的研究,其研究对象都是事件发生的时间。针对此类问题,统计学家提出了生存分析方法。生存分析在生物学、医学、保险学、工程学、人口学、社会学、经济学等领域已有大量的应用,形成了成熟的理论与方法。生存分析与其他回归分析最大的区别,就是生存分析对观测结果出现的时间长短考虑方式不同。例如,逻辑回归将时间作为一个自变量来分析时间对因变量成功概率的影响,对没有观察到事件成功与否的样本只能放弃。但生存分析能够考虑未观测到事件终止的样本。生存分析的主要内容是描述生存状态,比较生存曲线,以及分析生存影响因素。与医学研究中对病人健康状况的研究类似,生存分析在路面性能分析中已有大量应用。本章介绍生存分析的基本概念、描述函数、非参数法、半参数法与参数法模型,以及生存分析在路面修补耐久性中的应用。

## 7.1 数据删失

生存分析能够根据样本数据,估计生存率、生存曲线以及中位生存期等指标,研究影响生存时间长短的因素,预测具有不同因素水平的个体生存率。例如,比较不同疗法的生存率,了解哪种治疗方案较优。而比较不同路面养护方式的生存率,可选择更合适的养护方式。

生存分析源于医学研究中对病人状况的普查(Censor)结果分析,生存时间包括完全数据(Completed Data)与不完全数据(Incomplete Data)两种类型。其中,完全数据是观察到事件从起点至终结所经历的时间。不完全数据未观察到事件终结的时间,观察过程的截止不是由于失效事件,而是由于其他原因,如:失访,即失去联系;退出,即死于非研究因素;终止,即观察活动结束,但研究对象仍然存活。

不完全数据包括删失数据(Censored Data)和截尾数据(Truncated Data)两

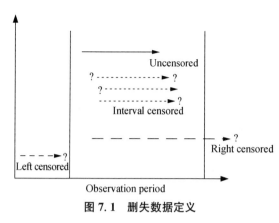

图 7.1 删失数据定义

类。如图 7.1 所示,删失类型包括三种:①右删失(Right Censored):观察期结束时事件未结束,只知道寿命大于某数,是生存分析研究的重点;②左删失(Left Censored):观察期开始前事件已结束;③区间删失(Interval Censored):事件在观察期内开始并结束,但漏掉了开始或结束的具体时间。截尾类型包括两种:①左截尾(Left Truncated):数据都大于某个值;②右截尾(Right Truncated):数据都小于某个值。删失数据与截断数据产生的原因不同:删失数据的产生往往是随机的,不可事先预知的,如失访等;截尾数据在试验设计时往往就可以提前预知。另外,删失数据体现的是个体数据的特点,如某个观察对象的数据是删失的;截尾数据体现的是试验中样本整体的特点,如研究退休职工,所有样本生存时间均大于 60 年。由于存在不完全数据,生存时间数据包括两个,一是事件终止时间,即生存时间 $t$;二是删失状态(0 或 1),1 表示非删失,即观察到事件终止,0 表示右删失,即没有观察到事件终止。

## 7.2 描述函数

生存分析中常用到的描述函数包括:

(1) 生存函数(Survival Function)$S(t)$:个体生存时间 $T$ 大于某时刻 $t$ 的概率,又称生存率(Survival Rate),即 $P\{T>t\}$,如式(7.1)所示。

$$S(t) = P\{T>t\} = \frac{t\text{时刻生存的总例数}}{\text{期初观察例数}} \quad (7.1)$$

(2) 失效函数(Failure Function)$F(t)$:个体生存时间 $T$ 不大于某时刻 $t$ 的概率,又称失效率(Failure Rate),即 $P\{T \leqslant t\}$,如式(7.2)所示。

$$F(t) = P\{T \leqslant t\} = \frac{t\text{时刻失效的总例数}}{\text{期初观察例数}} \quad (7.2)$$

(3) 失效概率密度函数 $f(t)$:个体每时刻失效的概率,如式(7.3)所示。

$$f(t) = \lim_{\Delta t \to 0} \frac{P\{t<T \leqslant t+\Delta t\}}{\Delta t} = \lim_{\Delta t \to 0} \frac{\text{个体在}[t,t+\Delta t]\text{内失效的概率}}{\Delta t} \quad (7.3)$$

(4) 风险函数(Hazard Function)$h(t)$:生存到时刻 $t$ 的个体在时刻 $t$ 的瞬时失

效率,如式(7.4)所示。风险函数又称风险率,是生存分析关键。如图7.2所示,$h(t)$随时间增加呈现增加、减小或稳定的趋势。如急性白血病患者治疗若无效,风险率随时间呈增加趋势;意外事故造成的外伤经有效治疗后,风险率逐渐减小;某些慢性病患者在稳定期,其风险率基本不变。

$$h(t) = \lim_{\Delta t \to 0} \frac{P\{t < T \leqslant t + \Delta t \mid T \geqslant t\}}{\Delta t}$$

$$= \lim_{\Delta t \to 0} \frac{\text{已活过 } t \text{ 时刻的个体在}[t, t+\Delta t]\text{内失效的概率}}{\Delta t} \quad (7.4)$$

(5) 累积风险函数 $H(t)$:风险函数从开始到时刻 $t$ 的积分,如式(7.5)所示。

$$H(t) = \int_0^t h(u) \mathrm{d}u \quad (7.5)$$

这些描述函数间关系如式(7.6)~式(7.10)所示。

$$S(t) = 1 - F(t) = \int_t^{+\infty} f(u) \mathrm{d}u \quad (7.6)$$

$$f(t) = F'(t) = \frac{\text{在}[t, t+\Delta t]\text{时间内的失效例数}}{\text{期初观察例数} \times \Delta t} \quad (7.7)$$

$$h(t) = \frac{f(t)}{S(t)} = -\frac{\partial \ln S(t)}{\partial t} = \frac{\text{在}[t, t+\Delta t]\text{时间内的失效例数}}{t \text{ 时刻生存总例数} \times \Delta t} \quad (7.8)$$

$$H(t) = -\ln S(t) \quad (7.9)$$

$$S(t) = \mathrm{e}^{-H(t)} = \mathrm{e}^{-\int_0^t h(u) \mathrm{d}u} \quad (7.10)$$

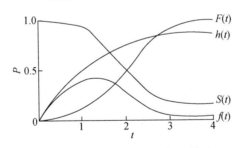

图7.2 生存分析描述函数间关系

根据获取生存分析描述函数的方法,可将生存分析分为以下几种:

(1) 描述法:根据观察结果直接计算每个时间点或时间区间上的生存函数、失效函数、风险函数等,采用图表显示生存时间分布规律。描述法对数据分布无要求,但是不能比较多组生存时间分布函数的区别,无法分析风险因素及其对生存时间的影响。

(2) 非参数法(Non-Parametric):估计生存函数时,对生存时间的分布没有要求,采用非参数检验方法检验因素对生存时间的影响。常用的非参数方法包括:乘积极限法(Product-Limit)、寿命表法(Life Table)。非参数法能够估计生存函数,比较多组生存分布函数,分析风险因素对生存时间的影响,但无法建立生存时间与风险因素间的关系模型。此外,非参数法适用于类型自变量,不适用于连续型自变量。

(3) 半参数法(Semi-Parametric):不对生存时间的分布做出假定,通过一个模型来分析生存时间的分布规律,以及因素对生存时间的影响,最著名的是 Cox 回归。半参数法能够估计生存函数,比较多组生存分布函数,分析风险因素对生存时间的影响,建立生存时间与因素之间的关系模型,同时不需要生存时间分布。

(4) 参数法(Parametric):根据观察结果来估计假定生存时间分布模型中的参数,获得生存时间的概率分布模型。常用的生存时间分布有:指数分布、威布尔分布、对数正态分布、逻辑分布、伽马分布。参数法能够估计生存函数,比较多组生存分布函数,分析风险因素对生存时间的影响,建立生存时间与因素之间的关系模型,但需要知道生存时间分布。

## 7.3 非参数法

### 7.3.1 乘积极限法

乘积极限法又称KM法(Kaplan-Meier),由 Kaplan 和 Meier 于1958年提出,是一种通过观察到的生存时间来估计生存概率的非参数方法。因为其采用概率乘法定理估计生存率,故称乘积极限法。乘积极限法是一种单因素生存分析方法,能够进行生存率的估计、比较及影响因素分析。乘积极限法认为第 $k$ 个时间点 $t_k$ 生存概率 $S(t_k)$ 可通过式(7.11)计算。

$$S(t_k) = S(t_{k-1})\left(1 - \frac{d_k}{r_k}\right) \quad (7.11)$$

其中,$S(t_{k-1})$ 为时刻点 $t_{k-1}$ 的生存概率;$d_k$ 是在时刻点 $t_k$ 失效的例数;$r_k$ 是快要到时刻 $t_k$ 时还存活的例数,其中若 $t_{k-1}$ 和 $t_k$ 之间有删失数据,计算 $r_k$ 时应剔除。显然,$t_0 = 0$ 时 $S(t_0) = 1$,从观察开始持续到 $t_k$ 的生存率为此前阶段生存概率 $p_i$ 的连乘,如式(7.12)。

$$S(t_k) = P\{T \geq t_k\} = p_1 p_2 \cdots p_k = \prod_{i=1}^{k} p_i = \prod_{i=1}^{k}\left(1 - \frac{d_i}{r_i}\right) \quad (7.12)$$

而各生存率均数的标准误如式(7.13)所示。标准差表示样本值散布情形,标准误说明样本均数的变异情况。因此,生存率置信区间为 $S(t_k) \pm z_{a/2} SE[S(t_k)]$。

$$SE[S(t_k)] = S(t_k)\sqrt{\sum_{i=1}^{k}\frac{d_i}{(r_i-d_i)r_i}} \qquad (7.13)$$

## 7.3.2 寿命表法

寿命表法是将随访时间划分成若干个时间区间(Interval)，$t$ 时刻的生存率为 $t$ 时刻前各时间区间生存概率的乘积。常见的寿命表是某个人群不同年龄组的死亡率。乘积极限法依据个体实际生存时间，关注每一个时点的生存率，可研究影响生存率变化(如曲线的突变点)的影响因素。乘积极限法主要用于观察例数较少而未分组的生存资料。寿命表法适用于观察例数较多，且分时间区间的资料，区间不同的寿命表法的计算结果亦会不同，当每一个区间中最多只有1个观察值时，寿命表法的计算结果与乘积极限法完全相同。在表7.1所示的寿命表中，时刻是每次统计生存率的时间。失效例数是在 $t$ 时刻失效的例数。期初例数是在 $t$ 时刻之前的生存例数，如果有删失数据，需要校正。累计生存率是 $t$ 时刻生存率，按 KM 乘积极限法的式(7.11)和(7.12)计算。表7.1中累计生存率随时间变化情况，即生存曲线如图7.3所示。

表 7.1 寿命表

| 区间 | 时刻 | 失效例数 | 删失例数 | 期初例数 | 期初校正例数 | 失效概率 | 生存概率 | 累计生存率 | 标准误差 |
|---|---|---|---|---|---|---|---|---|---|
| $i$ | $t_i$ | $d_i$ | $c_i$ | $n_i^1$ | $r_i^2$ | $\hat{q}_i^3$ | $\hat{p}_i^4$ | $\hat{S}(t_i)^5$ | $SE[\hat{S}(t_i)]$ |
| 1 | 0~ | 51 | 0 | 1 166 | 1 166 | 0.043 7 | 0.956 3 | 0.956 3 | 0.006 0 |
| 2 | 2~ | 45 | 0 | 1 115 | 1 115 | 0.040 4 | 0.959 6 | 0.917 7 | 0.008 0 |
| 3 | 4~ | 66 | 1 | 1 070 | 1 069.5 | 0.061 7 | 0.938 3 | 0.861 0 | 0.010 1 |
| 4 | 6~ | 56 | 1 | 1 003 | 1 002.5 | 0.055 9 | 0.944 1 | 0.812 9 | 0.011 4 |
| 5 | 8~ | 65 | 20 | 946 | 936 | 0.069 4 | 0.930 6 | 0.756 5 | 0.012 6 |
| 6 | 10~ | 61 | 26 | 861 | 848 | 0.071 9 | 0.928 1 | 0.702 1 | 0.013 5 |

注：1. $n_{i+1} = n_i - d_i - c_i$

2. $r_i = n_i - \dfrac{c_i}{2}$

3. $\hat{q}_i = \dfrac{d_i}{r_i}$

4. $\hat{p}_i = 1 - \hat{q}_i$

5. $\hat{S}(t_i) = \hat{S}(t_{i-1})\hat{p}_i$

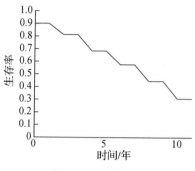

图7.3 生存曲线

### 7.3.3 显著性检验

显著性检验是为了比较不同处理的生存曲线是否存在显著区别。其中,参数法、显著性检验要求生存时间已知服从于某种概率分布;非参数法显著性检验对生存时间分布没有要求。医学研究中的生存时间大多为不规则分布或者分布未知,常采用非参数法进行显著性检验。非参数法将生存率曲线作为整体进行曲线与曲线之间的比较,其零假设为各总体生存率曲线相同。非参数法常用的检验统计方法为对数秩检验(Log-Rank Test),检验统计量为卡方$\chi^2$。对数秩检验的零假设为$H_0$:两总体生存曲线相同,备选假设为$H_1$:两总体生存曲线不相同。$P \leqslant 0.05$,两组或多组生存曲线不同。$P > 0.05$,两组或多组生存曲线差别不显著。此外,Breslow检验、Tarone Ware检验、Wilcoxon秩和检验、Gehan比分检验也可用于非参数法的生存分析。

## 7.4 半参数法

1972年,英国生物统计学家Cox提出Cox比例风险模型(Proportional Hazards Model),它并不直接考察生存函数$S(t)$与自变量$\boldsymbol{X}$的关系,而是构建风险函数$h(t)$与自变量$X$的关系,如式(7.14)。

$$h(t,\boldsymbol{X}) = h_0(t) \mathrm{e}^{\beta_1 X_1 + \beta_2 X_2 + \cdots + \beta_p X_p} \tag{7.14}$$

其中,$h_0(t)$是基准风险率,是与时间有关的任意函数,函数形式无任何限定;$X_1, X_2, \cdots, X_p$为自变量,也称为协变量,即影响因素;$\beta_1, \beta_2, \cdots, \beta_p$是回归系数,反映了影响因素对风险函数的影响。式(7.14)中$h_0(t)$属于非参部分,因此Cox模型称为半参数模型。

对式(7.14)两边取对数,得式(7.15)和式(7.16)。Cox回归模型包括两个假定,式(7.15)为对数线性假定,即对数危险率与各因素呈线性相关。式(7.16)为比例风险(Proportional Hazard,简称 PH)假定,即任何两个个体的风险函数之比与时间 $t$ 无关,说明各危险因素的作用与时间无关。

$$\ln h(t, \boldsymbol{X}) = \ln h_0(t) + \beta_1 X_1 + \beta_2 X_2 + \cdots + \beta_p X_p \quad (7.15)$$

$$\frac{h_i(t)}{h_j(t)} = e^{\beta_1(X_{i1}-X_{j1}) + \beta_2(X_{i2}-X_{j2}) + \cdots + \beta_p(X_{ip}-X_{jp})} \quad (7.16)$$

检查某协变量是否满足假定,最简单的方法是观察按该变量分组的生存曲线,若生存曲线交叉,则不满足比例风险假定。比例风险假定检验的零假设为 $H_0: \theta = 0$,如式(7.17)所示。如果零假设成立,则说明该协变量的效应与时间无明显关系。

$$h(t, \boldsymbol{X}) = h_0(t) \, e^{[\beta_1 + G(t)\theta]X_1 + \beta_2 X_2 + \cdots + \beta_p X_p} \quad (7.17)$$

生存分析比例风险回归模型采用极大似然法估计参数。对于一个生存分析,假如有 3 个观察对象,分别在时间 $t = 1, 3, 5$ 失效,极大似然预测结果如式(7.18)所示:$t = 1$ 时,第 1 个对象失效,其他 2 个健在;$t = 3$ 时,第 1、2 个对象失效,其他 1 个健在;$t = 5$ 时,第 3 个对象失效。

$$\begin{cases} t = 1, \max \dfrac{h(1, \boldsymbol{X}_1)}{h(1, \boldsymbol{X}_2) + h(1, \boldsymbol{X}_3)}, \\ t = 2, \max \dfrac{h(1, \boldsymbol{X}_2)}{h(1, \boldsymbol{X}_1) + h(1, \boldsymbol{X}_3)}, \\ t = 3, \max \dfrac{h(1, \boldsymbol{X}_3)}{h(1, \boldsymbol{X}_1) + h(1, \boldsymbol{X}_2)} \end{cases} \quad (7.18)$$

比例风险回归模型中参数筛选方法也包含前进法、后退法、逐步回归法、最优回归子集法等,根据具体情况选择使用,最常用的为逐步回归法。因素筛选时需规定显著性水平,一般确定为 0.10 或 0.15,设计较严格的研究可定为 0.05。筛选因素时,若因素间存在共线性,应考虑剔除变量或采用主成分回归法,消除共线影响。Cox 提供了三种基于极大似然法的大样本检验方法,包括:似然比检验(Likelihood Ratio Test)、得分检验(Score Test)、Wald 检验。这三种假设检验的零假设都是 $H_0: \beta_i = 0$,若零假设成立,则不选择该协变量。

## 7.5 参数法

参数法生存分析需要预先估计生存分布函数,常用的分布函数包括:指数(Exponential)模型、威布尔(Weibull)模型、对数正态(Log-Normal)模型、伽马模型等。为选择合适的风险函数,需要判定生存时间的分布情况,可通过检验观察样本分布和计算模型拟合优度 AIC 或 BIC 的方法来判定。先假设不同的分布进行拟合，选择 AIC 或 BIC 最小的模型所对应的分布为实际分布。

## 7.5.1 指数生存模型

指数分布是历史上第一个生存时间分布模型，是一种纯随机失效模型。其风险函数为一常数，即风险函数的大小不受生存时间长短的影响，常被看成随机失效模型。设数据来自指数分布，其失效概率密度函数、失效函数、生存函数与风险函数如式(7.19)～式(7.22)。

$$f(t) = \lambda e^{-\lambda t}, \quad t \geqslant 0, \lambda > 0 \tag{7.19}$$

$$F(t) = \int_0^t f(u)du = 1 - e^{-\lambda t} \tag{7.20}$$

$$S(t) = 1 - F(t) = e^{-\lambda t} \tag{7.21}$$

$$h(t) = \frac{f(t)}{S(t)} = \lambda \tag{7.22}$$

$\lambda$ 为指数分布的风险率，其大小决定了生存时间的长短。风险率越大，生存率下降越快，生存时间越短；风险率越小，生存时间越长。在指数生存模型中，$\lambda$ 为常数，与时间无关，可据此判别某生存时间分布是否服从指数分布。

指数回归是在指数分布的基础上构建的多因素模型，设 $(X_1, X_2, \cdots, X_p)$ 为影响因素，如果生存时间服从指数分布，则 $\lambda$ 与各因素间的关系可用式(7.23)表示。

$$\ln(\lambda) = \beta_0 + \beta_1 X_1 + \beta_2 X_2 + \cdots + \beta_p X_p \tag{7.23}$$

其中，$\beta_0$ 为常数项，表示无任何因素影响时的基准风险的对数；$\beta_i$ 表示保持其他影响因素不变时，变量 $x_i$ 每改变一个单位所引起的风险函数的变化。风险函数如式(7.24)。

$$h(t) = e^{\beta_0 + \beta_1 X_1 + \beta_2 X_2 + \cdots + \beta_p X_p} \tag{7.24}$$

基准风险表示其余因素都"不存在"的情况下的风险，如式(7.25)。

$$h_0(t) = e^{\beta_0} \tag{7.25}$$

相应 $t$ 时刻的生存率如式(7.26)。

$$S(t) = e^{-t \times e^{\beta_0 + \beta_1 X_1 + \beta_2 X_2 + \cdots + \beta_p X_p}} \tag{7.26}$$

## 7.5.2 威布尔生存模型

威布尔分布由瑞典科学家 Waloddi Weibu 提出，它是指数分布的一种推广形式。与指数分布不同的是，其风险函数可随时间变化，因而有更广的应用性。威布尔模型的失效概率密度函数、失效函数、生存函数与风险函数按式(7.27)～式

(7.30)计算。

$$f(t) = \lambda\gamma t^{\gamma-1} e^{-\lambda t^{\gamma}} \tag{7.27}$$

$$F(t) = 1 - e^{-\lambda t^{\gamma}} \tag{7.28}$$

$$S(t) = e^{-\lambda t^{\gamma}} \tag{7.29}$$

$$h(t) = \lambda t^{\gamma-1} \tag{7.30}$$

其中,$\lambda$ 为尺度参数,它决定分布的分散度;$\gamma$ 为形状参数,它决定该分布的形态。不同类型风险函数随时间的变化规律如图7.4所示。$\gamma > 1$ 时风险函数随时间单调递增;$\gamma < 1$ 时风险函数随时间单调递减;$\gamma = 1$ 时,风险不随时间变化,威布尔分布简化为指数分布。在威布尔回归模型中,$\lambda$ 与影响因素间的关系也假设为指数关系,如式(7.23)。

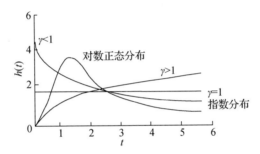

**图7.4 不同类型风险函数随时间变化规律**

风险函数按式(7.31)计算。

$$h(t) = \gamma t^{\gamma-1} e^{\beta_0 + \beta_1 X_1 + \beta_2 X_2 + \cdots + \beta_p X_p} \tag{7.31}$$

基准风险按式(7.32)计算。

$$h_0(t) = \gamma t^{\gamma-1} e^{\beta_0} \tag{7.32}$$

相应 $t$ 时刻的生存率按式(7.33)计算。

$$S(t) = e^{-t^{\gamma} \times e^{\beta_0 + \beta_1 X_1 + \beta_2 X_2 + \cdots + \beta_p X_p}} \tag{7.33}$$

## 7.6 例 路面修补耐久性生存分析

### 7.6.1 背景与数据

早在20世纪60年代,道路工作者就意识到由于观测期窗口的限制,路面性能检测中会出现数据删失的情况。例如在观测期内,20个新建路段中的10个已被重新养护,剩余10个路段尚未进行养护。此时还难以计算出该新建路段的平均服役时间,但可以把养护措施失效概率作为因变量构建模型。已失效的10个路段的生存时间记为实际观察到的时间,数据删失状态记为1。剩余的10个路段的生存时间可以定义为观测期时长,但是数据处于右删失状态,记为0。生存分析已被大量用于分析路面性能随时间延长而失效的情况,包括基于乘积极限法与寿命表法的路面性能生存概率比较、生存分布显著性检验、基于半参数比例风险模型和特定生存函数分布参数模型的影响因素分析。

本例采用生存分析研究不同的路面坑洞临时修补方法的耐久性。在冬季易出现冻融坑洞时,共填补了65个坑洞,对其进行了超过一年的跟踪观测。4种路面坑洞修补材料包括:一种热拌沥青混合料(HMA),两种挥发速率较快的细级配(2.38～4.75 mm)稀释沥青冷补料(A和B),以及一种挥发速率较慢的开级配(4.75～9.5 mm)稀释沥青冷补料(C)。分析影响因素包括坑洞长度、宽度、深度、车速、年平均日交通量及每次观测的时间(表7.2)。

表7.2 自变量统计描述

| 自变量 | 描述 | 最大值 | 最小值 | 平均值 | 标准差 |
| --- | --- | --- | --- | --- | --- |
| $Length$ | 坑洞长度/m | 14.9 | 0.1 | 1.9 | 2.8 |
| $Width$ | 坑洞宽度/m | 1.5 | 0.1 | 0.4 | 0.3 |
| $Depth$ | 坑洞深度/cm | 8.9 | 1.9 | 4.8 | 1.7 |
| $Speed$ | 车速/(km/h) | 112.7 | 56.3 | 87.9 | 22.0 |
| $AADT$ | 年平均日交通量/$10^3$ | 54.21 | 0.23 | 27.16 | 15.14 |
| $Age$ | 观测时间/月 | 14.0 | 1.5 | 6.8 | 5.4 |
| $Material$ | 修补材料类型 | A、B、C、HMA | | | |

## 7.6.2 分析结果

首先根据 $AIC$ 来评估数据满足何种分布。对本数据生存时间采用指数、威布尔和对数正态分布拟合的 $AIC$ 值分别为307.6、308.7和298.2。最终选用对数正态分布来拟合其失效方程,说明随着时间增长,路面坑洞补丁失效概率首先会上升到一个峰值,然后开始降低。

表7.3给出了该生存分析模型参数估计及显著性检验。首先,车速为显著影响因素并且参数估计为负,说明在车速较快的高速公路上,临时修补材料的生存概率较低。此外,较大的坑洞面积与较小的坑洞深度尽管不显著,也倾向于降低修补的

生存概率。不同的修补材料的 $P$ 值为 0.07，可认为是边缘显著。本案例中较大的 $P$ 值主要是由现场修补质量难以控制以及样本量较少导致。

表 7.3 生存分析参数估计

| 变量 | 参数估计 | 卡方检验 | $P$ 值 |
| --- | --- | --- | --- |
| $Material$ |  | 6.969 | 0.072 9 |
| $Length$ | $-0.034$ | 2.424 | 0.119 5 |
| $Width$ | $-0.338$ | 1.398 | 0.237 0 |
| $Depth$ | 0.048 | 1.370 | 0.241 8 |
| $Speed$ | $-0.048$ | 36.730 | $<0.000\ 1*$ |
| $AADT$ | 0.004 | 0.440 | 0.507 1 |

## 思考题

1. 结合模型方程，简述什么是删失数据。
2. 简述乘积极限非参数法生存分析模型。
3. 简述比例风险模型中基准风险率的定义。
4. 简述威布尔生存分析模型中，风险函数随时间变化的几种类型。
5. 简述生存分析在道路工程领域还有哪些应用场景。

# 8 时间序列

路面性能、交通量、气候环境等数据是典型的随时间变化的变量,其在不同时间上的相继观察值可排列成时间序列。时间序列是将同一观察变量的数值按照固定时间间隔顺序排列成数列,发掘历史数据的规律,利用时间惯性预测未来。时间序列在经济学等领域有着非常广泛的应用。在道路工程领域中,也较早被研究人员用来预测路面性能的发展。本章介绍时间序列的基本概念、平滑方法、一元及多元时间序列模型。

## 8.1 时间序列分解

时间序列为同一观测变量在不同时间上的相继观察值排列而成的序列,如一个国家历年的 GDP,一个路段历年的性能。与时间序列数据对应的是横截面数据(Cross Section Data)和面板数据(Panel Data)。横断面数据指有个体差而没有时间差的数据,如多个路段同一年的性能。面板数据指有时间差也有个体差的数据,如多个路段不同年的性能。传统回归模型分析这三种类型的数据时,可将时间作为自变量,建立因变量和自变量关系模型,实现对因变量的预测。但传统线性回归仍需假定因变量观测值独立同分布,而时间序列中观测值并不独立。时间序列分析用变量过去的观测值预测未来值。如图 8.1 所示,时间序列的数值变化规律包括四种:长期趋势、季节变动、周期变动和不规则变动。一个典型的时间序列包含以下四个组成部分:

- 趋势(Trend,T):长期上升或下降的趋势。
- 季节(Seasonal,S):周期固定的短期季节性的变动。
- 循环(Cyclic,C)或波动(Fluctuations):周期不一定固定的波浪式的变动,最典型的循环是市场经济的商业周期。
- 干扰(Disturbance,D):没有规律性的噪音。

# 8 时间序列

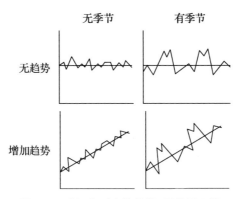

**图 8.1 时间序列中的趋势、季节及干扰**

不存在明显长期趋势、季节或循环变动的时间序列,称为平稳序列(Stationary Series),其均值与方差无系统性变化,例如某地区的年平均气温、降雨等数据。存在显著趋势、季节或循环变动的时间序列称为非平稳序列(Non-Stationary Series),如路面性能数据会随着时间变化,均值或方差发生系统性变化。这四种变动是时间序列数值变化的分解。如式(8.1)及式(8.2)所示,四种变动相互独立时,可用叠加模型表示时间序列;四种变动相互影响时,可使用乘积模型。

$$Y = T + S + C + D \tag{8.1}$$

$$Y = T \cdot S \cdot C \cdot D \tag{8.2}$$

根据时间序列是否存在长期趋势及季节变动,可采用不同的方法进行时间序列预测。时间序列预测模型可分为两种:第一种是传统的时间序列分析方法,研究时间序列是否能被分解成上述的四种变动,并分析引起每种变动的影响因素,如移动平均法、指数平滑法等。第二种是时间序列的模型解析法,包括自回归模型、移动平均模型、自回归移动平均模型等;根据观测对象的个数,还可分为单元时间序列、多因素单元时间序列与多元时间序列。

## 8.2 移动平均法

移动平均法是一种传统的时间序列预测方法,通过依次计算包含一定项数的时序平均数,来反映长期趋势。当时间序列的数值由于受循环变动和不规则变动的影响,起伏较大,不易显示出发展趋势时,可用移动平均法消除这些变动的影响,分析预测序列的长期趋势。其中,简单移动平均(Simple Moving Average)和加权移动平均(Weighted Moving Average)可预测无较大长期趋势和季节变动的平稳时间序列。趋势移动平均,也称为二次移动平均(Quadratic Moving Average),可用于预测包含直线变化趋势的不平稳时间序列。

## 8.2.1 简单移动平均

时间序列 $y_1, y_2, \cdots, y_T$ 的简单移动平均为式(8.3),其中简单移动平均的项数 $N < t$ 且 $N < T$。

$$M_t^{(1)} = \frac{1}{N}(y_t + y_{t-1} + \cdots + y_{t-N+1}) = \frac{1}{N}(y_{t-1} + \cdots + y_{t-N}) + \frac{1}{N}(y_t - y_{t-N})$$

$$= M_{t-1}^{(1)} + \frac{1}{N}(y_t - y_{t-N}) \tag{8.3}$$

当时间序列长期趋势在某一水平上下波动时,可用简单移动平均建立预测模型,如式(8.4)。

$$\hat{y}_{t+1} = M_t^{(1)} = \frac{1}{N}(\hat{y}_t + \hat{y}_{t-1} + \cdots + \hat{y}_{t-N+1}), \quad t = N, N+1, \cdots \tag{8.4}$$

预测标准误差如式(8.5)。

$$S = \sqrt{\frac{\sum_{t=N+1}^{T}(\hat{y}_t - y_t)^2}{T - N}} \tag{8.5}$$

一般 $N$ 的取值范围为 $5 \sim 200$。若历史序列基本趋势变化不大且序列中随机变动成分较多,$N$ 取较大值;否则 $N$ 取较小值。已知确定的季节变动,移动平均的项数应取季节变动周期长度。简单移动平均法只适合做近期预测,并且预测目标的长期趋势变化不大。

## 8.2.2 加权移动平均

加权移动平均考虑不同时期数据的重要性,对不同的观测值赋予不同的权重,一般对近期数据给予较大的权重。时间序列为 $y_1, y_2, y_t, \cdots$ 的加权移动平均为式(8.6),其中加权移动平均的项数 $N \leqslant t$。

$$M_{tw} = \frac{w_1 y_t + w_2 y_{t-1} + \cdots + w_N y_{t-N+1}}{w_1 + w_2 + \cdots + w_N} \tag{8.6}$$

其中,$M_{tw}$ 为 $t$ 期加权移动平均数;$w_i$ 为 $y_{t-i+1}$ 的权数,它体现了相应的 $y_t$ 在加权平均数中的重要性。加权移动平均的预测模型如式(8.7),即以第 $t$ 期加权移动平均数作为 $t+1$ 期的预测值。

$$\hat{y}_{t+1} = M_{tw} \tag{8.7}$$

## 8.2.3 趋势移动平均

当时间序列出现直线增加或减少的趋势时,用简单移动平均和加权移动平均来预测就会出现滞后偏差,需要进行修正。修正的方法是进行二次移动平均,利用移动平均滞后偏差的规律来建立直线趋势的预测模型,这就是趋势移动平均。对于同时存在直线趋势与循环变动的序列,趋势移动平均既能反映趋势变动,又能分离出循环变动。通过在一次移动平均的基础上再进行一次移动平均来计算,因此也称为二次移动平均,如式(8.8)所示。

$$\begin{cases} M_t^{(1)} = M_{t-1}^{(1)} + \dfrac{1}{N}(y_t - y_{t-N}), \\ M_t^{(2)} = \dfrac{1}{N}(M_t^{(1)} + \cdots + M_{t-N+1}^{(1)}) = M_{t-1}^{(2)} + \dfrac{1}{N}(M_t^{(1)} - M_{t-N}^{(1)}) \end{cases} \quad (8.8)$$

设时间序列$\{y_t\}$从某时期开始具有直线趋势,设此直线趋势预测模型为

$$\hat{y}_{t+T} = a_t + b_t T, \quad T = 1, 2, \cdots \quad (8.9)$$

其中,$t$为当前时期数;$T$为由$t$至预测期的时期数;$a_t$为截距;$b_t$为斜率;二者又称为平滑系数。可根据移动平均值来确定平滑系数。由式(8.9)可知

$$a_t = y_t$$
$$y_{t-1} = y_t - b_t$$
$$y_{t-2} = y_t - 2b_t$$
$$\vdots$$
$$y_{t-N+1} = y_t - (N-1)b_t$$

所以

$$M_t^{(1)} = \dfrac{y_t + y_{t-1} + \cdots + y_{t-N+1}}{N} = \dfrac{y_t + (y_t - b_t) + \cdots + [y_t - (N-1)b_t]}{N}$$
$$= \dfrac{Ny_t - [1 + 2 + \cdots + (N-1)]b_t}{N} = y_t - \dfrac{N-1}{2}b_t$$

因此,$y_t$与一次移动平均$M_t^{(1)}$的关系如式(8.10)。

$$y_t - M_t^{(1)} = \dfrac{N-1}{2}b_t \quad (8.10)$$

由式(8.9),类似式(8.10)的推导,可得

$$y_{t-1} - M_{t-1}^{(1)} = \dfrac{N-1}{2}b_t \quad (8.11)$$

所以

$$y_t - y_{t-1} = M_t^{(1)} - M_{t-1}^{(1)} = b_t \quad (8.12)$$

类似式(8.10),可得一次移动平均$M_t^{(1)}$与二次移动平均$M_t^{(2)}$的关系如式(8.13)。

$$M_t^{(1)} - M_t^{(2)} = \frac{N-1}{2} b_t \tag{8.13}$$

由式(8.10)和式(8.13)可得平滑系数的计算公式如式(8.14)。

$$\begin{cases} a_t = 2M_t^{(1)} - M_t^{(2)}, \\ b_t = \dfrac{2}{N-1}(M_t^{(1)} - M_t^{(2)}) \end{cases} \tag{8.14}$$

## 8.3 指数平滑法

指数平滑(Exponential Smoothing)是通过构造呈指数变化的权重系数,来实现对各期观测值依时间顺序进行加权平均,还可以通过扩展平滑次数,来考虑长期趋势变动。

### 8.3.1 一次指数平滑

设时间序列为$y_1, y_2, \cdots, y_t, \cdots$,$\alpha$为加权系数,$0 < \alpha < 1$,一次指数平滑公式为

$$S_t^{(1)} = \alpha y_t + (1-\alpha) S_{t-1}^{(1)} = S_{t-1}^{(1)} + \alpha(y_t - S_{t-1}^{(1)}) \tag{8.15}$$

为进一步理解指数平滑的实质,把式(8.15)依次展开,得

$$S_t^{(1)} = \alpha y_t + (1-\alpha)[\alpha y_{t-1} + (1-\alpha) S_{t-2}^{(1)}] = \cdots = \alpha \sum_{j=0}^{+\infty} (1-\alpha)^j y_{t-j} \tag{8.16}$$

式(8.16)表明$S_t^{(1)}$是全部历史数据的加权平均,加权系数依次为$\alpha, \alpha(1-\alpha), \alpha(1-\alpha)^2, \cdots$。显然式(8.17)成立。

$$\sum_{j=0}^{+\infty} \alpha (1-\alpha)^j = \frac{\alpha}{1-(1-\alpha)} = 1 \tag{8.17}$$

由于加权系数符合指数规律,又具有平滑数据的功能,故称为指数平滑。以这种平滑值进行预测,就是一次指数平滑,预测模型如式(8.18)。

$$\hat{y}_{t+1} = S_t^{(1)} = \alpha y_t + (1-\alpha) \hat{y}_t \tag{8.18}$$

指数平滑预测是以时刻$t$为起点,综合历史序列的信息对未来进行预测。选择合适的加权系数$\alpha$是提高预测精度的关键。$\alpha$的取值范围一般为$0.1 \sim 0.3$。$\alpha$愈大,加权系数序列衰减速度愈快。$\alpha$控制着参加预测的历史数据的个数,$\alpha$愈大意味着采用的数据愈少。因此,若序列比较平稳,预测偏差由随机因素造成,$\alpha$应取较小值,

以减少修正幅度,使预测模型能包含更多历史数据的信息。若时间序列变动迅速,$\alpha$应取较大值,以提高预测模型灵敏度,迅速跟上数据的变化。

当时间序列的数据较多,比如在 20 个以上时,初始值对以后的预测值影响很少。但是当时间序列较短时,初始值 $S_t^{(1)}$ 对预测值影响较大,一般以最初几期实际值的平均值作为初始值。指数也可理解为观测值权重根据数据"老"的程度,随着 $\alpha$ 幂的增大而逐渐减小,按指数速度递减。由于系数为几何级数,因此,一次指数平滑也称为"几何平滑"。就像是拥有无限记忆(平滑窗口足够大)且权值呈指数级递减的移动平均法。

### 8.3.2 二次指数平滑

与趋势(二次)移动平均类似,可通过式(8.19)所示的二次指数平滑,并利用滞后偏差的规律考虑不平稳时间序列中的直线趋势。

$$\begin{cases} S_t^{(1)} = \alpha y_t + (1-\alpha) S_{t-1}^{(1)}, \\ S_t^{(2)} = \alpha S_t^{(1)} + (1-\alpha) S_{t-1}^{(2)} \end{cases} \tag{8.19}$$

其中,$S_t^{(1)}$ 为一次指数的平滑值;$S_t^{(2)}$ 为二次指数的平滑值。当时间序列 $\{y_t\}$ 从某时期开始具有直线趋势时,类似趋势移动平均,可用直线趋势模型进行预测,如式(8.20)。

$$\hat{y}_{t+T} = a_t + b_t T, \quad T = 1, 2, \cdots \tag{8.20}$$

其中,

$$\begin{cases} a_t = 2S_t^{(1)} - S_t^{(2)}, \\ b_t = \dfrac{\alpha}{(1-\alpha)}(S_t^{(1)} - S_t^{(2)}) \end{cases} \tag{8.21}$$

### 8.3.3 三次指数平滑

当时间序列的长期趋势变动表现为二次曲线趋势时,则需要用三次指数平滑。三次指数平滑是在二次指数平滑的基础上,再进行一次平滑,其计算公式如式(8.22)。

$$\begin{cases} S_t^{(1)} = \alpha y_t + (1-\alpha) S_{t-1}^{(1)}, \\ S_t^{(2)} = \alpha S_t^{(1)} + (1-\alpha) S_{t-1}^{(2)}, \\ S_t^{(3)} = \alpha S_t^{(2)} + (1-\alpha) S_{t-1}^{(3)} \end{cases} \tag{8.22}$$

其中,$S_t^{(3)}$ 为三次指数平滑值。三次指数平滑的预测模型如式(8.23)。

$$\hat{y}_{t+T} = a_t + b_t T + c_t T^2, \quad T = 1, 2, \cdots \tag{8.23}$$

平滑系数按式(8.24)计算。

$$\begin{cases} a_t = 3S_t^{(1)} - 3S_t^{(2)} + S_t^{(3)}, \\ b_t = \dfrac{\alpha}{2(1-\alpha)^2}[(6-5\alpha)S_t^{(1)} - 2(5-4\alpha)S_t^{(2)} + (4-3\alpha)S_t^{(3)}], \\ c_t = \dfrac{\alpha}{2(1-\alpha)^2}[S_t^{(1)} - 2S_t^{(2)} + S_t^{(3)}] \end{cases} \quad (8.24)$$

## 8.4 时间序列解析模型

针对单个变量的时间序列解析模型预测方法主要包括：自回归(Auto-Regressive,简称 AR)模型、移动平均(Moving Average,简称 MA)模型、自回归移动平均(Auto-Regressive Moving Average,简称 ARMA)模型与差分自回归移动平均(Auto-Regressive Integrated Moving Average,简称 ARIMA)模型。其中,AR、MA、ARMA 用于分析平稳时间序列,ARIMA 通过差分可分析非平稳时间序列。

### 8.4.1 自回归模型

1927 年,统计学家 Udny Yule 提出自回归模型来考虑过去的状态对未来的影响。比如过去几年的经济状况较好,那么很大可能未来的经济状况也较好。$p$ 阶自回归模型 AR($p$)的定义如式(8.25),即变量观测值为之前 $p$ 个观测值的线性组合加误差项。

$$Y_t = c + \sum_{i=1}^{p} \varphi_i Y_{t-i} + \varepsilon_t \quad (8.25)$$

其中,$c$ 为常数项;$\varphi_i$ 为自回归系数;$\varepsilon_t$ 是随机误差项,是均值为 0、标准差为 $\sigma$ 的白噪声序列。预测步骤为:对序列进行白噪声检验,若为白噪声,序列无可提取规律。否则,进行平稳性检验,非平稳序列需要进行平稳化处理。根据信息准则函数法确定滞后量 $p$,即最小化信息量准则(AIC)与贝叶斯信息准则(BIC),样本容量大时选择 BIC,否则选择 AIC。确定滞后量 $p$ 后,进行模型拟合,再检验其有效性,即残差序列应为白噪声序列。

### 8.4.2 移动平均模型

1931 年,数学家 Walker 建立了 MA 模型,来考虑过去的波动对未来的影响。比如过去发生了经济上的负面波动,未来的经济状况也会受到这个负面波动的影响。他根据残差创建了一个模型,并预测模型的预期误差,再从模型中减去预期误差,能够有效地消除数据的随机波动。$q$ 阶移动平均模型 MA($q$) 的表达如式(8.26),注意式中残差和前方可用+号。

$$Y_t = \mu + \varepsilon_t + \sum_{i=1}^{q} \theta_i \varepsilon_{t-i} \tag{8.26}$$

其中,$\mu$ 为常数项,$\theta_i$ 为移动平均系数。

### 8.4.3 自回归移动平均模型

1970 年,Box 与 Jenkins 结合 AR 模型与 MA 模型提出 ARMA($p,q$) 模型,如式(8.27)。

$$Y_t = c + \sum_{i=1}^{p} \varphi_i Y_{t-i} + \varepsilon_t + \sum_{i=1}^{q} \theta_i \varepsilon_{t-i} \tag{8.27}$$

对于给定的时间序列,预测步骤是先建立 AR 模型,再对呈现白噪声特性的残差序列建立 MA 模型。ARMA($p,q$) 模型是一种比 AR($p$) 和 MA($q$) 更具普遍性的模型。而 AR($p$) 和 MA($q$) 模型可分别理解为 ARMA 模型的两个特例:ARMA($p$,0) 和 ARMA(0,$q$)。大部分时间序列都可以使用 ARMA($p,q$) 来模拟,而且实践经验表明,$p$ 和 $q$ 的取值一般不超过 2。

ARMA($p,q$) 模型要求时间序列满足平稳性(Stationarity)和可逆性(Invertibility),主要包括:序列均值不随时间变化、序列方差不随时间变化、序列本身相关的模式不改变等。一个实际的时间序列是否满足这些条件难以在数学上验证,但可以近似地从时间序列的自相关函数和偏相关函数图来识别。自相关函数为观测值和前面的观测值的相关系数;偏自相关函数为在给定中间观测值的条件下,观测值和前面某间隔的观测值的相关系数。

图 8.2(a) 为自相关函数(Auto Correlation Function,简称 ACF),图 8.2(b) 为偏自相关函数(Partial Auto Correlation Function,简称 PACF)。ACF 表示当前值 $Y_t$ 与过去值 $Y_{t-1}, Y_{t-2}, \cdots, Y_{t-i}$ 之间的相关性。PACF 表示当前值 $Y_t$ 与过去值 $Y_{t-i}$ 之间剔除出了前几个值 $Y_{t-1}, Y_{t-2}, \cdots, Y_{t-i+1}$ 影响的相关性。ACF 条形图呈衰减的正弦型的波动,称为拖尾。PACF 条形图在 1 阶($p=1$)之后就很小了,而且没有规律,这种图形称为在 $p=1$ 后截尾。这说明该数据满足 AR(1) 模型。截尾是指时间序列的自相关函数 ACF 或偏自相关函数 PACF 在某阶后均为 0 的性质;拖尾是 ACF 或 PACF 并不在某阶后均为 0,而呈正弦或指数衰减的性质。根据表 8.1 的规则,如果 ACF 图在第 $q$ 个条后截尾,而 PACF 图为拖尾,则数据满足 MA($q$) 模型;如果两个图都拖尾,则可能满足 ARMA($p,q$) 模型。

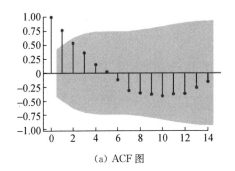
(a) ACF 图

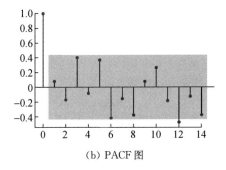
(b) PACF 图

图 8.2　自相关函数和偏自相关函数图

表 8.1　用 ACF 和 PACF 图的拖尾与截尾判断 ARMA 模型

| 模型 | AR($p$) | MA($q$) | ARMA($p,q$) |
| --- | --- | --- | --- |
| ACF 图 | 拖尾 | 第 $q$ 个条后截尾 | 前 $q$ 个条没有规律,其后拖尾 |
| PACF 图 | 第 $p$ 个条后截尾 | 拖尾 | 前 $p$ 个条没有规律,其后拖尾 |

当 ACF 和 PACF 图中至少有一个不是以指数形式或正弦形式衰减时,该序列不是平稳序列,必须进行差分变换得到一个可以估计参数的满足 ARMA 模型的序列。对不平稳时间序列直接应用平稳时序的建模方法,将会出现"伪回归"现象,得到的变量间相关关系实际并不存在。如果一个时间序列的 ACF 和 PACF 图没有任何模式,而且数值很小,那么该序列可能就是一些互相独立的无关的随机变量。一个拟合很好的时间序列模型的残差就应该有这样的 ACF 和 PACF 图,并且残差对拟合值的散点图不存在规律性。

### 8.4.4　差分自回归移动平均模型

AR、MA、ARMA 模型均应用于平稳时间序列,对于不平稳时间序列,可以通过 $d$ 阶差分处理消除不平稳性,建立 ARMA 模型,再转变该模型为 ARIMA($p,d,q$) 模型。预测步骤为:对序列进行平稳性检验,非平稳序列需要进行差分处理,在确定模型阶数 $p$、$q$ 后,进行模型拟合,并检验其有效性,即残差序列为白噪声序列。ARIMA 模型比 ARMA 模型具有更广泛的应用范围,大多数时序都可以采用 ARIMA 模型建立良好的时间序列模型。当 $d=0$ 时,ARIMA 模型即为 ARMA 模型。

差分可以是每一个观测值减去其前面的一个观测值,即 $Y_t - Y_{t-1}$。如果时间序列有一个斜率不变的直线趋势,经过差分,该趋势会被消除变成平稳时间序列。差分也可以是每一个观测值减去其前面任意间隔的一个观测值,比如存在周期为 $s$ 的季节成分,那么相隔$s$的差分$Y_t-Y_{t-s}$就可以把这种以$s$为周期的季节成分消除。复杂情况可能要进行多次差分,即$d>1$,才能够使得变换后的时间序列平稳。常用的差分次数与方法包括:

(1) 一次差分后时间序列数值大体相同,长期趋势为直线;

(2) 二次差分后时间序列数值大体相同,长期趋势为二次曲线;

(3) 对数的一次差分后时间序列数值大体相同,长期趋势为指数曲线。

已知季节的周期$s$时,模型多了4个参数,ARIMA($p,d,q$)记为 ARIMA($p,d,q$)($P,D,Q$)$^s$,也被称为复合季节模型。这里增加的参数除了周期$s$已知之外,还有描述季节本身的 ARIMA($p,d,q$)的模型识别问题。需要先将季节变动分解出来,再分别分析移除季节变动后的时间序列和季节变动本身。小写的"$p,d,q$"描述的是移除季节变动成分后的时间序列,大写的"$P,D,Q$"描述的是季节变动成分,两个部分是相乘的关系。

## 8.5 多元时间序列模型

上述时间序列模型均针对单个观测对象,当观测对象为多个时,就形成了向量化多元时间序列;考虑多种外界因素影响,就形成包含外生变量的时间序列。

### 8.5.1 向量多元时间序列模型

Christopher Sims 在1980年首先提出了向量自回归(Vector Auto-Regressive,简称 VAR)模型,该模型能够估计内生变量之间的动态关系和相互影响。内生变量就是参与模型并由模型体系内决定的变量。将时间序列解析模型中的标量替换为向量,可获得多种多元时间序列模型,包括向量移动平均(Vector Moving Average,简称 VMA)模型、向量自回归移动平均(Vector Auto-Regressive Moving Average,简称 VARMA)模型等。VARMA($p,q$)模型方程如式(8.28)。

$$\boldsymbol{Y}_t = \boldsymbol{c} + \sum_{i=1}^{p} \boldsymbol{\varphi}_i \boldsymbol{Y}_{t-i} + \sum_{i=1}^{q} \boldsymbol{\theta}_i \boldsymbol{\varepsilon}_{t-i} \tag{8.28}$$

VARMA 模型同样要求时间序列满足平稳条件。单位根检验是判断时间序列平稳性的常用方法,即计算这个时序的自回归函数特征方程,如果该方程的所有解都位于单位圆内,则该序列平稳。单位根检验的方法包括迪基-富勒检验法(DF检验法)、增广迪基-富勒检验法(ADF检验法)、菲利普斯-佩龙检验法(PP检验法)。DF检验要求历史数据残差项具有零均值且相互独立的常量方差的特征,ADF检验在DF检验的基础上要求残差不具有异方差。PP检验法适用于残差具有异方差的情况。目前,ADF检验应用最广,当 $t$ 检验的值大于 ADF 检验值时,序列不平稳,否则平稳。

另外,还需进行协整检验来验证多元向量之间是否存在长期关系。当多个非平稳时间序列进行组合时,特殊组合下可以出现平稳性,但是当且仅当这些非平稳时间序列具有协整性时,这个多元时间序列模型才是可用的。协整检验的方法包括 Engle-Granger 检验和 Johansen 检验。Engle-Granger 检验以最小二乘法为基础,验证两个变量之间的协整关系,Johansen 检验通过极大似然法检验多元变量之间的协整关系。

为分析不同变量对整体预测的影响,可采用脉冲响应和方差分解方法。脉冲响应反映一个变量的变化对整体预测结果的冲击。方差分解则显示所有变量变化对其中一个变量的影响程度,反映这个变量与其他变量之间的联系紧密程度。

### 8.5.2　外生变量时间序列模型

向量多元时间序列模型仅能考虑同为内生变量之间的关系,无法分析外生变量,即模型外的影响因素。1976 年,Cox 与 Jenkins 提出了带有外生变量的差分自回归移动平均(Auto-Regressive Integrated Moving Average with Exogenous Inputs,简称 ARIMAX)模型。预测的变量为单元,但可考虑其他外生变量的影响。例如,ARIMAX 模型可以把天然气消耗速率作为外生变量,来研究二氧化碳浓度变化的时间序列。同样,还可将外生变量引入向量多元时间序列,例如带有外生变量向量自回归移动平均(Vector Auto-Regressive Moving Average with Exogenous Inputs,简称 VARMAX)模型等。平稳序列 ARIMAX 模型如式(8.29)～式(8.30)所示,建模过程与 ARIMA 模型类似,但是需要进行协整检验证明序列的可靠性。

$$Y_t = \mu + \sum_{i=1}^{k} \frac{\Theta_i(\boldsymbol{B})}{\Phi_i(\boldsymbol{B})} \boldsymbol{B}^{l_i} Y_{it} + \varepsilon_t \tag{8.29}$$

$$\varepsilon_t = \frac{\Theta_\varepsilon(\boldsymbol{B})}{\Phi_\varepsilon(\boldsymbol{B})} a_t \tag{8.30}$$

其中,$Y_t$ 为输出序列;$Y_{it}$ 为输入序列;$l_i$ 为 $Y_{it}$ 的延迟阶数;$\boldsymbol{B}$ 为外生变量向量;$\Theta_i(\boldsymbol{B})$ 为 $Y_{it}$ 的移动平均系数;$\Phi_i(\boldsymbol{B})$ 为 $Y_{it}$ 的自回归系数;$\varepsilon_t$ 为回归残差序列;$\Theta_\varepsilon(\boldsymbol{B})$ 为残差序列移动平均系数;$\Phi_\varepsilon(\boldsymbol{B})$ 为残差序列自回归系数;$a_t$ 为白噪声序列。

## 8.6　例　平整度时间序列解析模型

时间序列在道路工程常被用于根据路面历史性能数据预测路面性能。此外,由于路面性能数据随路段长度方向空间分布的连续性,时间序列还可被用于计算路面性能指标。

本例采用时间序列方法来进行路面性能的预测。选取如表8.2所示的LTPP数据库中某路段历年平整度及冰冻指数数据,采用 ARIMA、VAR 和 ARIMAX 三种方法建立时间序列解析模型。

表8.2 某路段历年平整度及冰冻指数数据

| 检测年份 | 平整度 $IRI/(\mathrm{m} \cdot \mathrm{km}^{-1})$ | 冰冻指数 $Freeze/℃$-days |
| --- | --- | --- |
| 1998 | 0.869 6 | 49 |
| 1999 | 0.869 6 | 68 |
| 2000 | 0.900 2 | 51 |
| 2001 | 0.907 8 | 64 |
| 2002 | 0.915 6 | 60 |
| 2003 | 0.943 2 | 56 |
| 2004 | 0.952 3 | 53.5 |
| 2005 | 0.961 4 | 51 |

## 8.6.1 ARIMA 模型

由于平整度($IRI$)具有逐年上升的长期趋势,故需要进行差分处理。通过图8.3的自相关与偏自相关函数图进行平稳性检验,发现1阶差分下的平整度平稳。因此,对平整度构造 ARIMA 模型,在1阶差分后,2阶自回归和1阶移动平均模型的拟合效果最好,构造 ARIMA(2,1,1) 模型为:

$$\Delta IRI(t) = -1.157\,8\Delta IRI(t-1) - 0.936\,5\Delta IRI(t-2) - \varepsilon(t-1) + 0.014\,6 \tag{8.31}$$

其中,$\Delta IRI(t)$ 为 $t$ 年份的国际平整度指标1阶差分值;$\varepsilon(t)$ 为 $t$ 年份的残差值。图8.4为基于该模型的3年预测值。

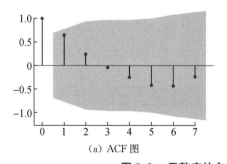
(a) ACF 图

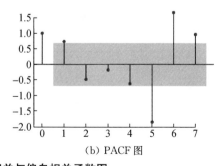
(b) PACF 图

图8.3 平整度的自相关与偏自相关函数图

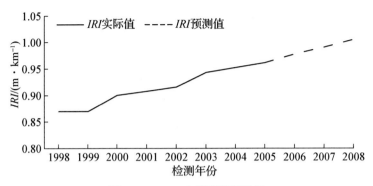

图 8.4 ARIMA 模型预测结果

## 8.6.2 VAR 模型

选取与上一节相同数据。通过图 8.5 的自相关与偏自相关函数图进行平稳性检验,发现 1 阶差分下的平整度和冰冻指数平稳。经检验表明彼此具有协整关系。对 1 阶差分下的平整度和冰冻指数 $Freeze$ 构造 VAR 模型,VAR(1) 的表达式为:

$$\Delta IRI(t) = -0.509\,2\Delta IRI(t-1) + 0.000\,3\Delta Freeze(t-1) + 0.021\,5 \tag{8.32}$$

其中,$\Delta Freeze(t)$ 表示 $t$ 年的冰冻指数一阶差分值。

图 8.6 为基于该模型的 3 年预测值。

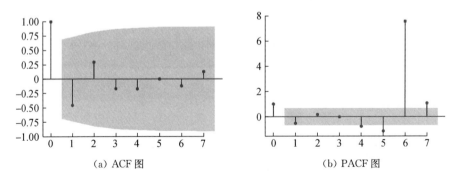

图 8.5 平整度的自相关与偏自相关函数图

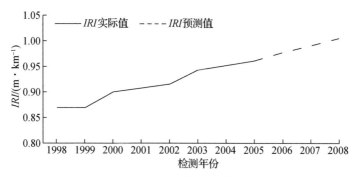

图 8.6　VAR 模型预测结果

### 8.6.3　ARIMAX 模型

选取相同数据,将冰冻指数作为外生变量。通过平稳性检验和协整检验,发现 1 阶差分下的平整度和冰冻指数平稳,对 1 阶差分下的平整度和冰冻指数构造 ARIMA(1,1,0) 模型为:

$$\Delta IRI(t) = 0.506\Delta IRI(t-1) - 0.003\Delta Freeze + 0.506 \quad (8.33)$$

图 8.7 为基于该模型的 3 年预测值。

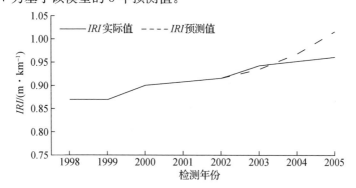

图 8.7　ARIMAX 模型预测结果

# 思考题

1. 简述时间序列模型的特点与组成。
2. 简述移动平均和指数平滑时间序列模型的特点。
3. 简述 AR、MA、ARMA、ARIMA 模型各自的特点。
4. 简述 VAR、ARIMAX 多因素时间序列模型的构成。
5. 简述不同时间序列模型在道路工程领域有哪些应用场景。

# 9 随机过程

随机过程(Stochastic Process)是与时间参数有关的一族随机变量的全体。通过多次观察随机现象,就可以研究随机对象随时间推移的过程。随机过程是在一个时间轴上不断地进行随机试验的结果。随机过程在物理、生物、管理学等领域有着广泛的应用。在基础设施工程中,随机过程中的状态转移矩阵、马尔科夫链及有序概率模型已被用于研究路段或桥梁群组的性能随时间变化情况。本章介绍随机过程的基本概念、马尔科夫链及其平稳性、有序概率模型的概念,以及马尔科夫链在路面衰变模型中的应用。

## 9.1 随机过程定义

随机过程由一系列时间点 $t$ 对应的随机变量 $X(t)$ 组成。$X(t)$ 为 $t$ 时刻的随机变量或状态。这一系列的 $t$ 对应的一族(无限多个)随机变量称为随机过程,记为 $\{X(t), t \in T\}$。随机过程包括离散时间随机过程与连续时间随机过程。一维随机过程在 $t$ 时刻的分布函数如式(9.1),即 $t$ 时刻的随机变量 $X(t)$ 的值小于 $x$ 的概率。对所有 $t \in T$,$X(t)$ 所有可能取值为状态空间 $I$。

$$F_X(x,t) = P\{X(t) \leqslant x\}, \quad x \in I \tag{9.1}$$

如图 9.1 和式(9.2)~式(9.4)所示,随机变量的均值、方差、二阶原点矩分别为每个时间点的分布的均值、方差、二阶原点矩的时间序列组合。

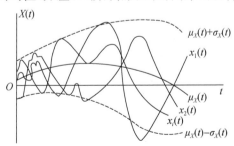

图 9.1 随机过程定义

$$\mu_X(t) = E[X(t)] \tag{9.2}$$

$$\sigma_X^2(t) = D_X(t) = E\{[X(t)-\mu_X(t)]^2\} \tag{9.3}$$

$$\psi_X^2(t) = E[X^2(t)] \tag{9.4}$$

## 9.2 马尔科夫过程与马尔可夫链

对于随机过程$\{X(t), t \in T\}$，状态空间为$I$。若对任意的$1 < 2 < \cdots < t < t+1$，任意的$x_1, x_2, \cdots, x_n, x_{n+1} \in I$，随机变量$X(t+1)$在已知变量$X(1) = x_1, \cdots$，$X(t) = x_t$之下的条件分布函数只与$X(t) = x_t$有关，而与$X(1) = x_1, \cdots, X(t-1) = x_{t-1}$无关，即条件分布函数满足式(9.5)，则称该随机过程为马尔科夫过程(Markov Process)，上述特性称为无记忆性(Memoryless)或无后效性。

$$P\{X(t+1) \leqslant x_{t+1} \mid X(t) = x_t, X(t-1) = x_{t-1}, \cdots, X(1) = x_1\}$$
$$= P\{X(t+1) \leqslant x_{t+1} \mid X(t) = x_t\} \tag{9.5}$$

马尔科夫链(Markov Chain)是一类状态离散的马尔科夫过程，由于状态离散，未来状态可以用等于来表示，即$P\{X(t+1) = x_{t+1} \mid X(t) = x_t\}$，同时可用初等概率中的条件概率和乘法公式以及全概率公式等对过程的统计特性进行描述。

记马尔科夫链为$\{X_t = X(t), t \in T\}$，状态空间为$I = \{a_1, a_2, \cdots\}, a_i \in \mathbf{R}$，状态空间总数为$k$。马尔科夫性用条件概率可以表示为：对任意正整数$m, n$和$0 \leqslant t_1 < t_2 < \cdots \leqslant t_r < m$，有

$$P\{X_{m+n} = a_j \mid X_{t_1} = a_{i_1}, X_{t_2} = a_{i_2}, \cdots, X_{t_r} = a_{i_r}, X_m = a_i\}$$
$$= P\{X_{m+n} = a_j \mid X_m = a_i\} = p_{ij}(m, m+n) \tag{9.6}$$

式(9.6)右侧为条件概率$p_{ij}(m, m+n)$，表示马尔科夫链在时刻$m$处于状态$a_i$条件下，在时刻$m+n$转移到状态$a_j$的转移概率。所有状态下的转移概率组成该马尔科夫链的转移概率矩阵，如式(9.7)。

$$\mathbf{P}(m, m+n) = \begin{bmatrix} p_{11}(m,m+n) & p_{12}(m,m+n) & \cdots & p_{1j}(m,m+n) \\ p_{21}(m,m+n) & p_{22}(m,m+n) & \cdots & p_{2j}(m,m+n) \\ \vdots & \vdots & \ddots & \vdots \\ p_{i1}(m,m+n) & p_{i2}(m,m+n) & \cdots & p_{ij}(m,m+n) \end{bmatrix} \tag{9.7}$$

其中，转移概率矩阵第一行元素表示在$m$时刻状态为$a_1$的条件下，$m+n$时刻时状态分别取$a_1, a_2, \cdots, a_j$的概率。第二行元素表示在当前状态为$a_2$的条件下，未来状态分别取$a_1, a_2, \cdots, a_j$的概率。由于马尔科夫链在时刻$m$从任何一个状态$a_i$出发，到另一时刻$m+n$，必然转移到$a_1, a_2, \cdots, a_j$诸状态中的某一个，所以转移概率

矩阵中每一行元素之和为 1，即 $\sum_{j=1}^{+\infty} p_{ij}(m, m+n) = 1, i = 1, 2, \cdots$。

## 9.3 齐次马尔科夫链

当马尔科夫链的转移概率 $p_{ij}(m, m+n)$ 只与 $i, j$ 以及时间间隔 $n$ 有关时，称该转移概率具有平稳性（Stationary），并且称该马尔科夫链为齐次的或时齐的（Time-Homogeneous）。此时，齐次马尔科夫链的转移概率可记为 $p_{ij}(n)$，称为马尔科夫链的 $n$ 步转移概率。其 $n$ 步转移概率矩阵为

$$\boldsymbol{P}(n) = \begin{bmatrix} p_{11}(n) & p_{12}(n) & \cdots & p_{1j}(n) \\ p_{21}(n) & p_{22}(n) & \cdots & p_{2j}(n) \\ \vdots & \vdots & \ddots & \vdots \\ p_{i1}(n) & p_{i2}(n) & \cdots & p_{ij}(n) \end{bmatrix} \tag{9.8}$$

当 $n=1$ 时，一步转移概率为 $p_{ij}(1) = P\{X_{m+1} = a_j \mid X_m = a_i\}$，一步转移概率矩阵为 $\boldsymbol{P}(1)$。齐次马尔科夫链某一时刻状态转移的概率只依赖于其前一个状态。

## 9.4 平稳分布

对于齐次马尔科夫链，只要知道变量的当前状态及转移矩阵，就可以对未来的状态进行预测。马尔科夫链的一个经典案例是收入变化问题：社会学家把收入阶层分为 3 类：下层，中层，上层，分别用 1、2、3 表示。如果决定一个人的收入阶层最重要因素是其父母的收入阶层。从父代到子代，收入阶层转移概率矩阵如式(9.9)与图 9.2 所示。

$$\boldsymbol{P} = \begin{bmatrix} p_{11} & p_{12} & p_{13} \\ p_{21} & p_{22} & p_{23} \\ p_{31} & p_{32} & p_{33} \end{bmatrix} = \begin{bmatrix} 0.65 & 0.28 & 0.07 \\ 0.15 & 0.67 & 0.18 \\ 0.12 & 0.36 & 0.52 \end{bmatrix} \tag{9.9}$$

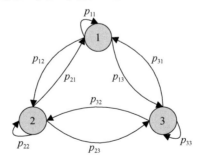

图 9.2　马尔科夫链转移概率

这是一个具有离散状态{1,2,3}的齐次马尔科夫链，$p_{11}$表示在某时刻处于状态1的条件下，下一个时刻继续处于状态1的概率；$p_{12}$表示在某时刻处于状态1的条件下，下一个时刻转移到状态2的概率；$p_{13}$表示在某时刻处于状态1的条件下，下一个时刻转移到状态3的概率，其他以此类推。式(9.9)转移概率矩阵中的每一个元素的值都应该位于[0,1]区间，并且从某一状态转移到所有状态的转移概率之和应等于1，如对于状态1应满足$p_{11}+p_{12}+p_{13}=1$。本转移概率矩阵第一行表示，一个人的收入属于下层，他的孩子的收入属于下层的概率为0.65，属于中层的概率为0.28，属于上层的概率为0.07。对于第$n$代人的收入阶层$\pi_n$分布按式(9.10)计算。

$$\pi_n = \pi_{n-1} P = \pi_0 P^n \tag{9.10}$$

假设收入阶层的初始分布为$\pi_0=[0.21,0.68,0.11]$，则前10代人的阶层分布如表9.1。可见一维向量$\pi_0$在经过转移矩阵$P$足够多次自乘后，状态趋于稳定。可以证明该状态与初始状态$\pi_0$无关。

表9.1　基于齐次马尔科夫链的收入等级变化

| 第$n$代人 | 上 | 中 | 下 |
|---|---|---|---|
| 0 | 0.210 | 0.680 | 0.110 |
| 1 | 0.252 | 0.554 | 0.194 |
| 2 | 0.270 | 0.512 | 0.218 |
| 3 | 0.278 | 0.497 | 0.225 |
| 4 | 0.282 | 0.490 | 0.226 |
| 5 | 0.285 | 0.489 | 0.225 |
| 6 | 0.286 | 0.489 | 0.225 |
| 7 | 0.286 | 0.489 | 0.225 |
| 8 | 0.289 | 0.488 | 0.225 |
| 9 | 0.286 | 0.489 | 0.225 |
| 10 | 0.286 | 0.489 | 0.225 |
| ... | ... | ... | ... |

马尔科夫链平稳分布的定义是：设齐次马尔科夫链的状态空间为$I$，若对于所有状态$a_i, a_j \in I$，转移概率矩阵$P_{ij}$存在与$i$无关的极限$\lim\limits_{n \to \infty} P_{ij}(n) = \mathbf{1}\pi_j$，则称$\pi_j =$

$(\pi_1, \pi_2, \cdots, \pi_k, \cdots)$ 为该马尔科夫链的极限分布,或平稳分布。该极限可写为式 (9.11),其中 $\sum_{j=1}^{+\infty} \pi_j = 1$,$\mathbf{1}$ 是元素都为 1 的单位列向量。

$$\lim_{n \to \infty} \mathbf{P}_{ij} = \lim_{n \to \infty} \mathbf{P}_{ij}^n = \mathbf{1}\pi_j = \begin{bmatrix} \pi_1 & \pi_2 & \cdots & \pi_k & \cdots \\ \pi_1 & \pi_2 & \cdots & \pi_k & \cdots \\ \vdots & \vdots & & \vdots & \\ \pi_1 & \pi_2 & \cdots & \pi_k & \cdots \\ \vdots & \vdots & & \vdots & \end{bmatrix} \tag{9.11}$$

对于有限齐次马尔科夫链,设其状态空间为 $I = \{a_1, a_2, \cdots, a_N\}$,$\mathbf{P}$ 为其一步转移概率矩阵,如果存在正整数 $m$,对任意 $a_i, a_j \in I$,有 $p_{ij}(m) > 0$,$i, j = 1, 2, \cdots, N$,则称该马尔科夫链有平稳分布,且其极限分布 $\boldsymbol{\pi} = (\pi_1, \pi_2, \cdots, \pi_N)$ 是方程组 (9.12) 的唯一解。式 (9.12) 的第一个方程也可写成矩阵形式 $\boldsymbol{\pi} = \boldsymbol{\pi} P$,或式 (9.13)。

$$\begin{cases} \pi_j = \sum_{i=1}^{N} \pi_i p_{ij}, & i, j = 1, 2, \cdots, N, \\ \sum_{j=1}^{N} \pi_j = 1, \\ \pi_j > 0 \end{cases} \tag{9.12}$$

$$(\pi_1, \pi_2, \cdots, \pi_N) = (\pi_1, \pi_2, \cdots, \pi_N) \begin{bmatrix} p_{11} & p_{12} & \cdots & p_{1N} \\ p_{21} & p_{22} & \cdots & p_{2N} \\ \vdots & \vdots & \ddots & \vdots \\ p_{N1} & p_{N2} & \cdots & p_{NN} \end{bmatrix} \tag{9.13}$$

马尔科夫链的这种能够达到平稳分布状态的性质称为遍历性(Ergodic)。将遍历性应用于工程中可以表示为:一个系统经过相当长时间后会达到平衡状态,系统处于各个状态的概率分布既不依赖于初始状态,也不再随时间推移而改变。将遍历性应用到抽样中即为:若抽样样本组成的马尔科夫链具有遍历性,当抽样次数足够大时,不论初始样本从哪里开始,最终的样本都将趋于真实分布 $\boldsymbol{\pi}$。

马尔科夫链的性质表明:若一个马尔科夫链是不可约的(Irreducible)、非周期的(Aperiodic),那么该马尔科夫链是遍历的。其中,马尔科夫链的不可约性是指马尔科夫链中的任意两个状态都互通。马尔科夫链的周期性是指存在至少一个状态经过一个固定的时间段后连续返回。因此,要构造一个遍历的马尔科夫链即为构造一个不可约的、非周期的马尔科夫链。

## 9.5 转移概率矩阵求解

马尔科夫链中最重要的内容是转移概率矩阵。对于齐次马尔科夫链,若一步转移概率矩阵为 $\boldsymbol{P}$,经过 $t$ 步之后,转移概率矩阵为 $\boldsymbol{P}^t$。路面衰变过程与初始状态有关,并且衰变速率随时间变化,其衰变过程并不是齐次马尔科夫过程。同时,路面衰变过程受交通量、环境等因素的影响,因此可采用有序概率模型定量化影响因素对于衰变过程的影响,建立路面衰变过程的转移概率矩阵。首先,路面在衰变过程中的状态只会变差或者停留在原来状态。因此,对有 $j$ 个状态的路面,其衰变过程的转移概率矩阵可用式(9.14)表示。

$$\boldsymbol{P}=\begin{bmatrix} p_{jj} & p_{j(j-1)} & \cdots & p_{j2} & p_{j1} \\ 0 & p_{(j-1)(j-1)} & \cdots & p_{(j-1)2} & p_{(j-1)1} \\ \vdots & \vdots & \ddots & \vdots & \vdots \\ 0 & 0 & \cdots & p_{22} & p_{21} \\ 0 & 0 & \cdots & 0 & p_{11} \end{bmatrix} \quad (9.14)$$

从式(9.14)可以看出,转移概率矩阵是一个上三角矩阵。该转移概率矩阵的各元素应该满足下列四个条件:

(1) 转移概率矩阵各元素的值位于 $[0,1]$ 区间,即 $0 \leqslant p_{ab} \leqslant 1$,其中 $a,b=1,2,\cdots,j$。

(2) 若预测期内不采取养护措施,路面不会向更好的状态转移,即当 $a<b$ 时,$p_{ab}=0$。

(3) 处于某一状态的路面向其他状态转移的概率之和为 1,即 $\sum_{b=1}^{j} p_{ab}=1$。

(4) 在不采取养护措施时,路面达到最差的状态后,不会向其他状态转移,即 $p_{11}=1$。

对于有 $j$ 个状态的路面来说,需计算 $j-1$ 个有序概率模型才能确定转移概率矩阵中的所有元素。为了能够采用有序概率模型估计转移概率,从而利用马尔科夫链预测路面衰变模型,对于路面性能数据的样本有以下两个方面的要求:

(1) 研究区段在其样本数据对应的时间内没有采取养护措施;

(2) 对于同一个研究区段来说,其样本数据对应的时间应连续。

样本满足以上要求之后,可以知道每一个数据对应的初始状态(即该数据的前一个时刻的状态)。对于有 $j$ 个状态的样本来说,根据初始状态的不同,可以将样本分为 $j$ 组,分别建立这 $j$ 组的有序概率模型。由于 $p_{11}=1$,只需估计 $j-1$ 个有序概率模型的参数。

对于路段 $i$，当路面在 $t-1$ 时刻的初始状态 $y_i=j$ 时，各转移概率可通过式(9.15)计算。其中，$u_{j(j-1)}$ 是初始状态 $y_i=j$ 的有序概率模型的第 $j-1$ 个切割点；$\boldsymbol{\beta}_j$ 是初始状态 $y_i=j$ 的有序概率模型的解释变量的待估参数。式中，$\varphi(\ )$ 是标准正态分布概率密度函数。

$$p_{jj}=p(y_i=j,t\mid y_i=j,t-1)=1-p_{j(j-1)}-\cdots-p_{j2}-p_{j1}$$
$$p_{j(j-1)}=p(y_i=j-1,t\mid y_i=j,t-1)=\varphi(u_{j(j-1)}-\boldsymbol{\beta}_j^{\mathrm{T}}\boldsymbol{X}_i)-\varphi(u_{j(j-2)}-\boldsymbol{\beta}_j^{\mathrm{T}}\boldsymbol{X}_i)$$
$$\vdots$$
$$p_{j2}=p(y_i=2,t\mid y_i=j,t-1)=\varphi(u_{j2}-\boldsymbol{\beta}_j^{\mathrm{T}}\boldsymbol{X}_i)-\varphi(u_{j1}-\boldsymbol{\beta}_j^{\mathrm{T}}\boldsymbol{X}_i)$$
$$p_{j1}=p(y_i=1,t\mid y_i=j,t-1)=\varphi(u_{j1}-\boldsymbol{\beta}_j^{\mathrm{T}}\boldsymbol{X}_i) \tag{9.15}$$

当路面在 $t-1$ 时刻的初始状态 $y_i=j-1$ 时，各转移概率可通过式(9.16)计算。其中，$u_{(j-1)(j-2)}$ 是初始状态 $y_i=j-1$ 的有序概率模型的第 $j-2$ 个切割点；$\boldsymbol{\beta}_{j-1}$ 是初始状态 $y_i=j-1$ 的有序概率模型的解释变量的待估参数。

$$p_{(j-1)(j-1)}=p(y_i=j-1,t\mid y_i=j-1,t-1)$$
$$=1-p_{(j-1)(j-2)}-\cdots-p_{(j-1)2}-p_{(j-1)1}$$
$$p_{(j-1)(j-2)}=p(y_i=j-2,t\mid y_i=j-1,t-1)$$
$$=\varphi(u_{(j-1)(j-2)}-\boldsymbol{\beta}_{j-1}^{\mathrm{T}}\boldsymbol{X}_i)-\varphi(u_{(j-1)(j-3)}-\boldsymbol{\beta}_{j-1}^{\mathrm{T}}\boldsymbol{X}_i)$$
$$\vdots$$
$$p_{(j-1)2}=p(y_i=2,t\mid y_i=j-1,t-1)$$
$$=\varphi(u_{(j-1)2}-\boldsymbol{\beta}_{j-1}^{\mathrm{T}}\boldsymbol{X}_i)-\varphi(u_{(j-1)1}-\boldsymbol{\beta}_{j-1}^{\mathrm{T}}\boldsymbol{X}_i)$$
$$p_{(j-1)1}=p(y_i=1,t\mid y_i=j-1,t-1)$$
$$=\varphi(u_{(j-1)1}-\boldsymbol{\beta}_{j-1}^{\mathrm{T}}\boldsymbol{X}_i) \tag{9.16}$$

当路面在 $t-1$ 时刻的初始状态 $y_i$ 处于其他状态时，可以通过类似的方法进行计算。特别地，当路面在 $t-1$ 时刻的初始状态 $y_i=1$ 时，其转移概率 $p_{11}=1$。

基于式(9.15)或式(9.16)计算得到转移概率，并代入式(9.14)可得转移概率矩阵。由于转移概率矩阵的解释变量之一是路面服役时间，因此是随时间变化的。计算得到各个时刻的转移概率矩阵，就可以利用马尔科夫链计算在时刻 $T$ 路面处于各个状态的概率。假设已知 0 时刻路段 $i$ 处于各状态的概率为 $\boldsymbol{S}_i^0=(s_{ij}^0,s_{i(j-1)}^0,\cdots,s_{i2}^0,s_{i1}^0)$，那么在 $T$ 时刻路段 $i$ 处于各状态的概率 $\boldsymbol{S}_i^T$ 可通过式(9.17)计算。

$$\boldsymbol{S}_i^T=(s_{ij}^T\quad s_{i(j-1)}^T\quad\cdots\quad s_{i2}^T\quad s_{i1}^T)$$
$$=(s_{ij}^0\quad s_{i(j-1)}^0\quad\cdots\quad s_{i2}^0\quad s_{i1}^0)\times$$

$$\prod_{t=1}^{T}\begin{pmatrix} p_{jj}^t & p_{j(j-1)}^t & \cdots & p_{j2}^t & p_{j1}^t \\ 0 & p_{(j-1)(j-1)}^t & \cdots & p_{(j-1)2}^t & p_{(j-1)1}^t \\ \vdots & \vdots & \ddots & \vdots & \vdots \\ 0 & 0 & \cdots & p_{22}^t & p_{21}^t \\ 0 & 0 & \cdots & 0 & p_{11}^t \end{pmatrix} \qquad (9.17)$$

## 9.6 例9.1 路面状态齐次马尔科夫链预测

由于交通、环境等因素对基础设施损坏的影响非常复杂,连续因变量性能预测模型一般相关性都不高,故只能采用逻辑回归、生存分析等间接预测某个状态的方法,才能达到较好的拟合度。实际上,在进行基础设施养护时,并不一定需要有连续状态的预测,每年一次甚至每两年一次离散状态的预测足以满足养护决策需要。因此,将马尔科夫链用于预测基础设施离散状态已有很多的研究。

本例假设路面性能变化规律满足齐次马尔科夫链假设,进行路面性能的预测。根据 PSI 值,可将路面性能分为优、较优、良、中、差 5 个状态,构造路网由 5 个状态组成的状态空间 $S=(1,2,3,4,5)$。假设 $t$ 年评定的 5 312 个路段中,处于不同状态的路段数量分别为 3 038、1 534、342、225、173。若以 $t$ 年为初始年,则路网 PSI 初始状态为

$$\pi_0 = (0.572, 0.289, 0.064, 0.042, 0.033) \qquad (9.18)$$

$t$ 年到 $t+1$ 年处于不同状态的路段数量变化如表 9.2,例如第二行为 $t$ 年状态为 2 的路段数量,$t+1$ 年时分别处于各状态的数量。由于该表格同时考虑了路面性能的降低与养护效果,因此大部分路段状态在降低,部分路段的性能得到提升,例如原先状态为 2 的路段有可能提升至状态 1。因此,则可计算路面状态转移概率矩阵为式(9.19)。

表9.2 $t$ 年至 $t+1$ 年不同状态的路段数量变化

| $t$ 年 | $t+1$ 年 | | | | | 总和 |
|---|---|---|---|---|---|---|
| | 1 | 2 | 3 | 4 | 5 | |
| 1 | 1 770 | 1 032 | 164 | 37 | 35 | 3 038 |
| 2 | 172 | 873 | 406 | 50 | 33 | 1 534 |
| 3 | 42 | 79 | 144 | 42 | 35 | 342 |
| 4 | 48 | 31 | 40 | 75 | 31 | 225 |
| 5 | 33 | 29 | 29 | 29 | 53 | 173 |

$$P = \begin{pmatrix} 1770/3038 & 1032/3038 & 164/3038 & 37/3038 & 35/3038 \\ 172/1534 & 873/1534 & 406/1534 & 50/1534 & 33/1534 \\ 42/342 & 79/342 & 144/342 & 42/342 & 35/342 \\ 48/225 & 31/225 & 40/225 & 75/225 & 31/225 \\ 33/173 & 29/173 & 29/173 & 29/173 & 53/173 \end{pmatrix}$$

$$= \begin{pmatrix} 0.583 & 0.340 & 0.054 & 0.012 & 0.012 \\ 0.112 & 0.569 & 0.265 & 0.033 & 0.022 \\ 0.123 & 0.231 & 0.421 & 0.123 & 0.102 \\ 0.213 & 0.138 & 0.178 & 0.333 & 0.138 \\ 0.191 & 0.168 & 0.168 & 0.168 & 0.306 \end{pmatrix} \tag{9.19}$$

对于齐次马尔科夫链，转移矩阵不变，那么根据转移矩阵与初始状态，就可以预测 $n$ 年时的状态为 $\pi_n = \pi_0 P^n$。图9.3为路网状态变化，可见在第6年时，各等级状态的比例，趋于稳定。即当损坏与维修速率不变时，路网最终会达到一个稳定的性能分布状态。要提高路网性能，必须提高维修速率，使其高于路网衰变的速率。当然，实际工程中转移矩阵会随着路段结构、材料、交通量、环境等因素的不同发生变化，因此转移矩阵往往并不固定。

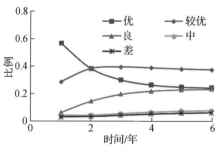

图9.3 基于马尔科夫链的道路状态分布变化

## 9.7 例9.2 基于动态马尔科夫链的路面性能转移概率

### 9.7.1 背景

实际工程中，由于受到影响因素的作用，路面性能变化马尔科夫链模型的转移矩阵并非齐次。根据LTPP数据库中路面损坏过程,将路面性能分为4个状态,计算得到如式(9.20)的转移矩阵。该矩阵假设处于状态4的路面在下一时刻只可能停留在状态4或者向状态3退化,而不会向状态2或者1退化;处于状态3的路面在下一时刻只可能停留在状态3或者向状态2退化;处于状态2的路面在下一时刻只可能停留在状态2或者向状态1退化。该转移矩阵为材料、路面结构承载力、交通量、环境等变量的函数。

$$\boldsymbol{P} = \begin{pmatrix} 1-p_{43} & p_{43} & 0 & 0 \\ 0 & 1-p_{32} & p_{32} & 0 \\ 0 & 0 & 1-p_{21} & p_{21} \\ 0 & 0 & 0 & 1 \end{pmatrix} \quad (9.20)$$

$$p_{43} = \Phi \begin{Bmatrix} -0.350 - \text{Match}(Mixture) \begin{cases} 0, Mixture=0 \\ -0.281, Mxiture=1 \end{cases} - 0.022 Othick \\ -0.024 Mdepth - 0.397 \times 10^{-2} Precipitation + 0.650 \times 10^{-2} Freeze \\ -0.052 SN + 0.170 \times 10^{-2} kESAL + 0.090 Age \end{Bmatrix} \quad (9.21)$$

$$p_{32} = \Phi \begin{Bmatrix} -1.241 - \text{Match}(Mixture) \begin{cases} 0, Mixture=0 \\ -0.185, Mxiture=1 \end{cases} - 0.034 Othick \\ -0.024 Mdepth - 1.624 \times 10^{-4} Precipitation - 0.048 SN \\ +3.770 \times 10^{-5} kESAL + 0.034 Age \end{Bmatrix} \quad (9.22)$$

$$p_{21} = \Phi \begin{bmatrix} -1.500 - 0.087 Othick - 0.141 Mdepth \\ -2.366 \times 10^{-4} Precipitation + 0.033 Age \end{bmatrix} \quad (9.23)$$

$$p_{44} = 1 - p_{43} \quad (9.24)$$

$$p_{33} = 1 - p_{32} \quad (9.25)$$

$$p_{22} = 1 - p_{21} \quad (9.26)$$

### 9.7.2 分析结果

选取两个路段,参数如表9.3,可以发现:路段1的有利影响因素的值,包括变量 $Othick$、$Mdepth$、$Precipitation$ 和 $SN$,大于路面2相应变量的值;路段1的不利影响因素 $Freeze$ 的值小于路段2的值;由于变量 $kESAL$ 的系数很小(分别是 $-0.170 \times 10^{-2}$、$-3.770 \times 10^{-5}$ 和0),因此 $kESAL$ 的差异导致的影响很小。

表9.3 路段参数列表

| 变量 | 描述 | 路段1 | 路段2 |
|---|---|---|---|
| $Mixture$ | 1代表使用30%再生料,0代表无 | 0 | 0 |
| $Othick$ | 罩面厚度/cm | 5.08 | 3.048 |
| $Mdepth$ | 铣刨深度/cm | 5.08 | 0 |
| $Precipitation$ | 年平均降雨量/cm | 2 542.2 | 698.3 |
| $Freeze$ | 年冰冻指数/℃-days | 96.6 | 240 |
| $SN$ | 结构系数 | 5.1 | 3.5 |
| $kESAL$ | 年等效标准轴载次数/$10^3$ | 133 | 76 |

将上述两个路段的变量值代入转移概率矩阵计算的公式中,分别得到转移概率随时间的变化区段如图9.4所示。图中预测年限为15年。从图9.4可以看出,随着时间的增长,路面停留在原有状态的概率(包括$p_{44}$、$p_{33}$和$p_{22}$)逐渐减小;并且概率减小的程度排序为:$p_{44} > p_{33} > p_{22}$,这说明路面的初始状态越好,随着时间的增长,继续停留在该状态的概率越小。随着时间的增长,路面向更差的状态转移的概率(包括$p_{43}$、$p_{32}$和$p_{21}$)逐渐增加,并且概加增长的幅度排序为:$p_{43} > p_{32} > p_{21}$,这说明路面的初始状态越好,随着时间的增长,向更差的状态转移的概率越大。

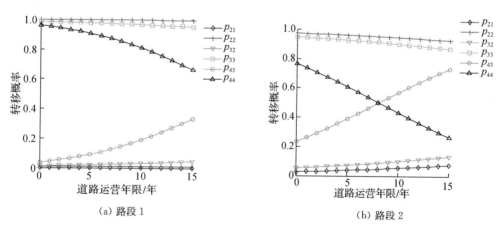

图9.4 路面转移概率随时间变化曲线

假定这两个路面在第0年的初始状态$y = 4$,即$P\{y = 4\} = 1$。将图9.4得到的转移概率矩阵代入式(9.17)中,可以得到路面处于各个状态的概率随时间的变化曲线图,如图9.5所示。对于路段1来说,随着时间的增长,路面处于状态4的概率减小；路面处于状态3、状态2和状态1的概率逐渐增加。对于路面2来说，随着时间的增长，路面处于状态4的概率逐渐减小；路面处于状态3的概率先增加，达到峰值后逐渐减小；路面处于状态2的概率逐渐增加，在第15年左右达到峰值；路面处于状态1的概率逐渐增加。对比路面1和路面2，可以发现路面1的衰变速率小于路面2，这是它们不同影响因素的值导致的。另外，总结路面1和路面2的共同点，可以总结出：随着时间的增长，任何路面处于最好的状态4的概率减小；处于最差的状态1概率上升；而处于中间状态（包括状态3和状态2）的概率可能在设计年限内一直增加，也可能先增加达到峰值后逐渐减小，这取决于影响因素对于衰变速率的影响大小。

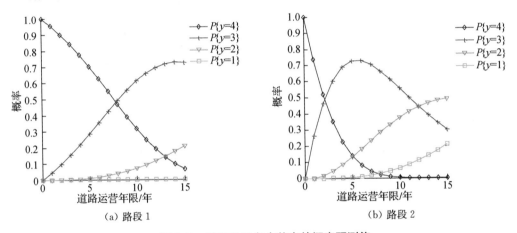

(a) 路段1　　　　　　　　　　　　(b) 路段2

图9.5　路面处于各个状态的概率预测值

## 思考题

1. 结合方程，简述马尔科夫过程的定义。
2. 简述齐次马尔科夫链的特点。
3. 简述齐次马尔科夫链的平稳性。
4. 如何使用马尔科夫链进行路面性能预测？
5. 简述马尔科夫过程在道路工程中还有哪些应用场景。

# 10 决策树

决策树采用树状结构,它的每一个叶节点对应着一个分类,非叶节点对应着在某个属性上的划分,根据样本在该属性上的不同取值将其划分成若干个子集。构造决策树的核心问题是每一步如何选择适当的属性对样本做拆分。决策树具有强大的分类、预测、规则提取等功能,具有鲁棒性好,对数据容忍度高等特点,是数据挖掘、机器学习中最常用的一类算法。决策树模型在银行信用评估、经济状况评估、信号识别、医学检验中已经有了广泛的应用。在交通工程领域,决策树已被用于分析事故影响因素等。道路工程领域,近年来有研究将决策树用于分析道路养护概率、影响道路性能的关键因素的挖掘分析,在基于图像处理的路面病害识别中也有较为广泛的应用。本章介绍几种经典的决策树算法,以及决策树与有放回抽样结合的随机森林算法。

## 10.1 决策树结构

分类(Classification)是确定对象属于哪个类。分类是机器学习和数据挖掘技术中最庞大的一类算法家族。逻辑回归后面将要学习的神经网络、支持向量机、聚类分析、判别分析均属于分类问题。决策树是解决分类问题的一种树形结构。20世纪80年代初,J. Ross Quinlan 提出了 ID3(Iterative Dichotomiser 3)决策树,随后又提出了 C4.5 决策树。1984 年,几位统计学家提出了分类回归树(Classification and Regression Tree,简称 CART)。决策树是一种采用自顶向下的递归方式,在内部节点进行属性值的比较,并根据不同的属性值从该节点向下分支,从而不断得到叶节点的分类方法。节点类型分为内部节点和叶节点,内部节点代表一个属性,叶节点代表一个分类。

图 10.1 是一个简单的决策树,椭圆框代表内部节点,长方形框代表叶节点。对于一个未知类别的输入对象,决策树自上而下地测试该对象在每个内部节点的

特征取值，从而将其分配到相应的子节点或叶节点，确定其类别。如图10.2所示，进行决策树分析，容易发生训练数据的过拟合(Overfitting)，即在训练集上表现得很好，但在测试集上表现一般。过拟合说明模型对未知样本的预测表现一般，泛化(Generalization)能力较差，即学到了很多"仅在训练集上成立的规律"，换一个数据集当前规律就不适用了。这时需要简化模型，或剪掉决策树的某些枝，提高模型的普适性。

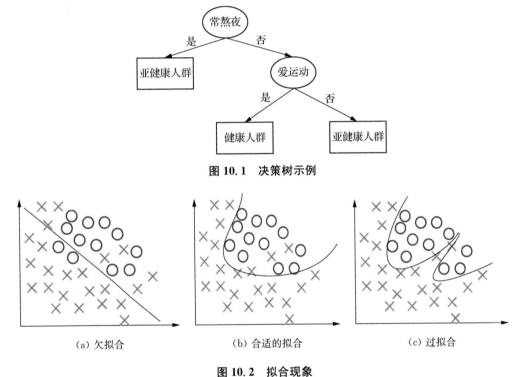

图10.1 决策树示例

图10.2 拟合现象

决策树常采用一种局部最优策略的 Hunt 算法来构建。Hunt 算法是将训练数据集相继划分成较纯的子集，以递归方式建立决策树。设$D_t$是与节点$t$相关联的训练数据集，而$y = \{y_1, y_2, \cdots, y_c\}$是类标号，Hunt算法的递归定义如下：

(1) 如果$D_t$中所有数据都属于同一个类，则$t$是叶节点，用$y_t$标记。

(2) 如果$D_t$中包含属于多个类的数据，则选择一个属性测试条件，将数据划分成较小的子集。对于测试条件的每个输出，创建一个子节点，并根据测试结果将$D_t$中的数据分布到子节点中。然后，对于每个子节点，递归地调用该算法。

如何选取属性测试条件是决策树 Hunt 算法的关键。一般是选取使每一分类中不纯度(Impurity)较小的属性测试条件。于是问题便转换为如何评估节点的不纯度。ID3、C4.5 和 CART 分别选用信息增益、信息增益比、基尼指数等来评价节点的不纯度。

## 10.2 ID3 决策树

ID3 决策树根据信息增益确定生成每个子节点的属性或变量,只适用于离散变量。熵是信息的期望,表示信息的不确定性。条件熵表示在一个条件下,信息的不确定性。信息增益 = 熵 − 条件熵,表示在一个条件下,信息不确定性减少的程度。ID3 决策树中测试属性有多少不同取值就将样本集划分为多少子样本集,同时决策树上相应于该样本集的节点长出新的子节点。

### 10.2.1 熵与条件熵

在信息论中,熵(Entropy)用于度量随机变量的不确定性。熵值越大,不确定性也就越大。设 $X$ 是一个取有限个值的离散型随机变量,其概率分布如式(10.1)。

$$P\{X = x_i\} = p_i, \quad i = 1, 2, \cdots, n \tag{10.1}$$

$X$ 的信息定义为

$$l_i = -\log_2 p_i \tag{10.2}$$

$X$ 的熵定义为

$$H(X) = -\sum_{i=1}^{n} p_i \log_2 p_i \tag{10.3}$$

其中,若 $p_i = 0$,定义 $0\log_2 0 = 0$。熵只依赖于 $X$ 的分布,与 $X$ 的取值无关,所以也可以将 $X$ 的熵记作 $H(p)$。

两个离散型随机变量 $X, Y$ 的联合概率分布如式(10.4)。

$$P\{X = x_i, Y = y_i\} = p_{ij}, \quad i = 1, 2, \cdots, n; j = 1, 2, \cdots, k \tag{10.4}$$

在随机变量 $X$ 给定的条件下随机变量 $Y$ 的条件熵(Conditional Entropy),即不确定性,定义为在 $X$ 给定的条件下 $Y$ 的条件概率分布的熵对 $X$ 的数学期望,如式(10.5)。

$$H(Y \mid X) = \sum_{i=1}^{n} p_i H(Y \mid X = x_i) \tag{10.5}$$

### 10.2.2 ID3 决策树算法

在 ID3 决策树中,数据集 $D$ 按照属性 $C$ 有 $m$ 个分类,$C = \{C_1, C_2, \cdots, C_m\}$。$C_i$ 在所有样本中出现的频率为 $p_i, i = 1, 2, \cdots, m$。数据集 $D$ 包含的信息熵如式(10.6)。

熵越小说明父节点处的样本对目标属性 $C$ 的分布越纯,熵越大说明样本对目标属性 $C$ 的分布越混乱。

$$H(D) = H(p_1, p_2, \cdots, p_m) = -\sum_{i=1}^{m} p_i \log_2 p_i \qquad (10.6)$$

假定属性 $A$ 有 $k$ 个不同的取值,将 $D$ 划分为 $k$ 个样本子集 $\{D_1, D_2, \cdots, D_k\}$,按属性 $A$ 划分 $D$ 后的样本子集的熵如式(10.7)。其中,$|D_i|$ 为第 $i$ 个样本子集 $D_i$ 中的样本数,$|D|$ 为样本集 $D$ 中的样本数。

$$H(D \mid A) = \sum_{i=1}^{k} p_i H(D_i) = \sum_{i=1}^{k} \frac{|D_i|}{|D|} H(D_i) \qquad (10.7)$$

信息增益(Information Gain)是划分前样本数据集的不纯度(熵)和划分后样本数据集的不纯度(熵)的差值。如式(10.8),用属性 $A$ 来划分样本集 $D$ 的信息增益 $IG(D, A)$ 为样本集 $D$ 的熵减去按属性 $A$ 来划分 $D$ 后的样本子集的熵。信息增益越大,说明使用属性 $A$ 划分后的样本子集越纯,越有利于分类。

$$IG(D, A) = H(D) - H(D \mid A) \qquad (10.8)$$

数据集的熵表征其类别的不纯度或不确定度,而数据集关于某个特征的条件熵则表征给定某个特征后,其类别的不确定程度。数据集的熵与其关于某个特征的条件熵之差表征这个特征的确定使数据集不确定性减少的程度,即信息增益。因此,某个特征的信息增益可以反映这个特征对数据集的分类能力,信息增益越大,证明该特征能更好地对数据集进行分类。ID3 决策树选择最大化信息增益的划分方法,其流程是:自根节点开始,选择信息增益最大的属性 $D_i$ 作为根节点对应的属性,并依据 $D_i$ 的可能取值将训练数据分配到不同的子节点;再对子节点进行同样的操作,若子节点的所有样本属于同一类别或该子节点处所有属性的信息增益均小于给定阈值或无可供选择的特征,那么这个子节点是一个叶节点,将叶节点的样本数量最多的类别作为叶节点的类别。

## 10.3　C4.5 决策树

使用信息增益的一个缺点是信息增益的大小是相对于训练数据集而言的。训练数据集的经验熵比较大时,信息增益会偏大,反之信息增益会偏小。这时可使用信息增益比(Information Gain Ratio)进行修正,如式(10.9)和式(10.10)所示。其中,$II$ 为内在信息(Intrinsic Information,简称 II),表示信息分支所需要的信息量。C4.5 决策树就是 ID3 决策树的改进,通过信息增益比来进行特征选择。C4.5 决策树对缺失值的相容性较好,能够分析连续变量。

$$Gain\ Ratio_{\text{split}} = \frac{IG}{II} \tag{10.9}$$

$$II = -\sum_{i=1}^{n} \frac{|D_i|}{|D|} \log_2\left(\frac{|D_i|}{|D|}\right) \tag{10.10}$$

## 10.4 CART 决策树

CART 决策树的特点是每个节点均生成两个分叉,能够处理离散型和连续型变量。CART 决策树算法的原则是选择使不纯度下降最快的属性。对于离散型变量,CART 采用基尼指数(Gini Index),二分指数(Twoing Index),或者有序(Ordered)二分指数来描述不纯度;对于连续型变量采用最小二乘偏差(Least-Squared Deviation,简称 LSD)或离差平方和来描述不纯度。对离散型变量,计算每种属性组合下生成子节点的不纯度,将使不纯度减小程度最大的属性组合作为最佳划分点。对连续型变量,计算每个数据值作为临界点产生的子节点的不纯度统计量,将使不纯度减小程度最大的临界值作为最佳划分点。决策树停止生长的原则包括:节点达到完全纯性;树的深度达到用户指定的深度;节点中样本的个数少于用户指定的个数;不纯度指标下降的最大幅度小于用户指定的幅度等。

基尼系数源自 1943 年美国经济学家 Albert Otto Hirschman 提出的判断收入分配公平程度的指标,是全部居民收入中不平均分配的那部分收入的比例。基尼系数在 0 和 1 之间,0 表示所有人收入分配绝对平均,1 表示所有收入被一个人全部占有,基尼系数越小收入分配越平均。决策树中,分布为(0,1)的节点具有零不纯性,分布(0.5,0.5)表示高度不纯性。对于离散型属性变量,若某样本数据分为 $K$ 类,数据属于第 $k$ 类的概率为 $p_k$,则样本数据的基尼指数定义如式(10.11)。

$$\text{Gini}(p) = \sum_{k=1}^{K} p_k(1-p_k) = 1 - \sum_{k=1}^{K} p_k^2 \tag{10.11}$$

样本集合 $D$ 的基尼指数如式(10.12),其中,$|D|$ 表示样本总量,$|D_k|$ 表示第 $k$ 个分类的样本量。基尼指数 $\text{Gini}(D)$ 表征数据集 $D$ 的不纯度。

$$\text{Gini}(D) = 1 - \sum_{k=1}^{K} \left(\frac{|D_k|}{|D|}\right)^2 \tag{10.12}$$

如果样本集 $D$ 根据属性 $A_m$ 的取值可以分为两类 $D_1$ 和 $D_2$,那么在属性 $A_m$ 的条件下 $D$ 的基尼指数如式(10.13)。其中 $|D_1|$ 和 $|D_2|$ 分别表示第一和第二类的各自样本量。

$$\text{Gini}(D, A_m) = \frac{|D_1|}{|D|}\text{Gini}(D_1) + \frac{|D_2|}{|D|}\text{Gini}(D_2) \qquad (10.13)$$

在属性 $A_m$ 的条件下 $D$ 的基尼指数 $\text{Gini}(D, A_m)$ 则表征在属性 $A_m$ 确定的条件下 $D$ 的不纯度。基尼指数越小表明纯度越高，分类效果越好。CART 决策树采用父节点与两个子节点基尼指数差值 $\text{Gini}(D) - \text{Gini}(D, A_m)$ 进行节点分类，选取最大差值的属性作为分类属性。基尼指数之差衡量了属性 $A_m$ 对数据集 $D$ 分类的能力，和 ID3 决策树的信息增益、C4.5 决策树的信息增益比类似。

对于连续型变量，可通过数据集内离差平方和 $SS(D)$ 来评价不纯度，如式 (10.14)。

$$SS(D) = \sum_{i=1}^{n}(y_{i(D)} - \bar{y}_{i(D)})^2 \qquad (10.14)$$

其中，$y_{i(D)}$ 为数据集 $D$ 的变量值；$\bar{y}_{i(D)}$ 为数据集 $D$ 的变量均值。分类效果由不纯度或者节点内离差平方和 $SS(D)$ 的降低来描述，如式(10.15)。其中，$SS(D_1)$ 和 $SS(D_2)$ 为两个数据集内离差平方和，所有可能数据之中，将使 $\varphi(D)$ 最大化的分组作为最优分组。

$$\varphi(D) = SS(D) - \frac{|D_1|}{|D|}SS(D_1) - \frac{|D_2|}{|D|}SS(D_2) \qquad (10.15)$$

## 10.5 随机森林

随机森林(Random Forest)源于贝尔试验室 1995 年提出的随机决策森林(Random Decision Forest)。随机森林就是从原始数据集中进行"随机"有放回抽样(Bootstraping)构造子数据集，对每个子数据集建立决策树，同时这些决策树的待选特征也是随机的，综合多个决策树组成的"森林"分类回归结果，确定最终分类回归结果。

随机森林属于集成学习(Ensemble Learning)，通过构建并结合多个机器学习来完成学习任务。随机森林的基本单元是决策树，每棵决策树有一个分类结果，随机森林将投票次数最多的类别指定为最终的输出，这是集成学习中一种最简单的 Bagging 思想。随机森林中，袋外数据(Out of Bag)是生成子数据集时，未被选中的数据。随机森林的一个简单例子是，到某地游玩时想要知道此地排名前三的景点，问一个人可以得到一个第一到第三名的结果，如果问 100 个人，得到的这个第一到第三名的结果更加准确、稳定。随机森林的步骤为：

（1）从原始数据集中进行 $n$ 次随机有放回抽样取出 $m$ 个样本，生成 $n$ 个子训练集。

(2) 对 $n$ 个子训练集,分别训练生成 $n$ 个决策树模型。

(3) 将 $n$ 个决策树组成随机森林,根据多棵树分类器投票决定最终分类结果,或根据多棵树预测值的均值决定最终预测结果。

随机森林的优点包括:

(1) 比单个决策树准确性高,这也是集成算法相对于单个算法的优势。

(2) 引入样本随机和特征随机两个随机性,不易出现过拟合,对离群值抗噪能力高。

(3) 可以处理非线性数据,本身属于非线性分类(拟合)模型。

(4) 能够处理高维度数据。

(5) 由于每棵树独立生成,容易做成并行化方法,训练速度快。

除了随机森林外,还有一种梯度提升决策树(Gradient Boosting Decision Tree,简称 GBDT),也是一种基于回归树的学习,是以 Boost 为框架的加法模型的集成学习决策树。梯度提升(GB)算法的主要思想是,每次建模都是在之前模型损失函数的梯度下降方向。损失函数可以简单理解为预测值与真值的差,损失函数越小,模型性能越好。即第一个决策树以观测值为因变量,第二个决策树以第一个决策树预测值与观测值的差为因变量,以此类推。因此,梯度提升决策树又叫多重累加回归树(Multiple Additive Regression Tree,简称 MART),是一种迭代的决策树算法,由多棵决策树组成,但是将所有树的结论累加起来做最终答案,而不是像随机森林将所有树的均值做最终答案。梯度提升决策树和支持向量机一起被认为是泛化能力较强的算法。

## 10.6 例 路面修补耐久性 CART 分析

### 10.6.1 背景与数据

为了分析各种因素对路面性能的影响,传统的方法分析、回归分析、计数数据模型、生存分析模型等均对因变量的分布等提出各种假设,将自变量与因变量之间的关系往往默认为是线性关系或需要不同的连接方程。实际的路面相关数据一方面变量很多,包括设计、施工、材料、交通、环境等多个方面,另一方面数据分布、影响规律未必满足传统模型的各种假设。而决策树是一种鲁棒性好,对数据容忍度高等的算法,能够分析多种因素的影响,并进行预测。近年来,决策树算法还被用于根据图像识别路面病害,也取得了较高的精度。

本例采用每个节点只产生两个分叉的分类回归树 CART 算法，分析不同路面坑槽的修补方法的耐久性。将第 14 个月时坑槽修补是否仍有效的分析结果作为因变量，修补材料、坑槽尺寸、交通量、车速等作为自变量。自变量统计描述如表 10.1 所示。

表 10.1 自变量统计描述

| 自变量 | 描述 | 最大值 | 最小值 | 平均值 | 标准差 |
| --- | --- | --- | --- | --- | --- |
| $Length$ | 坑槽长度 /m | 14.9 | 0.1 | 1.9 | 2.8 |
| $Width$ | 坑槽宽度 /m | 1.5 | 0.1 | 0.4 | 0.3 |
| $Depth$ | 坑槽深度 /cm | 8.9 | 1.9 | 4.8 | 1.7 |
| $Speed$ | 车速 /(km/h) | 112.7 | 56.3 | 87.9 | 22.0 |
| $AADT$ | 年平均日交通量 $/10^3$ | 54.21 | 0.23 | 27.16 | 15.14 |
| $Material$ | 修补材料类型 | A、B、C、HMA | | | |

## 10.6.2 分析结果

图 10.3 为决策树分析结果，第一个分叉节点为 AADT，在 65 个样本中，15 个 AADT 少于 18 707 的样本倾向于仍在服役，50 个 AADT 高于 18 707 的坑槽修补倾

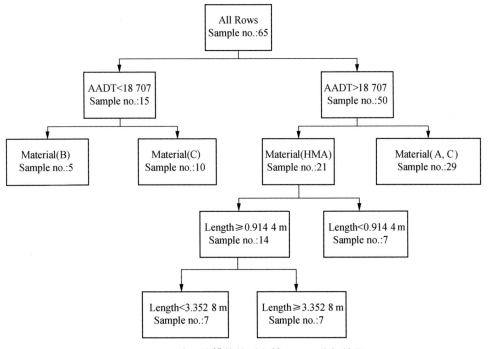

图 10.3 路面坑槽修补耐久性 CART 分析结果

向于已失效。对于 AADT 较小的 15 个样本中,子分叉节点为修补材料类型,其中采用 B 修补材料的 5 个样本倾向于仍在服役,采用 C 修补材料的 10 个样本倾向于已失效,说明此时 B 材料优于 C 材料。对于 50 个 AADT 较大的坑槽修补,子分叉点依次为材料类型和坑槽长度。其中,21 个采用 HMA 材料的样本优于 29 个采用 A 和 C 材料的样本。对于 21 个采用 HMA 材料的样本中,长度在 0.9~3.4 m 之间的坑槽修补材料效果较好,说明过短或过长的坑槽修补效果较差。尤其是较长的坑槽压实效果难以控制,容易失效。

## 思考题

1. 简述决策树算法的原理和优点。
2. 简述 ID3、C4.5 及 CART 决策树的特点。
3. 简述随机森林的特点与优点。
4. 简述梯度提升树的特点。
5. 简述决策树在道路工程领域还有哪些应用场景。

# 11 神经网络

人工神经网络(Artificial Neural Networks,简称ANN)是近年来人工智能领域发展的热点,并且随着计算机技术的进步,发展出很多类型。神经网络基于预先提供的"输入一输出"数据,通过调整内部大量节点间相互连接的关系,学习"输入一输出"数据间的规律,再根据这些规律,用新的输入数据来推算输出结果,这种学习分析的过程就被称为"训练"。人工神经网络不仅能够根据原材料性能及配比预测混合料性能,根据大量路面历史性能及交通量、环境等相关数据预测路面性能发展,而且近年来在基于图像处理的路面病害识别中更取得了大量成功的应用。本章介绍人工神经网络的发展历史,学习神经网络的最基本的原理与构成,以助于理解更为复杂的神经网络的算法与应用。

## 11.1 神经网络结构

人工神经网络是一种模仿大脑神经网络行为特征,以数学模型模拟神经元活动进行信息处理的算法数学模型。图 11.1 为神经网络的经典结构,从左至右为输入层、隐藏层和输出层,分别包含 3、4 和 2 个节点(Node),也称单元(Unit)。建立一个神经网络时,输入层与输出层的节点数一般固定,隐藏层则自由指定。神经网络结构图中的拓扑与箭头代表着预测时的数据流向,与训练时的数据流向存在区别。结构图里的圆圈代表"神经元",连接线代表"神经元"之间的连接。每个连接线对应一个不同的权重,权重值通过训练得到。

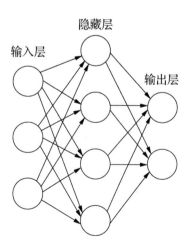

图 11.1 神经网络结构

## 11.2 单层神经网络

### 11.2.1 神经元模型

1943年,McCulloch 和 Pitts 参考生物神经元的结构提出了抽象的 MP 神经元模型。生物神经元的基本结构就是在刺激达到一定程度时,被激发做出一系列反应。一个神经元就是一个基本的信息处理单位。图11.2 给出了一个输入为 $X_1$,$X_2$,$X_3$,输出为 $Y$ 的 MP 神经元模型,表达式如式(11.1)。

$$Y = f(X_1W_1 + X_2W_2 + X_3W_3) \tag{11.1}$$

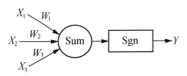

图 11.2 人工神经元及计算

其中,$W_1$、$W_2$、$W_3$ 为权值;函数 $f$ 是 Sgn 函数,即符号函数,也称为激活函数,当输入大于 0 时,输出 1,否则输出 0。根据生物神经元的原理,输入 $X_1$、$X_2$、$X_3$ 可以看作是一系列的刺激因素,$W_1$、$W_2$、$W_3$ 可以看作各个刺激因素所对应的权值。计算各个刺激因素的加权和,再通过函数 $f$,就可以得到总的刺激强度。图 11.2 中 MP 神经元模型的含义是:数据包含 4 组变量,其中三组 $X_1$、$X_2$、$X_3$ 已知,一组 $Y$ 未知,根据设定的这个关系的权值,就可以通过神经元模型预测新样本中未知的 $Y$。

### 11.2.2 单层神经网络

1957年,Rosenblatt 基于神经元模型提出了由两层神经元组成的单层神经网络,称为感知器(Perceptron)。感知器是首个可以学习的人工神经网络,包含输入层和输出层。如图 11.3 所示,输出层里的单元会对前面输入层的输入单元进行计算,因为只包含一个计算层,因此称为"单层神经网络"。其中,输出层里的"输出单元"对输入层的数据按式(11.1)进行计算。

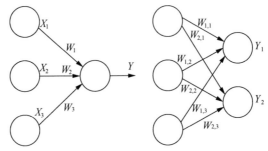

图 11.3 单层神经网络

当输出层为一个向量$(Y_1, Y_2)$时,输出的计算公式为式(11.2)。

$$Y_1 = f(X_1 W_{1,1} + X_2 W_{1,2} + X_3 W_{1,3})$$
$$Y_2 = f(X_1 W_{2,1} + X_2 W_{2,2} + X_3 W_{2,3})$$
(11.2)

其中,$W_{i,j}$ 代表后一层第 $i$ 个神经元与前一层第 $j$ 个神经元之间的权值。当用向量 $\boldsymbol{X}$ 表示输入变量列向量$(X_1, X_2, X_3)^{\mathrm{T}}$,向量 $\boldsymbol{Y}$ 表示输出变量列向量$(Y_1, Y_2)^{\mathrm{T}}$,矩阵 $\boldsymbol{W}$ 表示系数,可得神经网络从前一层计算后一层的矩阵运算如式(11.3)。需要注意的是,式(11.3) 中 $f(\ )$ 的输入输出均为向量,式(11.2) 中的 $f(\ )$ 输入输出均为标量,二者有所不同。

$$f(\boldsymbol{WX}) = \boldsymbol{Y} \tag{11.3}$$

## 11.3 两层神经网络

### 11.3.1 两层神经网络结构

20 世纪 80 年代以后,随着超大规模集成电路、计算机等的迅速发展,人工神经网络的发展进入兴盛期。经典的两层神经网络开始出现,两层神经网络比单层神经网络增加了中间层,而中间层和输出层都是计算层。用 $X_m^{(n)}$ 代表第 $n$ 层的第 $m$ 个神经元,$W_{i,j}^{(n)}$ 代表第 $n$ 层的第 $i$ 个神经元与前一层第 $j$ 个神经元之间的权值。如图11.4所示,中间层的两个神经元 $X_1^{(2)}$、$X_2^{(2)}$ 按式(11.4) 计算。

$$X_1^{(2)} = f(X_1^{(1)} W_{1,1}^{(1)} + X_2^{(1)} W_{1,2}^{(1)} + X_3^{(1)} W_{1,3}^{(1)})$$
$$X_2^{(2)} = f(X_1^{(1)} W_{2,1}^{(1)} + X_2^{(1)} W_{2,2}^{(1)} + X_3^{(1)} W_{2,3}^{(1)})$$
(11.4)

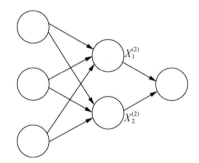

图 11.4 两层神经网络中间层计算

如图 11.5,最终输出 $Y$ 利用中间层的 $X_1^{(2)}, X_2^{(2)}$ 和第二个权值矩阵计算得到,如式(11.5)。

$$Y = f(X_1^{(2)} W_{1,1}^{(2)} + X_2^{(2)} W_{1,2}^{(2)}) \tag{11.5}$$

两层神经网络的计算写成向量形式如图 11.6 和式(11.6)～式(11.7) 所示。

$$f(\boldsymbol{W}^{(1)}\boldsymbol{X}^{(1)}) = \boldsymbol{X}^{(2)} \qquad (11.6)$$

$$f(\boldsymbol{W}^{(2)}\boldsymbol{X}^{(2)}) = \boldsymbol{Y} \qquad (11.7)$$

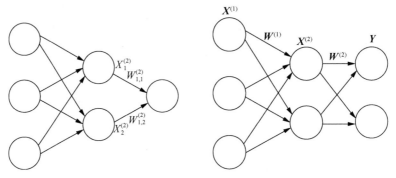

图 11.5　两层神经网络输出层计算　　图 11.6　两层神经网络向量形式

如图 11.7 所示，当考虑偏置单元(Bias Unit)，类似于线性回归中的截距时，神经网络矩阵运算如式(11.8)～式(11.9)，一般情况下神经网络图中不会明确画出偏置单元。

$$f(\boldsymbol{W}^{(1)}\boldsymbol{X}^{(1)} + \boldsymbol{B}^{(1)}) = \boldsymbol{X}^{(2)} \qquad (11.8)$$

$$f(\boldsymbol{W}^{(2)}\boldsymbol{X}^{(2)} + \boldsymbol{B}^{(2)}) = \boldsymbol{Y} \qquad (11.9)$$

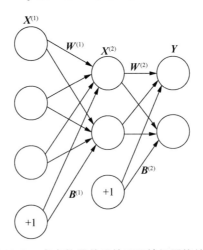

图 11.7　考虑偏置单元的两层神经网络结构

## 11.3.2　激活函数

在两层神经网络中，函数 $f$ 一般采用 Sigmoid 平滑函数，也称作激活函数

(Activation Function)。如式(11.10),Sigmoid 函数为实数域 $R$ 到[0,1]闭集的连续函数,代表了连续状态型神经元模型。由于函数本身及其导数都是连续的,故具有较好的数学计算优越性。

$$f(X) = \frac{1}{1+e^{-X}} \tag{11.10}$$

除了 Sigmoid 函数外,神经网络中每一层节点的输入都是上层输出的线性函数,输出都是输入的线性组合。引入非线性激活函数,就可以方便在神经网络中引入非线性因素,神经网络就可以拟合各种曲线了。图 11.8 给出了其他几种常用的激活函数。

(1) 值域函数(阶梯函数),如式(11.11)所示,当函数的自变量小于 0 时,函数的输出为 0;否则为 1。

$$f(X) = \begin{cases} 1, & X \geqslant 0, \\ 0, & X < 0 \end{cases} \tag{11.11}$$

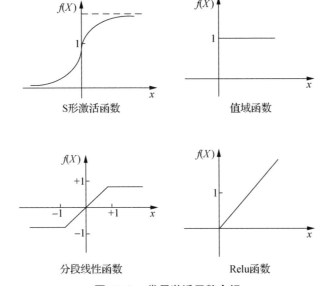

图 11.8 常用激活函数介绍

(2) 分段线性函数,如式(11.12)所示,在$(-1,1)$区域内放大系数一致,可看作非线性放大器的近似。

$$f(X) = \begin{cases} 1 & X \geqslant 1, \\ X & -1 < X < 1, \\ -1 & X \leqslant -1 \end{cases} \tag{11.12}$$

(3) Relu 函数,如式(11.13)所示,模拟生物神经元对激励的线性响应,以及当低于某个阈值后就不再响应。在训练多层神经网络时,更容易收敛,并且预测性能更好。

$$f(X) = \begin{cases} X, & X \geqslant 0, \\ 0, & X < 0 \end{cases} \tag{11.13}$$

### 11.3.3 神经网络训练

神经网络的学习也称为训练,是神经网络在外部环境刺激下调整神经网络参数的过程。一个神经网络的训练算法就是让权重的值调整到最佳,以使得整个网络的预测效果最好。可定义一个损失函数(Loss Function)。如式(11.14),$\hat{y}$ 为样本预测值,$y$ 为真实值。训练的过程就是寻找 $Loss$ 最小的参数值。

$$Loss = (\hat{y} - y)^2 \tag{11.14}$$

对于训练集中的样本 $[\bm{x}, \bm{y}] = [(x_0, x_1, \cdots, x_{n_0})^\mathrm{T}, (y_0, y_1, \cdots, y_{n_k})^\mathrm{T}]$,输入包含 $n_0$ 个值,目标值包含 $n_k$ 个值。训练过程是将样本一个接一个提交给神经网络。神经网络对样本输入 $\bm{x}$ 计算输出 $\hat{\bm{y}}$,再计算样本目标值与输出的平方和误差,如式(11.15)。

$$E = \frac{1}{n_k} \sum_{i=1}^{n_k} (\hat{y_i} - y_i)^2 \tag{11.15}$$

视输入 $\bm{x}$ 为固定值,把 $E$ 当作全体权值 $\bm{W}$ 的函数。求 $E$ 的梯度 $\nabla E$,然后用如式(11.16)所示的梯度下降法的更新式更新全体权值。其中 $\eta$ 是步长,$s$ 是迭代次数。梯度矩阵 $\nabla E$ 由 $E$ 对每一个权重 $W_{ji}^{(k)}$ 的偏导数 $\dfrac{\partial E}{\partial W_{ji}^{(k)}}$ 构成。式(11.17)是对每一个权重进行更新,与式(11.16)等价,

$$\bm{W}(s+1) = \bm{W}(s) - \eta \nabla E \tag{11.16}$$

$$W_{ji}^{(k)}(s+1) = W_{ji}^{(k)}(s) - \eta \frac{\partial E}{\partial W_{ji}^{(k)}} \tag{11.17}$$

对每一个提交给神经网络的样本用式(11.17)中的权值进行一次更新,直到所有样本的误差值都小于一个预设的阈值,此时训练完成。神经网络并没有将所有训练样本的误差的模平方的平均值(均方误差)作为 $E$,因此一个样本的误差的模平方也是该随机变量的无偏估计,只不过估计得比较粗糙。用一次一个样本的误差的模平方进行训练可节省计算量,且支持在线学习,即样本随来随训练。

由于神经网络结构复杂,参数较多,通过高等数学中的求导方法来估计参数的计算量很大。一般采用反向传播算法(Back Propagation,简称 BP),一种按误差逆传播算法训练的多层前馈网络。如图 11.9 所示,首先计算输出层的梯度,其次计算

第二个参数矩阵的梯度,再次计算中间层的梯度,然后计算第一个参数矩阵的梯度,最后计算输入层的梯度。BP 算法的特征就是利用输出的误差来估计输出层直接前导层的误差,再用这个误差估计更前一层的误差,如此一层一层地反向传播下去,形成将输出层误差沿着输入相反的方向逐步向输入层传递的过程。

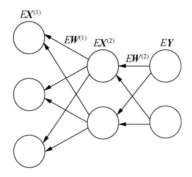

图 11.9　反向传播(BP) 算法

## 11.4　多层神经网络

在两层神经网络的基础上,可通过增加层数来构造多层神经网络。对如图 11.10 所示的多层神经网络,在已知输入 $X^{(1)}$,参数 $W^{(1)}, W^{(2)}, W^{(3)}$ 的情况下,输出 $Y$ 的计算如式(11.18) ～ 式(11.20)。由于只有当前层所有单元的值都计算完后,才会计算下一层,这个过程也叫做"正向传播"。

$$f(\boldsymbol{W}^{(1)}\boldsymbol{X}^{(1)}) = \boldsymbol{X}^{(2)} \tag{11.18}$$

$$f(\boldsymbol{W}^{(2)}\boldsymbol{X}^{(2)}) = \boldsymbol{X}^{(3)} \tag{11.19}$$

$$f(\boldsymbol{W}^{(3)}\boldsymbol{X}^{(3)}) = \boldsymbol{Y} \tag{11.20}$$

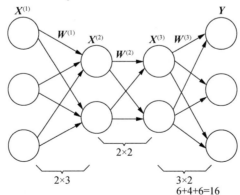

图 11.10　三层神经网络模型(参数少)

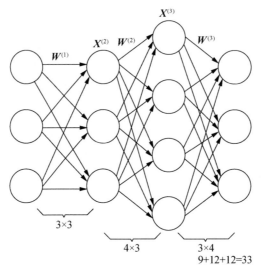

图 11.11　三层神经网络模型(参数多)

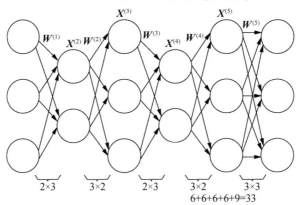

图 11.12　五层神经网络模型

对于图 11.10 中的多层神经网络,当保持层数不变,增加参数数量时(图 11.11),神经网络的表示(Represention)能力得到提高。而保持图 11.11 中参数数量不变,增加层数时(图 11.12),神经网络具有更深的层次表达,可以更深入地表示输入层的特征,增强函数的模拟能力。随着层数的增加,每一层神经元学习到的是前一层神经元值的更抽象的表示。这种多层神经网络也被称为深度神经网络(Deep Neural Networks,简称 DNN)。

深度学习(Deep Learning,简称 DL)是一种广义的多层神经网络,是一系列为了让层数较多的多层神经网络可以训练的新结构和方法。深度学习的深度(Depth)是指模型中包含的很多表示层。所以一些只有一两层的神经网络也被称为浅层学习(Shallow Learning)。深度学习并非浅层学习的简单叠加,深度学习可以同时学习所有表示层，而不是依次学习。此外，深度学习还将特征工程自动化。特征工程(Feature Engineering)是将原始数据转化成更好地表达问题本质的特征的过程。如图 11.13 所示，包括传统神经网络在内的传统机器学习算法，都需要人工提取数据特征(Feature)，一般将原始数据变换为便于建模的结构化数据，例如人工统计的交通量，人工记录的气象数据，人工计算的路面病害指标。这些训练神经网络数据特征实际上影响了神经网络的效率。有时人工方式无法很好地提取特征，而深度学习能够自动提取特征，学习特征和任务之间的关联，将简单的特征组合成复杂特征，并使用这些特征解决问题。

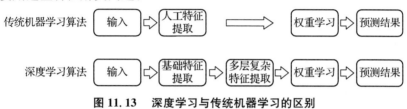

图 11.13　深度学习与传统机器学习的区别

## 11.5　卷积神经网络

卷积神经网络(Convolutional Neural Networks，简称 CNN) 是一种深度学习算法，是一类包含卷积计算且具有深度结构的前馈神经网络(Feedforward Neural Networks，简称 FNN)。卷积神经网络在多层神经网络的基础上，加入了特征学习部分，模仿人脑对信号处理上的分级。在原来的全连接的层前面加入了部分连接的卷积层与降维层，形成"输入层 — 卷积层 — 降维层 — 卷积层 — 降维层 ——— 隐藏层 — 输出层"的结构。卷积神经网络能够有效地将大数据量的图像降维成小数据量，并保留图像特征，符合图像处理的原则。下面简单介绍下卷积神经网络中最核心的几个概念。

### 11.5.1　卷积层

卷积层(Convolution Layer)是卷积神经网络的关键，通过进行卷积计算来提取特征。卷积核(Kernel)也称为过滤器(Filter)，是一种特征提取器，可以从输入图像中提取特征，其输出为特征图(Feature Map)。注意，这里用的是"Map"，而不是"Picture"。在图像处理时，输入图像中一个小区域中像素经加权平均后成为输出图像中的每个对应像素。卷积核就是这个定义权值的函数。卷积计算基于局部连接提取特征的思想，用一个正方形卷积核，遍历图片上的每一个像素点。图片与卷积核重合区域内相对应的每一个像素值乘以卷积核内相对应点的权重，然后求和，再加上偏置,得到输出图片中的一个像素值。对于灰度图片,输入为单通道。对于彩色图片,输入图片包含了红、绿、蓝三层数据,为多通道。根据通道数与卷积核数量,卷积计算可以分为以下三类:

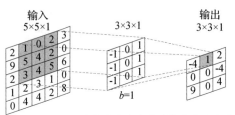

(-1)×1+0×0+1×2+(-1)×5+0×4+1×2+(-1)×3+0×4+1×5+1=1

**图 11.14 单通道输入单卷积核的卷积计算**

(1)单通道输入,单卷积核:如图 11.14 所示,对于一个输入为 $5\times5\times1$ 的灰度图片,1 表示单通道,$5\times5$ 表示分辨率,有 5 行 5 列个灰度值。用一个 $3\times3\times1$ 的卷积核进行卷积,偏置项 $b=1$。卷积计算式中,等号左边的 1 就是偏置。每完成一次卷积计算后,卷积核往右平移继续计算。平移的像素数就是步长(Stride),这里平移了 1 个像素,步长为 1。

(2)多通道输入,单卷积核:如图 11.15 所示,对于一个输入为 $5\times5\times3$ 的彩色图片,卷积核的通道数等于输入图片的通道数,所以使用 $3\times3\times3$ 的卷积核,最后一个 3 表示匹配输入图片的 3 个通道。此时卷积核有三通道,每个通道都会随机生成 9 个待优化的参数,一共有 27 个待优化参数 $W$ 和一个偏置 $b$。本例中,我们在图片边界用"0"进行填充(padding),以保留边界的信息,同时使输入输出的大小保持一致。

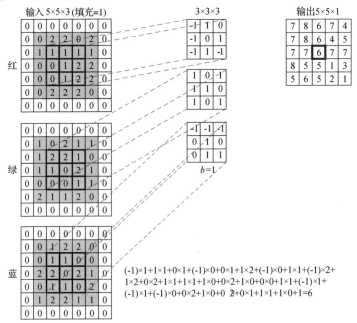

**图 11.15 多通道输入单卷积核的卷积计算**

(3) 多通道输入,多卷积核:如图 11.16 所示,先用一个卷积核与 3 通道的输入进行卷积,这个过程和多通道输入单卷积核一样,得到一个 1 通道的输出 Output 1。再用第二个卷积核进行卷积计算,得到第二个 1 通道的输出 Output 2。再将相同大小的两个输出 Output 1 与 Output 2 进行堆叠,就得到 2 通道的输出。需要注意的是卷积核的通道数等于输入的通道数,而卷积操作后,输出的通道数等于卷积核的个数。图中输入为一张尺寸为 $7 \times 7$ 的 3 通道图片。第一个卷积核 $W_0$ 是尺寸为 $3 \times 3$,通道数为 3 的卷积核(3 个 $3 \times 3$ 的卷积核),偏置 $b_0$ 为 1。第二个卷积核 $W_1$ 也是尺寸为 $3 \times 3$,通道数为 3 的卷积核,偏置 $b_1$ 为 0。输出为 2 个尺寸为 $3 \times 3$,通道数为 2 的特征图。两个卷积核步长都为 2。

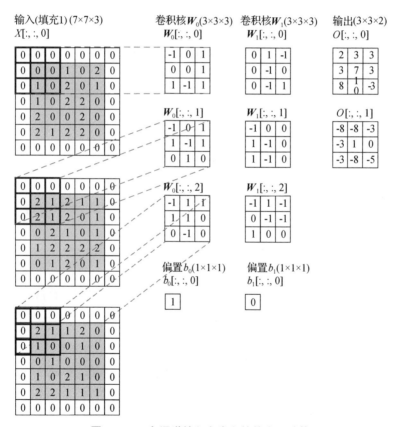

图 11.16 多通道输入多卷积核的卷积计算

## 11.5.2 非线性激活层

对输入图片进行多个卷积运算后,需要进行一个非线性激活响应。卷积神经网络中用到最多的非线性激活函数是 Relu 函数,如式(11.13)所示。该激活函数就是保留大于等于 0 的值,小于 0 的值改为 0,相当于在进行特征提取时,舍弃不相关联的数据,以减少数据,方便操作。

### 11.5.3 池化层

卷积层实际上是通过调节步长参数实现特征图的高宽成倍缩小,从而降低网络的参数量。实际上,除了通过设置步长,还有一种专门的网络层可以实现尺寸缩减功能,就是池化层(Pooling Layer),也称为采样层。池化层同样基于局部相关性的思想,通过从局部相关的一组元素中进行采样或信息聚合,从而得到新的元素值。通常采用两种池化采样:一是最大池化(Max Pooling),即从局部相关元素中选取一个最大值;二是平均池化(Average Pooling),即采用局部相关元素的平均值。如图 11.17 所示的最大池化采用了一个步长为 2,大小为 2×2 的窗口。

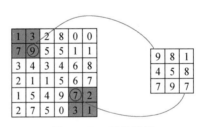

图 11.17　池化计算

### 11.5.4 全连接层

卷积层用于提取特征,池化层用于选择特征,全连接层(Fully Connected)则用于最终分类。如图 11.18 所示,在卷积神经网络中,卷积、激活、池化可以多次堆叠

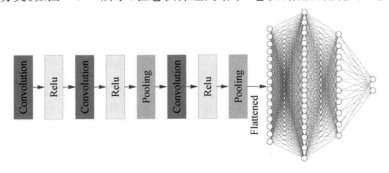

图 11.18　包括全连接层的卷积神经网络

使用来进行特征提取,再通过全连接层把经过卷积、激活、池化操作输出的二维特征图转化成一维的一个向量,进行传统的神经网络计算,得到每个分类对应的概率值。卷积层及池化层采用局部连接提取特征的思想,而全连接层采用传统的神经网络思想,每一个节点都与上一层的所有节点相连。正因为全连接层需要训练的参数很多,并且容易导致模型过拟合,所以一般不会将原始图片直接用于全连接网络。故采用卷积运算提取特征,把提取到的特征输出给全连接网络,再让全连接网络计算出分类评估值。

### 11.5.5 卷积神经网络的训练

在训练过程中,先进行正向传播,得到预测结果,通过损失函数比较预测结果和真值,再进行反向传播过程,从后至前依次调整每一层的参数,不断迭代,实现网络参数更新。更新参数的基本原理为梯度下降,即沿着梯度寻找一个函数的极小值。学习率是该过程中一个重要的超参数,决定着目标函数何时能够收敛到局部最小值。合适的学习率能够使目标函数在合适的时间内收敛到局部最小值。当学习率设置得过小时,收敛过程将变得十分缓慢。当学习率设置的过大时,梯度可能会在最小值附近来回震荡,甚至可能无法收敛。

## 11.6 神经网络的发展

神经网络发展总结如图 11.19 所示,从单层神经网络开始,到两层神经网络,再到多层深度神经网络,经历三个阶段的发展。

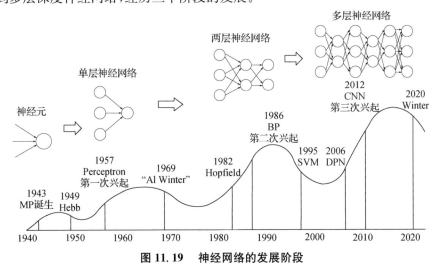

图 11.19 神经网络的发展阶段

神经网络火热的原因是其强大的学习与预测效果。如图 11.20 所示,从单层到两层,实现了线性到非线性的跨越,而随着层数增加以及激活函数的调整,其非线性拟合分类能力得到不断提高。

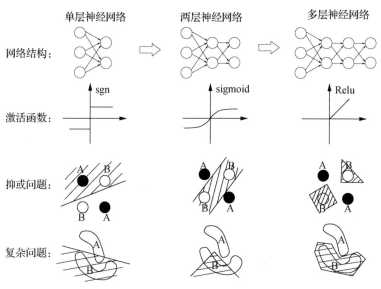

图 11.20　神经网络的发展和激活函数的调整

当然,神经网络的发展还依赖于计算机、训练算法与数据。如图 11.21 所示,在单层神经网络出现 15 年后,计算机的快速发展使得两层神经网络的训练得以实现。又经过 15 年左右,人们发现高性能计算的图形加速卡(GPU)可以满足神经网络训练的高并行性、高存储、低控制的需求,极大地提高了多层神经网络的计算速度。神经网络的计算大多是矩阵运算,运算形式往往只有加法和乘法,比较简单。计算机中 CPU 可以支持复杂的逻辑运算,但核心数较少,运行矩阵运算需要较长的时间。GPU 主要负责图形计算,同样主要基于矩阵运算,并且核心数较多,更适合于进行深度学习计算。而当今大数据时代,海量多媒体、网络数据资源的获取,也为多层神经网络的发挥提供了数据环境。在基础设施领域,随着激光点云、高清图像、众源感知、实时监测等大数据采集技术的发展,神经网络也有了更多的用武之地。

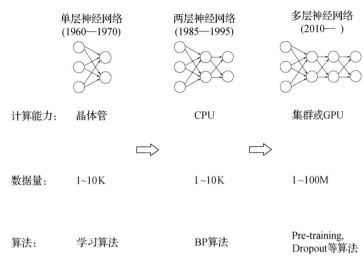

图 11.21　神经网络和计算能力、数据量以及算法关系

## 11.7　例 11.1　平整度神经网络预测

由于具有超强的非线性拟合能力,神经网络能够根据已有数据构建复杂的映射关系,从而根据新数据进行预测,目前已被广泛用于根据路面结构、材料、交通、环境等变量来预测路面性能,根据材料组分、配比、原材料性质等来预测材料性能,根据路面图像特征来识别路面病害。

本例选取与 4.8 节相同的数据,对相同的自变量与因变量,构建一个简单的神经网络,对比神经网络与传统回归分析的拟合效果。模型拟合结果如表 11.1 和图 11.22～图 11.23 所示,训练集的 $R^2$ 为 0.96,测试集的 $R^2$ 为 0.8,远高于多项式和非线性拟合。但测试集较低的 $R^2$ 也说明该神经网络可能存在轻微的过拟合问题。

表 11.1　神经网络训练与测试组拟合结果

| 拟合效果 | 训练集 | 测试集 |
| --- | --- | --- |
| $R^2$ | 0.964 | 0.806 |
| 均方根差 | 0.077 | 0.119 |
| 平均绝对离差 | 0.060 | 0.103 |
| 一对数似然 | －36.497 | －12.068 |
| 方差 | 0.192 | 0.241 |
| 样本量 | 32 | 17 |

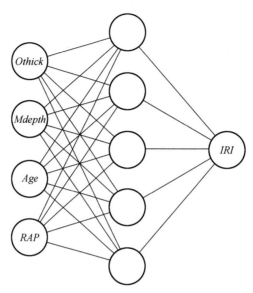

图 11.22　神经网络结构

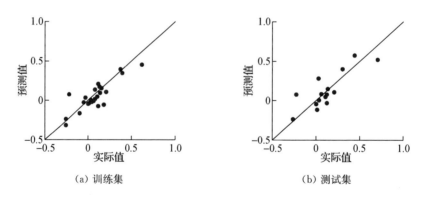

(a) 训练集　　　　　　　　　　　(b) 测试集

图 11.23　神经网络拟合效果

## 11.8　例 11.2　气候分区分类

选取第 16 章中 16.4 节的数据,基于 16 个自变量对一个类型变量气候区域（AASHTO 划分为 4 个）,构建两个神经网络,一个只包含 1 个 3 节点隐藏层的神经网络,一个包含 2 个隐藏层,第一层包含 10 个节点,第二层包含 8 个节点的神经网络,进行分类预测。模型拟合结果如图 11.24 和表 11.2 所示,对于单层神经网络,训

练集和测试集的 $R^2$ 分别为 94% 和 93%,比较接近,说明并不存在过拟合的情况,数据样本量较多是其中一个原因,并且误判率只有 9.6% 和 9.7%,优于第 16 章判别分析的结果。对于双层神经网络,训练集和测试集的 $R^2$ 分别为 97% 和 96%,有了进一步的提高,误判率进一步降低为 6% 和 6.6%。

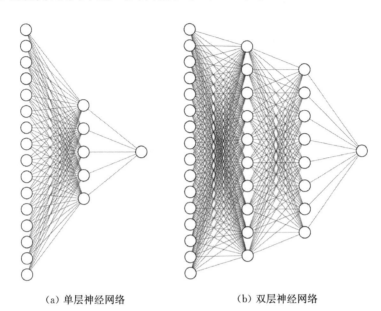

(a) 单层神经网络　　　　　　(b) 双层神经网络

图 11.24　神经网络结构

表 11.2　神经网络训练集与测试集分类结果

| 实际分类 | 训练集 | | | | 测试集 | | | |
|---|---|---|---|---|---|---|---|---|
| 单层神经网络 | 1 | 2 | 3 | 4 | 1 | 2 | 3 | 4 |
| 1 | 1 174 | 33 | 190 | 63 | 599 | 25 | 77 | 30 |
| 2 | 99 | 1 115 | 2 | 54 | 63 | 544 | 2 | 27 |
| 3 | 185 | 0 | 4 969 | 250 | 70 | 0 | 2 474 | 159 |
| 4 | 99 | 57 | 324 | 5 510 | 42 | 24 | 171 | 2 758 |
| 双层神经网络 | 1 | 2 | 3 | 4 | 1 | 2 | 3 | 4 |
| 1 | 1 254 | 35 | 112 | 59 | 614 | 14 | 68 | 35 |
| 2 | 61 | 1 177 | 1 | 31 | 34 | 583 | 0 | 19 |
| 3 | 105 | 1 | 5 057 | 241 | 48 | 0 | 2 522 | 133 |
| 4 | 52 | 40 | 316 | 5 582 | 37 | 15 | 153 | 2 790 |

## 思考题

1. 为什么神经网络能够模拟复杂模型?
2. 与回归分析相比,神经网络的优缺点有哪些?
3. 简述采用深度学习识别路表病害的流程。
4. 如何提高神经网络的预测能力,同时避免过拟合?
5. 结合道路工程数据特点,简述神经网络应用场景。

# 12 支持向量机

分类问题是机器学习中最普遍、最复杂的问题,能够解决分类问题的决策树与神经网络仍容易陷入局部最优,出现过拟合的情况。支持向量机(Support Vector Machine,简称 SVM)是从线性可分的最优分类面发展而来的一种分类方法,源自苏联学者 Vladimir N. Vapnik 和 Alexander Y. Lerner 在 1963 年发表的研究。1991 年,Bernhard E. Boser 等人提出了非线性的支持向量机。支持向量机是目前最常见的机器学习分类器,其分类能力甚至强于神经网络。由于支持向量机属于凸优化问题,所以局部最优一定是全局最优解。支持向量机不仅被用于路面性能与路面材料性能的评估分析,而且在基于图像处理的路面病害识别中有着大量的应用。本章介绍支持向量机的原理、拟合优度评估指标、K 近邻算法、机器学习类型,以及支持向量机在路面性能分类预测中的应用。

## 12.1 支持向量机算法

### 12.1.1 基本原理

如图 12.1 所示,SVM 找到数据点最佳分离的思想是:找到离分隔面最近的点,使其与分隔面之间的距离最大。其中,距离分隔面最近的数据点为支持向量(Support Vector),该数据点到分隔面距离的两倍为间隔 $d$(Margin),学习结果是最优分类超平面(Hyperplane)或最佳分隔面(Optimal Boundary)。直观上我们也倾向选择两类样本"正中间"的虚线位置作为超平面。当遇到如图 12.1(b) 所示的情况时,SVM 可以通过引入额外特征来解决。例如构造数据点与原点的距离为 $Z$,$Z=\sqrt{X^2+Y^2}$,容易找出在 $X-Z$ 或 $Y-Z$ 平面上的线性分隔面,但该分隔面在 $X-Y$ 平面中表现为非线性。这就是 SVM 可以处理高维数据非线性特征的基本原理。

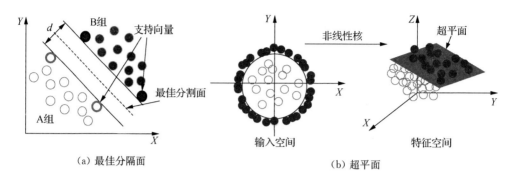

图 12.1 支持向量机(SVM)

## 12.1.2 超平面表达式

对于二维坐标系中直线 $x_2 = kx_1 + b$($k$ 为斜率,$b$ 为截距),可以证明起点为原点的向量 $(k, -1)$ 与该直线垂直。该直线方程可写成向量形式,如式(12.1)。并且向量 $\boldsymbol{w} = (w_1, w_2)$ 与该直线垂直,或者说该向量控制了直线的方向。

$$\boldsymbol{w}^\mathrm{T}\boldsymbol{x} + b = 0, \quad \boldsymbol{w} = (k, -1), \quad \boldsymbol{x} = (x_1, x_2) \tag{12.1}$$

则一个 $m$ 维超平面可由式(12.2)描述,并且 $\boldsymbol{w}$ 控制了该超平面在 $m$ 维空间中的方向。

$$\boldsymbol{w}^\mathrm{T}\boldsymbol{x} + b = 0, \quad \boldsymbol{w} \in \mathbf{R}^m, \quad b \in \mathbf{R} \tag{12.2}$$

点 $\boldsymbol{x}$ 到二维空间中的直线或者 $m$ 维空间中的超平面 $(\boldsymbol{w}, b)$ 的距离可写为式(12.3)。

$$r = \frac{\boldsymbol{w}^\mathrm{T}\boldsymbol{x} + b}{\|\boldsymbol{w}\|} \tag{12.3}$$

其中,$\|\boldsymbol{w}\|$ 为向量的模,表示其长度;$\boldsymbol{x}$ 表示支持向量样本点的坐标。如图 12.2 所示,SVM 的思想是找到支持向量,将其距离最大化。

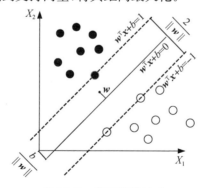

图 12.2 超平面表达式

## 12.1.3 约束条件

为求解这个优化问题,需要确定一些约束条件。首先,为图 12.2 中的每个样本点 $x_i$ 加上一个类别标签 $y_i$,如式(12.4)。

$$y_i = \begin{cases} 1, & \text{对所有实心点}, \\ -1, & \text{对所有空心点} \end{cases} \tag{12.4}$$

那么,处于间隔距离为 $d$ 的间隔区域的中轴线上的分隔面,需要满足式(12.5),其中 $\forall$ 表示"对于所有满足条件的"。

$$\begin{cases} \dfrac{w^T x_i + b}{\|w\|} \geqslant \dfrac{d}{2}, & \forall \ y_i = 1, \\ \dfrac{w^T x_i + b}{\|w\|} \leqslant -\dfrac{d}{2}, & \forall \ y_i = -1 \end{cases} \tag{12.5}$$

将式(12.5)两个不等式的左右两边除以 $d/2$,得到的直线方程或 $m$ 维超平面并没有改变。因此,约束条件变为式(12.6)或式(12.7)。

$$\begin{cases} w^T x_i + b \geqslant 1, & \forall \ y_i = 1, \\ w^T x_i + b \leqslant -1, & \forall \ y_i = -1, \end{cases} \tag{12.6}$$

$$y_i(w^T x_i + b) \geqslant 1, \quad \forall \ x_i \tag{12.7}$$

那么,SVM 支持向量距离的思想可用式(12.8) 描述。

$$\min_{w,b} \left(\frac{1}{2} \|w\|^2\right)$$
$$\text{s. t.} \quad y_i(w^T x_i + b) \geqslant 1, \quad i = 1,2,\cdots,m \tag{12.8}$$

## 12.1.4 对偶问题求解

式(12.8)为一个二次凸规划问题,由于目标函数和约束条件都是凸的,根据最优化理论存在位移全局最小解,需要引入 Lagrange 函数得到其对偶问题,如式(12.9)。

$$L(w,b,\alpha) = \frac{1}{2} \|w\|^2 - \sum_{i=1}^{m} \alpha_i [y_i(w^T x_i + b) - 1] \tag{12.9}$$

其中,$\alpha_i \geqslant 0$ 为拉氏常数,令 $L$ 分别对 $w$ 和 $b$ 的偏导为 0,可以导出式(12.10)和式(12.11)。

$$\sum_{i=1}^{m} \alpha_i y_i = 0 \tag{12.10}$$

$$w = \sum_{i=1}^{m} \alpha_i y_i x_i \tag{12.11}$$

将式(12.11)代入 $L$ 可得最终优化目标函数如式(12.12)。

$$\min_{\alpha}\left(\sum_{i=1}^{m}\alpha_i y_i - \frac{1}{2}\sum_{i=1}^{m}\sum_{j=1}^{m}\alpha_i\alpha_j y_i y_j \boldsymbol{x}_i^{\mathrm{T}}\boldsymbol{x}_j\right)$$

$$\text{s.t.} \quad \alpha_i \geqslant 0, \sum_{i=1}^{m}\alpha_i y_i = 0 \tag{12.12}$$

求解此优化方程,可得描述最优分类超平面的优化函数即支持向量机如式(12.13)。

$$f(\boldsymbol{x}) = \mathrm{sgn}\left(\sum_{i=1}^{m}\alpha_i y_i (\boldsymbol{x}_i^{\mathrm{T}}\boldsymbol{x}) + b\right) \tag{12.13}$$

当存在噪音数据时,原本线性可分的问题变成了线性不可分。这种情况下,可以增加一个松弛变量$\xi_i$,约束条件变为式(12.14)。

$$\text{s.t.} \quad y_i(\boldsymbol{w}^{\mathrm{T}}\boldsymbol{x}_i + b) \geqslant 1 - \xi_i, \quad i = 1, 2, \cdots, m \tag{12.14}$$

所求最小值变为式(12.15),即折中考虑最少错分样本和最大分类间隔,得到广义最优分类面,其中 $C$ 为常数,控制错分样本惩罚程度。

$$\Psi(\boldsymbol{w}, \boldsymbol{\xi}) = \frac{\|\boldsymbol{w}\|^2}{2} + C\sum_{i=1}^{m}\xi_i \tag{12.15}$$

## 12.1.5 核函数

对于无法用线性分割解决的问题,SVM 将输入向量映射到一个高维的特征向量空间,将其变为线性可分,在该特征空间中构造最优分类面。式(12.12)中,低维特征仅仅以内积 $\boldsymbol{x}_i^{\mathrm{T}}\boldsymbol{x}_j$ 的形式出现,即向量相乘得到单个标量或数值。因此可定义一个低维特征空间到高维特征空间的映射 $\varphi$,将所有特征映射到一个更高的维度,让数据线性可分,就可以继续按前面的方法来优化目标函数,求解超平面。假设 $\varphi(\boldsymbol{x}_i)^{\mathrm{T}}\varphi(\boldsymbol{x}_j)$ 表示将 $\boldsymbol{x}$ 映射后的特征向量,那么优化目标函数变成式(12.16)。

$$f(\boldsymbol{x}) = \mathrm{sgn}\left(\sum_{i=1}^{m}\alpha_i y_i \varphi(\boldsymbol{x}_i)^{\mathrm{T}}\varphi(\boldsymbol{x}_j) + b\right) \tag{12.16}$$

但是求解 $\varphi(\boldsymbol{x}_i)^{\mathrm{T}}\varphi(\boldsymbol{x}_j)$ 比较困难,因此可构建如式(12.17)所示的核函数 $K$(Kernel),来计算样本 $\boldsymbol{x}_i$ 和 $\boldsymbol{x}_j$ 在特征空间的内积。使用该核函数,优化函数都只涉及训练样本之间的内积运算,避免了复杂的高维运算。其基本思想是:计算新的高维空间中的超平面,并不需要计算点在新空间中的坐标,只需要利用核函数计算新空间中的点对之间的距离。

$$K(\boldsymbol{x}_i, \boldsymbol{x}_j) = \varphi(\boldsymbol{x}_i)^{\mathrm{T}}\varphi(\boldsymbol{x}_j) \tag{12.17}$$

很多机器学习算法都用到核函数,SVM 常用的核函数包括线性、多项式、高斯(RBF)、Sigmoid 等,如式(12.18)~式(12.21)所示。其中,$\gamma$、$r$、$d$ 为超参数,是机器学习过程之前设置的参数,通常需要对超参数进行优化,以提高学习的性能和效果。其他常见的超参数包括决策树的数量或深度矩阵,深层神经网络隐藏层数,聚类分析中的簇数。

$$K(\boldsymbol{x}_i, \boldsymbol{x}_j) = \boldsymbol{x}_i^\mathrm{T} \boldsymbol{x}_j \tag{12.18}$$

$$K(\boldsymbol{x}_i, \boldsymbol{x}_j) = (\gamma \boldsymbol{x}_i^\mathrm{T} \boldsymbol{x}_j + r)^d \tag{12.19}$$

$$K(\boldsymbol{x}_i, \boldsymbol{x}_j) = \mathrm{e}^{-\gamma \| x_i - x_j \|^2} \tag{12.20}$$

$$K(\boldsymbol{x}_i, \boldsymbol{x}_j) = \tanh(\gamma \boldsymbol{x}_i^\mathrm{T} \boldsymbol{x}_j + r) \tag{12.21}$$

### 12.1.6 几种分类方法的比较

图 12.3 给出了支持向量机、逻辑回归与决策树的区别。很显然逻辑回归只能采用一个线性的分类准则,无法将羊群与狼群分开。支持向量机采用一个非线性的分类准则,能分开羊群与狼群。虽然决策树的分类准则也是线性的,但是由于可以采用多个分类准则,也可以达到非线性的效果,成功分开羊群与狼群。

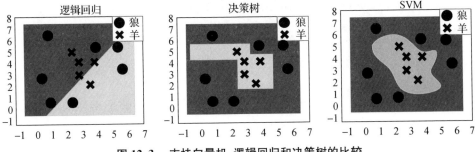

图 12.3 支持向量机、逻辑回归和决策树的比较

## 12.2 拟合优度评价指标

对于分类问题的机器学习算法,最常见的拟合优度指标是分类是否正确。根据真实与预测的正确与否,SVM 常用的四个拟合优度指标如表 12.1 和图 12.4 所示。

表 12.1 机器学习分类问题常用的分类拟合优度评价指标

| 名称 | | 真实 | 预测 | 全称 | | 含义 |
|---|---|---|---|---|---|---|
| TP | 真正 | 1 | 1 | True Positive | 预测为正的正样本 | 判断为真的正确率 |
| TN | 真负 | 0 | 0 | True Negative | 预测为负的负样本 | 判断为假的正确率 |
| FP | 假正 | 0 | 1 | False Positive | 预测为正的负样本 | 误报率 |
| FN | 假负 | 1 | 0 | False Negative | 预测为负的正样本 | 漏报率 |

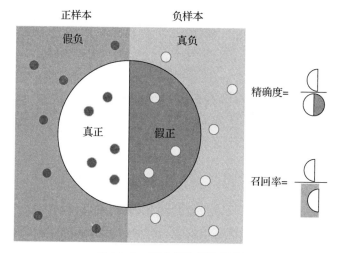

图 12.4 拟合优度指标图解

根据这四个变量,可以计算出其他几个评价指标:

(1) 精确率(Precision)$P$ 是预测为正的样本中正样本的比例,又称"查准率",按式(12.22)计算。

$$P = \frac{TP}{TP + FP} \tag{12.22}$$

(2) 召回率(Recall)$R$ 或灵敏度(True Positive Rate,简称 TPR)为正样本中预测为正的正样的比例,又称"查全率"。查全率和查准率是搜索引擎设计中很重要的两个指标,按式(12.23)计算。

$$R = \frac{TP}{TP + FN} \tag{12.23}$$

(3) 特异性(Specificity)$S$ 或真负类率(True Negative Rate,简称 TNR)为负样本中预测为负的负样本的比例,按式(12.24)计算。

$$S = \frac{TN}{FP + TN} \tag{12.24}$$

(4) 准确率(Accuracy)$A$ 为总样本中预测与真实一致的比例,按式(12.25)计算。

$$A = \frac{TP + FN}{TP + TN + FP + FN} \tag{12.25}$$

(5) $F1\text{-}Measure$,由于 Recall 和 Precision 有时候矛盾,于是建立了一个综合的指标 $F1\text{-}Measure$,其为 Recall 和 Precision 的加权调和平均,按式(12.26)计算。$a > 1$ 时,召回率影响更大;$a < 1$ 时,精确率影响更大。

$$F1\text{-}Measure = \frac{(a^2+1) \times PR}{a^2(P+R)} \tag{12.26}$$

(6) $F1\text{-}Score$,是 $F1\text{-}Measure$ 中参数 $a=1$ 时的情况,按式(12.27)计算。

$$F1\text{-}Score = \frac{2 \times PR}{P+R} \tag{12.27}$$

(7) 特异度(False Positive Rate,简称FPR)是负样本中被识别为正的比例,按式(12.28)计算。

$$FPR = \frac{FP}{TN+FP} \tag{12.28}$$

基于精确率、召回率和特异度,可通过建立 ROC(Receiver Operating Characteristic) 曲线和 PR(Precision Recall) 曲线来评估模型分类能力优劣。如图 12.5 所示,以 FPR 为 $x$ 轴,TPR 为 $y$ 轴,可得 ROC 曲线。TPR 越高,FPR 越小,模型越高效。ROC 曲线越靠近左上越好,ROC 曲线下方的面积越大越好。可用 ROC 曲线下的面积,即 AUC(Area Under Curve) 来作为模型好坏的标准。以召回率为 $x$ 轴,精确率为 $y$ 轴,可得 PR 曲线。精确率越高,召回率越高,模型越高效。PR 曲线越靠近右上越好。

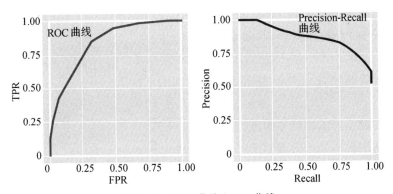

图 12.5 ROC 曲线和 PR 曲线

## 12.3 K 近邻算法

K 近邻(K-Nearest Neighbor,简称KNN)算法是一种较为简单的分类算法,由 Cover 和 Hart 在 1968 年提出。KNN 属于基于实例的学习(Instance-Based Learning),是最简单的机器学习算法。KNN 算法不像其他算法需要在样本的基础上建立一般性的推理公式,而是直接通过存储的数据集进行分类或回归学习来得到结果。KNN 也属于懒惰学习（Lazy Learning），是指收到测试样本再同时进行训练的处理方法，没有显式的学习过程和训练阶段，数据集事先已有了分类和特征值，待收到新样本后直接进行处理。与懒惰学习相对的是急切学习（Eager Learning），是指在训练阶段就对样本进行学习处理。若任务数据更替频繁，可采用懒惰学习方式，先不进行任何训练，待收到预测请求时再根据当前数据集进行概率估值；若数据不断增加，则可在现有估值基础上，仅对新增样本的属性值所涉及的概率估值进行计数修正实现增量学习。增量学习（Incremental Learning）就是指一个学习系统能不断地从新样本中学习新的知识，并能保存大部分以前已经学习到的知识。

KNN 算法是指一个样本的 $K$ 个最邻近的样本中的大多数属于某一个类别，则该样本也划分为这个类别。KNN 通过测量不同特征值之间的距离进行分类。该方法只依据最邻近的一个或者几个样本的类别来决定待分样本所属的类别。如图 12.6 所示，要确定中间的点属于哪个形状，要做的就是选出距离目标点最近的 $K$ 个点，看这 $K$ 个点的大多数是什么形状。当 $K$ 取 3 的时候，可以看出距离最近的三个邻居有两个三角形一个正方形，因此判定该点为三角形。具体流程如下：

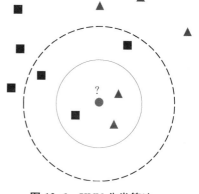

图 12.6 KNN 分类算法

（1）计算测试数据与各个训练数据之间的距离；

（2）按照距离的递增关系进行排序；

（3）选取距离最小的 $K$ 个点；

（4）确定前 $K$ 个点所在类别的出现频率；

（5）将前 $K$ 个点中出现频率最高的类别作为测试数据的预测分类。

在 KNN 算法中，$K$ 值的选取非常重要，若 $K$ 值过小，噪声的影响较大，容易发生过拟合；若 $K$ 值过大，与目标点较远的样本也会对预测起作用，使预测发生错误。若 $K$ 取全部样本，模型就变为样本中某分类下最多的点，对预测没有实际意义。$K$ 值应尽量取奇数，以保证在计算结果最后会产生一个较多的类别。常用的方法是从 $K=1$ 开始，每次 $K$ 增值 1，允许增加一个近邻，选取产生最小误差率的 $K$。一般 $K$ 的取值不超过 20，上限是 $n$ 的开方，随着数据集的增大 $K$ 值也要增大。KNN 中常用的距离包括：欧氏距离、曼哈顿距离、余弦值、相关度等。

SVM 为所有样本找到一个分界,但对分界附近的样本预测结果较差。而 KNN 仅针对待预测点附近的样本做预测,适合处理交叉和重叠较多的数据。由于每一个样本都需要单独计算距离,处理高维数据时计算量很大,因此可以结合两种方法,提出一种用 KNN 优化 SVM 的方法,以提高分类预测的准确度。具体步骤如下:

(1) 基于初始试验数据集训练 SVM 分类器。

(2) 对测试集中所有 $f(x)$ 值的点进行计数,并计算每个 $x$ 与分类的超平面之间的距离。

(3) 设置阈值 $u(u>0)$。如果 $|f(x)| \geqslant u$,则表示采样点远离分类超平面,用 SVM 算法分类。如果 $|f(x)| < u$,则表示样本点接近分类超平面,采用 SVM 的所有支持向量,并使用 KNN 算法进行分类。

(4) 在确定 $x$ 的类别后,将其从测试样品中取出并再次进入步骤(3),直到完成测试集中所有数据的完整分类。

## 12.4 支持向量机的优势

### 12.4.1 机器学习类型

机器学习方法是利用已有的数据(路面历史病害状况),得出某种模型(病害发展规律),并利用此模型预测未来(病害水平)的一种方法。1997 年,卡内基梅隆大学 Tom Michael Mitchell 在 *Machine Learning* 一书中对机器学习的定义是"如果一个程序可以在任务 T 上,随着经验 E 的增加,效果 P 也可以随之增加,则这个程序可以从经验中学习"。如表 12.2 所示,根据学习类型的不同,可以分为无监督学习和监督学习。监督学习(Supervised Learning)中,已知正确的输出结果,需要学习输入和输出之间的特定的关系。在无监督学习(Unsupervised Learning)中,并不明确结果,但可以通过分类、聚类等方式从数据中提取特殊的结构。监督学习需要利用一组带标签的数据,学习从输入到输出的映射,然后将这种映射应用到未知数据,达到分类或回归的目的。无监督学习无须标签,通过学习数据中的特征及关系,然后将这种关系应用到未知数据,达到分类或降维的目的。与传统统计学不同的是,机器学习常用于处理复杂的大型数据集,例如图像识别。

表 12.2　几种类型的数据分析

| 方法 | 学习类型 | 学习结果 | 特征 |
| --- | --- | --- | --- |
| 回归(Regression) | 监督学习 | 生成几个函数 | 通过函数产生连续的结果 |
| 分类(Classification) | 监督学习 | 生成几个函数 | 通过函数划分为几个集合 |
| 聚类(Cluster) | 无监督学习 | 生成几个集合 | 集合中的元素彼此相似 |

如表 12.2 和图 12.7 所示,根据不同目的,可以将机器学习分为回归、分类、聚类三种。

回归算法是从训练样本中提取一个模型来对其他数据进行预测。通常针对连续型随机变量,属于有监督学习。常见回归算法包括:线性回归/逻辑回归/多项式回归,如 LR 算法、LWLR 算法、LRCV 算法;逐步回归;岭回归;LASSO 回归;Elastic Net 回归。

分类算法是从训练样本中提取一个模型,通过该模型对其他数据进行预测和归类。通常针对离散型随机变量,属于有监督学习。常见分类算法包括:支持向量机;决策树,如 ID3、C4.5(C5.0)、CART、PUBLIC、SLIQ、SPRINT 算法;神经网络,如 BP 网络、径向基 RBF 网络、Hopfield 网络、随机神经网络(Boltzmann 机)、竞争神经网络(Hamming 网络,自组织映射网络);贝叶斯方法,如朴素贝叶斯(Naive Bayes)算法、TAN 算法;基于关联规则的分类方法,如 CBA 算法、ADT 算法、CMAR 算法、ARC 算法;混合分类方法,如 Bagging 算法、Boosting 算法。

聚类算法通过寻找数据间联系,形成几个变量或样本集合,属于无监督学习。常用的聚类算法包括:划分聚类,如 K-means 算法、K-medoids 算法、K-pototypes 算法、CLARANS 算法;层次聚类,如 BIRCH 算法、CURE 算法;密度聚类,如 DBSCAN 算法、OPTICS 算法、DENCLUE 算法;网格聚类,如 STING 算法、CLIQUE 算法、Wave-Cluster 算法;混合聚类,如高斯混合模型、CLIQUE 算法(综合密度和网格的算法)。

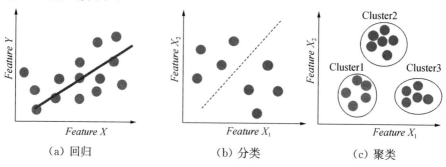

(a) 回归　　　　　　(b) 分类　　　　　　(c) 聚类

图 12.7　数据分析类型

此外，机器学习模型中有两类参数：一类需要从数据中学习和估计得到，为模型本身的参数，如回归分析中的参数估计、神经网络中的权值；还有一类则是机器学习算法中需要人为设定的调优参数（Tuning Parameters），称为超参数（Hyperparameter），如决策树模型中树的深度，K近邻算法中的$K$、神经网络中的层数、节点数等。

### 12.4.2　支持向量机的优势

机器学习的基本构成如图12.8所示，G为产生器，产生随机向量$x$；S为训练器，对输入$x$输出响应的$y$；LM为学习机器，从给定的函数集中选择最逼近训练器的函数。机器学习的目的是通过有限的观测数据$(x_i, y_i)$来估计输入与输出的函数关系，实现模式识别、回归分析等功能。

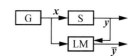

图12.8　机器学习基本框架

机器学习的理论基础是统计学，统计学是根据$n$个独立同分布的观测样本$(x_1, y_1), (x_2, y_2), \cdots, (x_n, y_n)$，求出最优函数$f(x, w_0)$使得期望风险最小，如式(12.29)。

$$R(w) = \int L[y, f(x, w)] dF[(x, y)] \qquad (12.29)$$

但是统计学研究的是样本数目趋于无穷大时的渐近理论，实际问题中样本往往十分有限，只能使用经验风险代替期望风险，采用经验风险最小化原则（Empirical Risk Minimization，简称ERM），即训练误差最小化，如式(12.30)所示。但是用经验风险最小化原则代替期望风险最小化在样本数目有限时是不合理的。根据统计学习理论，学习机器的实际风险有经验风险和置信范围两部分。经验风险代替的期望风险相当于Bias，置信范围相当于Variance，实际风险相当于Total Error。经验风险最小化只强调了训练样本的经验风险最小误差，没有最小化置信范围，容易导致过拟合或者过学习问题。

$$R_{\text{emp}}(w) = \frac{1}{n} \sum_{i=1}^{n} L[y_i, f(x_i, w)] \qquad (12.30)$$

机器学习不但要使经验风险最小，还要使VC维尽量小以缩小置信范围，才能取得较小的实际风险，即对未来样本有较好的推广性。VC维是对学习机器能够实现的分类函数族的容量或表达力的测度，如果存在$h$个样本能够被函数集里的函数按所有的$2^h$种形式分开，则称函数集能够把$h$个样本打散。VC维就是能够打散的最大样本数。VC维越大，则学习机器越复杂，问题的解的种类越多，推广能力越差,置信范围也越大。

图 12.9 提出一种结构风险最小化(Structural Risk Minimization,简称 SRM)的原则,即把函数集构造为一个函数子集序列,使各个子集按照 VC 维的大小排列;在每个子集中寻找最小经验风险,在子集间折中考虑经验风险和置信范围,取得实际风险的最小化,如式(12.31)。结构风险最小化能够在保证分类精度或经验风险的同时,降低学习机器的 VC 维,使学习机器在整个样本集上的期望风险得到控制。SVM 以训练误差为优化问题的约束条件,以置信范围最小化为优化目标,因此是一种基于结构风险最小化的学习方法,具有显著优势。

$$R_{\mathrm{srm}}(w) \leqslant R_{\mathrm{emp}}(w) + \Phi\left(\frac{n}{h}\right) \tag{12.31}$$

其中,$n$ 为样本数量;$h$ 为 VC 维;$\Phi$ 为递减函数。

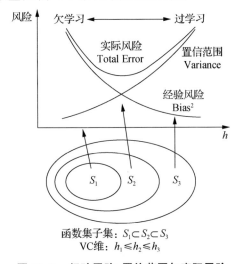

图 12.9　经验风险、置信范围与实际风险

# 12.5　例　平整度 SVM＋KNN 分类预测

## 12.5.1　背景与数据

支持向量机不仅可以用于路面性能预测,近年来也被用于进行路面病害特征的图像处理与识别,还被用于根据实时监测的车辆响应数据评估路面平整度性能。本例选取 LTPP 数据库,利用支持向量机方法预测路面平整度 $IRI$ 水平是否超过 1.5 m/km。选取了 LTPP 中沥青罩面养护项目,在 LTPP 的"IMP_TYPE"表中的代号为 19、43、51 和 55。删除存在缺失值的样本后,共获取了 3 297 个观测样本。表 12.3 为因

变量与自变量的统计描述。在分析前,先将自变量数据转换为均值为 0,方差为 1 的标准正态分布。由于 $IRI>1.5\ \mathrm{m/km}$(正组)的样本数量远少于 $IRI<1.5\ \mathrm{m/km}$(负组)的样本数量,计算时自动分配了惩罚因子,对样本较小的类别分配较高的权重。

表 12.3　变量统计描述

| 变量 | 含义 | 均值 | 最小值 | 最大值 |
| --- | --- | --- | --- | --- |
| $Othick$ | 罩面厚度 /cm | 8.23 | 0 | 43.18 |
| $Mdepth$ | 铣刨深度 /cm | 1.47 | 0 | 45.97 |
| $RAP$ | 是否采用 30% 的厂拌热再生料 | 0 表示无,1 表示有 | | |
| $SN$ | 结构系数 | 6 | 1.8 | 13.8 |
| $kESAL$ | 年等效标准轴载次数 /$10^3$ | 316 | 2 | 1 507 |
| $Precipitation$ | 年平均降雨量 /mm | 2 349 | 275 | 5 757 |
| $Freeze$ | 冰冻指数 /℃-days | 230 | 0 | 1 809 |
| $Age$ | 罩面服役时间 /a | 5.49 | 0 | 21 |
| $PreIRI$ | 养护前平整度指数 /(m·km$^{-1}$) | 1.32 | 0.47 | 5.48 |
| $IRI$ | 平整度指数 /(m·km$^{-1}$) | 1.03 | 0.33 | 3.31 |

## 12.5.2　分析结果

将 75% 的样本用于训练,剩余的 25% 样本用于验证。KNN 算法中的 $K$ 值选取为 3。KNN 和 SVM 分类器以 0.5 分位数为界,距离采用曼哈顿距离。表 12.4 给出了不同分类方法得到的预测结果。Support 为 542 个测试样本中两个类的样本数。首先,SVM 和 SVM-KNN 对负组,即 $IRI$ 小于 1.5m/km 的样本数量较大的组预测结果较好,对样本数量较小的组预测较差。但 SVM-KNN 比 SVM 的结果好,对负组的召回率及 F1-Score 有显著提高,对正组的精确率和 F1-Score 有显著提高。

表 12.4　不同分类方法的分析结果

| 分类方法 | 分组 | Precision | Recall | F1-Score | Support |
| --- | --- | --- | --- | --- | --- |
| SVM | 0 | 0.97 | 0.79 | 0.87 | 498 |
|  | 1 | 0.24 | 0.73 | 0.36 | 44 |
| SVM-KNN | 0 | 0.97 | 0.91 | 0.94 | 498 |
|  | 1 | 0.42 | 0.73 | 0.53 | 44 |
| SVM-KNN（无 RAP 变量） | 0 | 0.96 | 0.90 | 0.93 | 489 |
|  | 1 | 0.40 | 0.62 | 0.49 | 53 |

续表

| 分类方法 | 分组 | Precision | Recall | F1-Score | Support |
|---|---|---|---|---|---|
| Logistic | 0 | 0.92 | 1 | 0.96 | 498 |
|  | 1 | 0 | 0 | 0 | 44 |
| Decision Tree | 0 | 0.96 | 0.96 | 0.96 | 498 |
|  | 1 | 0.57 | 0.59 | 0.58 | 44 |

表 12.5 给出了 SVM-KNN 中，只考虑单个因素时对正组的精确率，可以看出大部分自变量的精确率不为 0，说明该因素对分类结果有一定程度的影响。但是只考虑 RAP 一个自变量时精确率为 0。而若将 RAP 删除，表 12.5 所示预测的分类结果会发生变化，说明 RAP 对结果仍然影响的。

表 12.5 SVM-KNN 模型中仅考虑一个自变量时的精度

| 自变量 | 正组精确率 |
|---|---|
| $O_{thick}$ | 0.31 |
| $M_{depth}$ | 0.40 |
| $RAP$ | 0.00 |
| $SN$ | 0.26 |
| $kESAL$ | 0.27 |
| $Precipitation$ | 0.14 |
| $Freeze$ | 0.31 |
| $Age$ | 0.25 |
| $PreIRI$ | 0.13 |

与其他分类分析方法相比：逻辑回归对负组预测较好，但对正组预测较差。决策树分析结果优于 SVM，与 SVM-KNN 接近。随机森林结果优于决策树，但这两种方法的分析结果对正组的召回率均较差。图 12.10 为几种方法的分类分析结果。横坐标与纵坐标分别为能够解释数据最大变异性的第一与第二主成分。浅色点为负组，深色点为正组。总体而言，分类效果的排名为：逻辑回归 < SVM < 决策树 ≈ SVM-KNN。

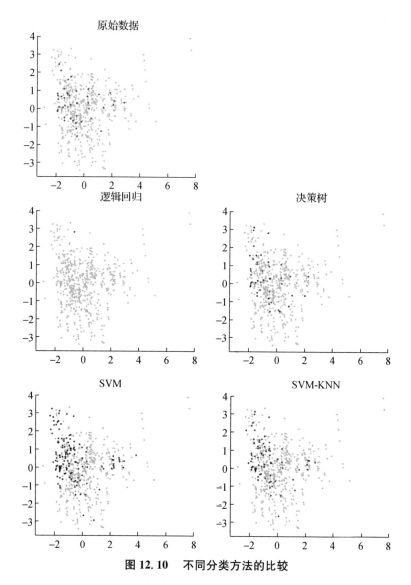

图 12.10　不同分类方法的比较

# 思考题

1. 简述支持向量机中超平面、支持向量、间隔的含义。
2. 简述支持向量机如何分析非线性问题。
3. 简述 KNN 算法的流程。
4. 简述支持向量机、决策树、逻辑回归的区别。
5. 简述支持向量机在道路工程领域还有哪些应用场景。

# 13 主成分分析

实际观测中存在针对同一观测对象,采集的类型、维度不同,但是又具有一定相关性的数据,如不同类型的路面病害数据及气象数据。对于这种多维变量相互关系,可采用多元分析(Multivariate Analysis)的方法研究。多元分析主要包括主成分分析、因子分析、关联分析、判别分析、聚类分析等。多元分析中的主成分分析和因子分析是指对数据做降维处理,从数据中提取某些公共或共性部分。主成分分析(Principal Component Analysis,简称 PCA)由 Pearson 在 1901 年提出,后来被 Hotelling 在 1933 年进一步扩展,属于一种无监督学习。在道路工程领域,主成分分析已被用于多个路面性能指标及多种交通量数据的降维分析。本章介绍主成分分析的定义、计算方法,以及主成分分析在道路气象数据降维中的应用。

## 13.1 基本原理

主成分分析是一种将众多具有一定相关性的变量转换为一组不相关的变量的方法,转换后的这组变量叫主成分。例如,将所有天气数据变量引入路面性能预测方程难以实现也没有意义,而选取有限个变量,又会导致信息缺失。因此,需要通过某种方式寻找具有一定相关性的多组变量中最主要的信息,略去次要信息。在减少新变量数量的同时,尽量减少原变量的信息损失。图 13.1 为学生的物理与化学成绩,当只用一科成绩来评估学生时,另一科成绩的信息就会丢失。但根据两科成绩之间的关系,通过旋转坐标可得到两个新的变量或成分 $Y_1$ 与 $Y_2$,长轴变量 $Y_1$ 代表了两科成绩最主要的信息,可以用该变量代替原先两个变量。

如果将图 13.1 中的物理与化学成绩替换为车辙与平整度指数,当只允许选择一个路面性能指标变量时,可根据两个变量之间的关系,通过旋转得到两个新的变量或成分 $Y_1$ 与 $Y_2$,长轴变量 $Y_1$ 代表了这两个指标包含的大部分信息,可用于代替原先的两个变量。实际分析中主轴总长度一般占所有轴长度之和的 85% 左右,受到原始变量相关性的影响。长轴变量 $Y_1$ 就称为主成分一。当原始变量数量增多时,例如增加路面纵缝、横缝、坑洞等病害指标变量,仍可以根据这一原则,计算出路面病害的多个成分,选择其中最具代表性的作为主成分。

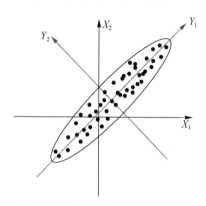

**图 13.1　学生的物理与化学成绩**

为了用一组互不相关的综合变量来代替原来变量,通常将原来的变量做线性组合。如果将选取的第一个线性组合即第一个综合变量记为 $Y_1$,则希望它尽可能多地反映原来变量的信息,这里"信息"用方差来测量,即希望 $\mathrm{Var}(Y_1)$ 越大,表示 $Y_1$ 包含的信息越多。因此在所有的线性组合中首先选取方差最大的作为 $Y_1$,故称 $Y_1$ 为第一主成分。一般情况下,第一主成分不足以代表原来 $p$ 个变量的信息,需要继续选取 $Y_2$ 即第二个线性组合。为了有效地反映原来信息,$Y_1$ 已有的信息就不需要再出现在 $Y_2$ 中,用数学语言表达就是要求 $\mathrm{Cov}(Y_1,Y_2)=0$,则称 $Y_2$ 为第二主成分,依此类推可以构造出第三、第四及第 $p$ 个主成分。

主成分的几何意义可以在如图 13.1 所示的二维空间进行解释。将坐标系进行正交旋转,旋转角度为 $\theta$,在椭圆长轴方向取坐标 $Y_1$,在椭圆短轴方向取坐标 $Y_2$,旋转公式为式(13.1),写成矩阵形式如式(13.2)。其中 $\boldsymbol{U}$ 为坐标旋转变换矩阵,是正交矩阵,即有 $\boldsymbol{U}\boldsymbol{U}^{\mathrm{T}}=\boldsymbol{I}$,满足 $\sin^2\theta+\cos^2\theta=1$。

$$\begin{cases} y_{1j}=x_{1j}\cos\theta+x_{2j}\sin\theta, \\ y_{2j}=x_{1j}(-\sin\theta)+x_{2j}\cos\theta, \end{cases} j=1,2,\cdots,n \tag{13.1}$$

$$\boldsymbol{y}=\begin{bmatrix} y_{11} & y_{12} & \cdots & y_{1n} \\ y_{21} & y_{22} & \cdots & y_{2n} \end{bmatrix}=\begin{bmatrix} \cos\theta & \sin\theta \\ -\sin\theta & \cos\theta \end{bmatrix}\begin{bmatrix} x_{11} & x_{12} & \cdots & x_{1n} \\ x_{21} & x_{22} & \cdots & x_{2n} \end{bmatrix}=\boldsymbol{U}\boldsymbol{x} \tag{13.2}$$

新坐标 $Y_1-Y_2$ 有两个性质:①$n$ 个点的坐标 $Y_1$ 与 $Y_2$ 的相关几乎为零。②二维平面上的 $n$ 个点的方差大部分都归属为 $Y_1$ 轴上,而 $Y_2$ 轴上的方差较小。$Y_1$ 与 $Y_2$ 称为原始变量 $X_1$ 与 $X_2$ 的综合变量。由于 $n$ 个点在 $Y_1$ 轴上的方差最大,因而将二维空

间中的点用 $Y_1$ 轴上的一维综合变量来代替,所损失的信息量最小,由此称 $Y_1$ 轴为第一主成分,$Y_2$ 轴与 $Y_1$ 轴正交,有较小的方差,称它为第二主成分。

## 13.2 模型求解

### 13.2.1 主成分模型

对于由 $p$ 个变量组成的向量 $\boldsymbol{X}=(X_1,X_2,\cdots,X_p)^\mathrm{T}$。主成分分析就是将 $p$ 个原变量综合成为 $p$ 个新的变量,即第一、第二、$\cdots$、第 $p$ 个主成分 $Y_1,Y_2,\cdots,Y_p$,如式(13.3),矩阵形式为式(13.4)～式(13.5)。其中,$a_{ij}$ 为主成分系数,是第 $i$ 个原始变量 $X_i$ 在第 $j$ 个主成分 $Y_j$ 上的载荷,反映了 $X_i$ 与 $Y_j$ 的相关程度或 $Y_j$ 对 $X_i$ 的代表程度。$\boldsymbol{A}$ 称为主成分系数矩阵。

$$\begin{cases} Y_1 = a_{11}X_1 + a_{21}X_2 + \cdots + a_{p1}X_p, \\ Y_2 = a_{12}X_1 + a_{22}X_2 + \cdots + a_{p2}X_p, \\ \quad\quad\quad\quad\quad\quad \vdots \\ Y_p = a_{1p}X_1 + a_{2p}X_2 + \cdots + a_{pp}X_p \end{cases} \tag{13.3}$$

$$\boldsymbol{Y} = \boldsymbol{A}\boldsymbol{X} \tag{13.4}$$

$$Y_i = \boldsymbol{a}_i^\mathrm{T}\boldsymbol{X},\ i=1,2,\cdots,p \tag{13.5}$$

其中 $\boldsymbol{Y}=\begin{bmatrix}Y_1\\Y_2\\\vdots\\Y_p\end{bmatrix},\boldsymbol{A}=\begin{bmatrix}a_{11}&a_{21}&\cdots&a_{p1}\\a_{12}&a_{22}&\cdots&a_{p2}\\\vdots&\vdots&&\vdots\\a_{1p}&a_{2p}&\cdots&a_{pp}\end{bmatrix}=\begin{bmatrix}\boldsymbol{a}_1^\mathrm{T}\\\boldsymbol{a}_2^\mathrm{T}\\\vdots\\\boldsymbol{a}_p^\mathrm{T}\end{bmatrix},\boldsymbol{a}_i=\begin{bmatrix}a_{i1}\\a_{i2}\\\cdots\\a_{ip}\end{bmatrix},\boldsymbol{X}=\begin{bmatrix}X_1\\X_2\\\vdots\\X_p\end{bmatrix}.$

$$\tag{13.5}$$

每个主成分都是原始变量的线性组合,各个主成分之间互不相关。主成分根据所含信息量的大小称为第一主成分、第二主成分等。因此,较少个数的主成分保留原始变量大多数信息。主成分的性质包括:① 主成分之间相互独立,即无重叠的信息,$\mathrm{Cov}(Y_i,Y_j)=0,i\neq j,i,j=1,2,\cdots,p$。② 主成分的方差依次递减,重要性依次递减,即 $\mathrm{Var}(Y_1)\geqslant\mathrm{Var}(Y_2)\geqslant\cdots\geqslant\mathrm{Var}(Y_p)$。③ 每个主成分的系数平方和为 1,即 $a_{1j}^2+a_{2j}^2+\cdots+a_{pj}^2=1,j=1,2,\cdots,p$。

### 13.2.2 求解方法

主成分可根据协方差矩阵法和相关矩阵法来求解。求解主成分即寻找使向量

$X$ 的线性组合 $AX$ 的方差最大的方向 $A$。根据主成分之间互不相关的性质,主成分之间的协方差矩阵应该是一个对角阵。设原始数据的协方差矩阵为 $\Sigma$,对于主成分 $Y = AX$,其协方差矩阵如式(13.6)。

$$\mathrm{Var}(Y) = \mathrm{Var}(AX) = (AX)(AX)^{\mathrm{T}} = AXX^{\mathrm{T}}A^{\mathrm{T}}$$

$$= A\Sigma A^{\mathrm{T}} = \Lambda = \begin{bmatrix} \lambda_1 & & & \\ & \lambda_2 & & \\ & & \ddots & \\ & & & \lambda_p \end{bmatrix} \quad (13.6)$$

原始数据经标准化处理后,则协方差矩阵等于相关矩阵,即 $\Sigma = R = XX^{\mathrm{T}}$。由主成分的系数平方和为 1,要求 $A$ 为正交矩阵,即满足 $AA^{\mathrm{T}} = I$。将原始数据的协方差代入得式(13.7) 和式(13.8),展开可得(13.9)。

$$\mathrm{Var}(Y) = A\Sigma A^{\mathrm{T}} = ARA^{\mathrm{T}} = \Lambda \quad (13.7)$$

$$RA^{\mathrm{T}} = A^{\mathrm{T}}\Lambda \quad (13.8)$$

$$\begin{bmatrix} r_{11} & r_{12} & \cdots & r_{1p} \\ r_{21} & r_{22} & \cdots & r_{2p} \\ \vdots & \vdots & & \vdots \\ r_{p1} & r_{p2} & \cdots & r_{pp} \end{bmatrix} \begin{bmatrix} a_{11} & a_{21} & \cdots & a_{p1} \\ a_{12} & a_{22} & \cdots & a_{p2} \\ \vdots & \vdots & & \vdots \\ a_{1p} & a_{2p} & \cdots & a_{pp} \end{bmatrix} = \begin{bmatrix} a_{11} & a_{21} & \cdots & a_{p1} \\ a_{12} & a_{22} & \cdots & a_{p2} \\ \vdots & \vdots & & \vdots \\ a_{1p} & a_{2p} & \cdots & a_{pp} \end{bmatrix} \begin{bmatrix} \lambda_1 & & & \\ & \lambda_2 & & \\ & & \ddots & \\ & & & \lambda_p \end{bmatrix}$$

$$(13.9)$$

展开式(13.9) 两边,根据矩阵相等的性质,根据第一列得出的方程为式(13.10)。

$$\begin{cases} (r_{11} - \lambda_1) a_{11} + r_{12} a_{12} + \cdots + r_{1p} a_{1p} = 0 \\ r_{21} a_{11} + (r_{22} - \lambda_1) a_{12} + \cdots + r_{2p} a_{1p} = 0 \\ r_{p1} a_{11} + r_{p2} a_{12} + \cdots + (r_{pp} - \lambda_1) a_{1p} = 0 \end{cases} \quad (13.10)$$

为得到该齐次方程的解,要求其系数矩阵行列式为 0,如式(13.11) 和式(13.12)。

$$\begin{vmatrix} r_{11} - \lambda_1 & r_{12} & \cdots & r_{1p} \\ r_{21} & r_{22} - \lambda_1 & \cdots & r_{2p} \\ \vdots & \vdots & & \vdots \\ r_{1p} & r_{p2} & \cdots & r_{pp} - 1_p \end{vmatrix} = 0 \quad (13.11)$$

$$|R - \lambda_1 I| = 0 \quad (13.12)$$

显然,$\lambda_1$ 是式(13.12) 的特征根,即相关系数矩阵的特征值,$a_1 = (a_{11}, a_{12}, \cdots, a_{1p})^{\mathrm{T}}$ 是相应的特征向量。根据第二列、第三列等可以得到类似的方程,求解出余下的 $\lambda_i$ 和 $a_i$。

### 13.2.3 方差递减性质

设相关系数矩阵 $\boldsymbol{R}$ 的 $p$ 个特征根为 $\lambda_1 \geqslant \lambda_2 \geqslant \cdots \geqslant \lambda_p \geqslant 0$，相应的特征向量为 $\boldsymbol{a}_i = (a_{i1}, a_{i2}, a_{ip})^\mathrm{T}, i = 1, 2, \cdots, p$。$Y_1$ 的方差为式(13.13)。

$$\mathrm{Var}(Y_1) = \boldsymbol{a}_1^\mathrm{T} \boldsymbol{X} \boldsymbol{X}^\mathrm{T} \boldsymbol{a}_1 = \boldsymbol{a}_1^\mathrm{T} \boldsymbol{R} \boldsymbol{a}_1 = \lambda_1 \tag{13.13}$$

同样有 $\mathrm{Var}(Y_i) = \lambda_i$，即主成分的方差依次递减。并且协方差为式(13.14)。

$$\mathrm{Cov}(Y_i, Y_j) = \mathrm{Cov}(\boldsymbol{a}_i^\mathrm{T} \boldsymbol{X}^\mathrm{T}, \boldsymbol{a}_j^\mathrm{T} \boldsymbol{X}) = \boldsymbol{a}_i^\mathrm{T} \boldsymbol{R} \boldsymbol{a}_j = \boldsymbol{a}_i^\mathrm{T} \Big( \sum_{\alpha=1}^p \lambda_\alpha \boldsymbol{a}_\alpha \boldsymbol{a}_\alpha^\mathrm{T} \Big) \boldsymbol{a}_j$$

$$= \sum_{\alpha=1}^p \lambda_\alpha (\boldsymbol{a}_i^\mathrm{T} \boldsymbol{a}_\alpha)(\boldsymbol{a}_\alpha^\mathrm{T} \boldsymbol{a}_j) = 0, \ i \neq j \tag{13.14}$$

综上所述，主成分分析中的主成分协方差是对角矩阵 $\boldsymbol{\Lambda}$，其对角线上的元素恰好是原始数据相关矩阵的特征值，而主成分系数矩阵 $\boldsymbol{A}$ 的元素则是原始数据相关矩阵 $\boldsymbol{R}$ 特征值相应的特征向量。矩阵 $\boldsymbol{A}$ 是一个正交矩阵。因此，原始变量经过变换后得到新的综合变量，彼此不相关，且方差依次递减。

## 13.3　计算步骤

(1) 原始数据标准化处理。对变量单位不同或数值相差较大的情况，为使主成分分析均等对待每一个原始变量，常将原始变量做标准化处理，同时满足 $E(\boldsymbol{X}) = 0$。对于由 $p$ 个变量组成，观测 $n$ 次的数据样本，按式(13.15)进行标准化。假定原始数据标准化后仍用 $\boldsymbol{X}$ 表示，如式(13.16)。

$$x_{ij}^* = \frac{x_{ij} - \bar{x}_j}{\sqrt{\mathrm{Var}(X_j)}} = \frac{x_{ij} - \dfrac{1}{n}\sum_{i=1}^n x_{ij}}{\sqrt{\dfrac{1}{n-1}\sum_{i=1}^n (x_{ij} - \bar{x}_j)^2}}, \ i = 1, 2, \cdots, n; j = 1, 2, \cdots, p \tag{13.15}$$

$$\boldsymbol{X} = \begin{bmatrix} x_{11} & x_{12} & \cdots & x_{1p} \\ x_{21} & x_{22} & \cdots & x_{2p} \\ \vdots & \vdots & & \vdots \\ x_{n1} & x_{n2} & \cdots & x_{np} \end{bmatrix} \tag{13.16}$$

(2) 计算样本协方差矩阵。实际上标准化后的数据，可由相关系数矩阵代替协方差矩阵。标准化处理后的数据样本的相关系数矩阵 $\boldsymbol{R}$ 为式(13.17)和式(13.18)。

$$R = \frac{1}{n-1} X^T X = \begin{bmatrix} r_{11} & r_{12} & \cdots & r_{1p} \\ r_{21} & r_{22} & \cdots & r_{2p} \\ \vdots & \vdots & & \vdots \\ r_{p1} & r_{p2} & \cdots & r_{pp} \end{bmatrix} \quad (13.17)$$

$$r_{ij} = \frac{1}{n-1} \sum_{t=1}^{n} X_{ti} X_{tj}, \quad i,j = 1,2,\cdots,p \quad (13.18)$$

(3) 按式(13.11)求相关系数矩阵 $R$ 的特征值 $\lambda_1 \geqslant \lambda_2 \geqslant \cdots \geqslant \lambda_p \geqslant 0$ 和相应特征向量 $a_i = (a_{1i}, a_{2i}, \cdots, a_{pi})$，特征向量可构成正交矩阵 $A$。

(4) 选择重要的主成分，写出主成分表达式。

主成分分析可以得到 $p$ 个主成分，但是，由于各个主成分的方差是递减的，包含的信息量也是递减的，所以实际分析时，一般不是选取 $p$ 个主成分，而是根据各个主成分累积贡献率的大小选取前 $m$ 个主成分，这里贡献率就是指某个主成分的方差占全部方差的比重，实际也就是某个特征值占全部特征值合计的比重。某个主成分 $F_j$ 的贡献率为式(13.19)。

$$\frac{\lambda_i}{\sum_{i=1}^{p} \lambda_i} \quad (13.19)$$

$m$ 个主成分 $Y_1, Y_2, \cdots, Y_m$ 的累积贡献率为式(13.20)，表明了其解释 $X_1, X_2, \cdots, X_p$ 的能力。贡献率越大，说明该主成分所包含的原始变量的信息越强。此时 $Y_1, Y_2, \cdots, Y_m$ 可代替 $X_1, X_2, \cdots, X_p$，达到降维目的，但信息损失不多。

$$\frac{\sum_{i=1}^{m} \lambda_i}{\sum_{i=1}^{p} \lambda_i} \quad (13.20)$$

主成分个数 $m$ 可根据累积贡献率达到80%～90%、特征根大于特征根均值等原则来确定，也可根据如图13.2所示的陡坡图(Scree Plot)来判断。陡坡图根据各主成分对数据变异的解释程度绘制，一般选取陡坡趋于平缓的位置来确定提取主成分的数量。实际应用中，选择了重要的主成分后，还要注意主成分实际含义的解释。主成分分析中一个很关键的问题是如何给主成分赋予新的意义，给出合理的解释。变量系数的绝对值大者表明该主成分主要代表了绝对值大的变量。变量综合在一起应赋予怎样的实际意义，要结合具体实际问题给出解释，才能达到深刻分析的目的。

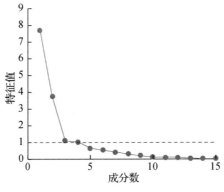

图 13.2 陡坡图

（5）求出主成分数据。根据标准化的原始数据，按照各个样本，分别代入主成分表达式，就可以得到各主成分下的各个样本的新数据。对第 $k$ 个样本，其 $p$ 个主成分为式(13.21)，全部 $n$ 个样本的主成分为式(13.22)。

$$\begin{bmatrix} y_{k1} \\ y_{k2} \\ \vdots \\ y_{kp} \end{bmatrix} = \begin{bmatrix} a_{11} & a_{12} & \cdots & a_{1p} \\ a_{21} & a_{22} & \cdots & a_{2p} \\ \vdots & \vdots & \vdots & \vdots \\ a_{p1} & a_{p2} & \cdots & a_{pp} \end{bmatrix} \begin{bmatrix} y_{k1} \\ y_{k2} \\ \vdots \\ y_{kp} \end{bmatrix} \quad (13.21)$$

$$\begin{bmatrix} y_{11} & y_{21} & \cdots & y_{n1} \\ y_{12} & y_{22} & \cdots & y_{n2} \\ \vdots & \vdots & \vdots & \vdots \\ y_{1p} & y_{2p} & \cdots & y_{np} \end{bmatrix} = \begin{bmatrix} a_{11} & a_{12} & \cdots & a_{1p} \\ a_{21} & a_{22} & \cdots & a_{2p} \\ \vdots & \vdots & \vdots & \vdots \\ a_{p1} & a_{p2} & \cdots & a_{pp} \end{bmatrix} \begin{bmatrix} x_{11} & x_{21} & \cdots & x_{n1} \\ x_{12} & x_{22} & \cdots & x_{n2} \\ \vdots & \vdots & \vdots & \vdots \\ x_{1p} & x_{2p} & \cdots & x_{np} \end{bmatrix}$$

(13.22)

依据主成分得分的数据，则可以进行进一步的统计分析，如主成份回归、变量子集合的选择、综合评价等。

## 13.4 例 气象数据主成分降维

### 13.4.1 背景与数据

在道路工程领域，主成分分析已被用于对包含多个变量的交通数据、气象数据、路面性能数据、材料性质数据、传感器数据进行降维，得到能够解释原始变量大部分变异的个数较少的新变量，再利用降维后的变量构建回归、神经网络等模型。

在LTPP数据库气象数据模块中,通过距离试验路段最近的气象站来采集气象数据,提取了包括美国、加拿大在内的62个州800个气象站从1948—2012年,共计21 666组无缺失值的样本数据。每组数据包括16个变量,变量含义与描述如表13.1所示。在进行路面性能分析及预测时,如何将这些气象数据用于数据分析,是否可以不必采用所有16组气象数据,用少数几组变量代表这16组气象数据,可采用主成分分析来研究这个问题。

表13.1 LTPP气象数据描述

| 变量 | 描述 | 最大值 | 最小值 | 均值 | 标准差 |
| --- | --- | --- | --- | --- | --- |
| MEAN_ANN_TEMP_AVG | 日均气温的年均值/℃ | 25.9 | −4.1 | 13.3 | 4.7 |
| MAX_ANN_TEMP_AVG | 日最高气温的年均值/℃ | 32.6 | 1.8 | 19.8 | 5.0 |
| MIN_ANN_TEMP_AVG | 日最低气温的年均值/℃ | 22.1 | −10.0 | 6.9 | 4.7 |
| MAX_ANN_TEMP | 年最高气温/℃ | 52.2 | 21.4 | 37.1 | 3.3 |
| MIN_ANN_TEMP | 年最低气温/℃ | 10.1 | −69.1 | −16.8 | 9.3 |
| DAYS_ABOVE_32_C_YR | 日最高气温>32 ℃的天数 | 197 | 0 | 44.4 | 40.4 |
| DAYS_BELOW_0_C_YR | 日最低气温<0 ℃的天数 | 271 | 0 | 94.6 | 56.0 |
| FREEZE_INDEX_YR | 一年中低于0 ℃的日均气温之和的负值/℃-days | 3 369 | 0 | 252.3 | 326.4 |
| FREEZE_THAW_YR | 一年中冻融循环次数 | 236 | 0 | 74.2 | 41.0 |
| MAX_ANN_HUM_AVG | 日最高湿度的年均值/% | 100 | 0 | 84.7 | 14.5 |
| MIN_ANN_HUM_AVG | 日最低湿度的年均值/% | 84 | 0 | 44.7 | 11.0 |
| TOTAL_ANN_PRECIP | 年降雨量/mm | 3658.1 | 0 | 909.8 | 431.6 |
| INTENSE_PRECIP_DAYS_YR | 年降雨超过12.7 mm的天数 | 84 | 0 | 21.4 | 12.1 |
| WET_DAYS_YR | 年降雨超过0.25 mm的天数 | 261 | 0 | 124.3 | 40.8 |
| TOTAL_SNOWFALL_YR | 年降雪量/mm | 10 674 | 0 | 525.4 | 693.2 |
| SNOW_COVERED_DAYS_YR | 一年中有降雪信息的天数 | 184 | 0 | 1.6 | 11.3 |

## 13.4.2 分析结果

图 13.3 为基于这 16 组变量的主成分分析结果,首先特征值图给出了每个主成分所解释的变异百分比。在本例中,第一个主成分解释数据中 47.5% 的变异,第二个主成分解释了 24.1% 的变异,前两个主成分解释了数据中 72.6% 的变异。陡坡图给出了特征值随主成分数量下降的情况,可以看出前两个主成分之后特征值就降得很低。

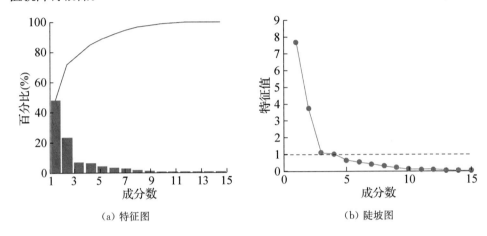

(a) 特征图　　　　　　　　　　(b) 陡坡图

图 13.3　结果分析展示

表 13.2 给出了前五个主成分的标准化载荷系数,每列载荷系数为各主成分作为这 16 个变量的线性函数的系数。可以很明显地看出:第一个主成分,主要与温度、冰冻、降雪有关;第二个主成分主要与湿度、降雨有关;第三与第四个主成分与最大湿度与雪覆盖天数有关;第五个主成分之后载荷系数已全部小于 0.5。结合特征图及陡坡图,在进行路面性能变化的分析时,可以采用分别代表温度和湿度的这两个主成分进行分析。

表 13.2　LTPP 前五个主成分的标准化载荷系数

| 变量 | 主成分 1 | 主成分 2 | 主成分 3 | 主成分 4 | 主成分 5 |
| --- | --- | --- | --- | --- | --- |
| MEAN_ANN_TEMP_AVG | 0.978 | 0.106 | −0.003 | 0.043 | 0.016 |
| MAX_ANN_TEMP_AVG | 0.972 | −0.038 | 0.004 | 0.016 | 0.084 |
| MIN_ANN_TEMP_AVG | 0.940 | 0.255 | −0.012 | 0.069 | −0.059 |
| MIN_ANN_TEMP | 0.898 | 0.168 | −0.044 | 0.045 | 0.014 |
| DAYS_ABOVE_32_C_YR | 0.814 | −0.330 | 0.068 | 0.188 | −0.047 |

续表

| 变量 | 主成分1 | 主成分2 | 主成分3 | 主成分4 | 主成分5 |
|---|---|---|---|---|---|
| MAX_ANN_TEMP | 0.662 | −0.510 | 0.161 | 0.018 | 0.122 |
| TOTAL_ANN_PRECIP | 0.124 | 0.896 | −0.302 | −0.117 | 0.062 |
| INTENSE_PRECIP_DAYS_YR | 0.190 | 0.847 | −0.298 | −0.150 | 0.100 |
| WET_DAYS_YR | −0.349 | 0.771 | −0.226 | −0.018 | −0.070 |
| MIN_ANN_HUM_AVG | −0.323 | 0.757 | 0.507 | 0.127 | −0.028 |
| MAX_ANN_HUM_AVG | −0.183 | 0.655 | 0.666 | 0.082 | 0.195 |
| SNOW_COVERED_DAYS_YR | −0.270 | 0.048 | −0.244 | 0.855 | 0.349 |
| FREEZE_INDEX_YR | −0.824 | −0.103 | 0.094 | 0.207 | −0.369 |
| FREEZE_THAW_YR | −0.731 | −0.306 | −0.057 | −0.300 | 0.491 |
| DAYS_BELOW_0_C_YR | −0.935 | −0.237 | 0.004 | −0.103 | 0.143 |
| TOTAL_SNOWFALL_YR | −0.746 | 0.011 | −0.218 | 0.198 | −0.217 |

## 思考题

1. 简述主成分分析的含义。
2. 简述如何确定主成分的个数。
3. 简述主成分分析的求解方法。
4. 简述如何用主成分分析进行降维。
5. 简述主成分分析在道路工程领域还有哪些应用场景。

# 14 因子分析

因子分析(Factor Analysis)起源于20世纪初,K. Pearson 和 C. Spearman 为定义和测定智力所做的统计分析,目前在心理学、社会学、经济学等学科取得了成功的应用,也属于一种无监督学习。主成分分析通过计算并选择多组变量代表的主要信息,来进行数据降维。因子分析则是寻找多组变量中的共性部分,从中提取共性因子。因子分析通过研究变量相关矩阵或协方差矩阵的内部依赖关系,将多个变量综合为少数几个因子,并计算出原始变量与因子之间的相关关系。因子分析已被道路工程人员用于进行路面病害、路面材料性能的分类。本章将介绍因子分析的定义、三种计算方法,以及因子分析在路面气象数据及路面性能数据共性特征研究中的应用。

## 14.1 基本原理

因子分析的经典案例是分析学生各科成绩由哪些因素决定。如式(14.1)所示,各科成绩变量 $X_i$ 由两部分组成,$F$ 为对所有 $X_i$ 都起作用的公共因子(Common Factor),代表了诸如逻辑思维、抽象能力、记忆能力等不同方面的能力;$a_i$ 为因子载荷(Loading),表示第 $i$ 个科目在不同方面的表现;$\varepsilon_i$ 是 $i$ 个科目特有的特殊因子(Specific Factor)。

$$X_i = a_i F + \varepsilon_i \tag{14.1}$$

表14.1为6门科目成绩,可以看出第一个公共因子与文学、历史、英语相关性较高,可理解为文科因子;而第二个公共因子与数学、物理、化学相关性较高,可理解为理科因子。因此,因子分析可用于分析道路性能指标变量的公共因子,例如:各种裂缝是否与材料公共因子相关性较好,而平整度、车辙等是否与交通量公共因子相关性更高。

**表 14.1　科目成绩**

| 课程 | 因子 1 | 因子 2 |
| --- | --- | --- |
| 数学 | −0.387 | **0.790** |
| 物理 | −0.172 | **0.841** |
| 化学 | −0.184 | **0.827** |
| 文学 | **0.879** | −0.343 |
| 历史 | **0.911** | −0.201 |
| 英语 | **0.913** | −0.216 |

因子分析的核心是采用公共因子＋特殊因子的方式,以最少的公共因子对总变异量做最大的解释。从求解原始变量相关矩阵或协方差矩阵的内部依赖关系出发,把具有错综复杂关系的多个变量归结为少数几个综合因子。因子分析的模型如式(14.2)。

$$X_i = \mu_i + a_{i1}F_1 + a_{i2}F_2 + \cdots + a_{im}F_m + \varepsilon_i \tag{14.2}$$

其中,$\mu_i$ 为均值,标准化的随机变量均值为 0;$a_{ij}$ 为因子载荷,表示第 $i$ 个变量在第 $j$ 个公共因子的表现;$F_1,F_2,\cdots,F_m$ 为 $m$ 个不可观测的互不相关的公共因子,且 $m \leqslant p$ 每个公共因子至少对两个变量有作用,否则为特殊因子;$\varepsilon_i$ 是变量 $X_i$ 特有的特殊因子。

因子分析模型的矩阵形式如式(14.3)和式(14.4)。

$$\boldsymbol{X} = \boldsymbol{\mu} + \boldsymbol{AF} + \boldsymbol{\varepsilon} \tag{14.3}$$

$$\begin{bmatrix} X_1 \\ X_2 \\ \vdots \\ X_p \end{bmatrix} = \begin{bmatrix} \mu_1 \\ \mu_2 \\ \vdots \\ \mu_p \end{bmatrix} + \begin{bmatrix} a_{11} & a_{12} & \cdots & a_{1m} \\ a_{21} & a_{22} & \cdots & a_{2m} \\ \vdots & \vdots & & \vdots \\ a_{p1} & a_{p2} & \cdots & a_{pm} \end{bmatrix} \begin{bmatrix} F_1 \\ F_2 \\ \vdots \\ F_m \end{bmatrix} + \begin{bmatrix} \varepsilon_1 \\ \varepsilon_2 \\ \vdots \\ \varepsilon_p \end{bmatrix} \tag{14.4}$$

其中,$\boldsymbol{\mu}$ 为均值向量,标准化的随机向量均值为 0;$\boldsymbol{A} = (a_{ij})_{p \times m}$ 为因子载荷矩阵;$\boldsymbol{F} = (F_1, F_2, \cdots, F_m)^{\mathrm{T}}$ 为公共因子向量;$\boldsymbol{\varepsilon} = (\varepsilon_1, \varepsilon_2, \cdots, \varepsilon_p)^{\mathrm{T}}$ 为特殊因子向量。

对于因子间关系,通常假设式(14.5)～式(14.9)成立。式(14.6)表示各公共因子互不相关,方差为 1。式(14.8)表示特殊因子方差互不相关。特殊因子方差也成为特殊方差(Specific Variance),式(14.9)表示公共因子与特殊因子互不相关。

$$E(\boldsymbol{F}) = 0 = \begin{bmatrix} 0 \\ 0 \\ \vdots \\ 0 \end{bmatrix} \tag{14.5}$$

$$\mathrm{Var}(\boldsymbol{F}) = D(\boldsymbol{F}) = \boldsymbol{I}_m = \begin{bmatrix} 1 & & & \\ & 1 & & \\ & & \ddots & \\ & & & 1 \end{bmatrix} \quad (14.6)$$

$$E(\boldsymbol{\varepsilon}) = 0 = \begin{bmatrix} 0 \\ 0 \\ \vdots \\ 0 \end{bmatrix} \quad (14.7)$$

$$\mathrm{Var}(\boldsymbol{\varepsilon}) = D(\boldsymbol{\varepsilon}) = \begin{bmatrix} \sigma_1^2 & & & \\ & \sigma_2^2 & & \\ & & \ddots & \\ & & & \sigma_p^2 \end{bmatrix} \quad (14.8)$$

$$\mathrm{Cov}(\boldsymbol{F}, \boldsymbol{\varepsilon}) = 0 = \begin{bmatrix} 0 & 0 & \cdots & 0 \\ 0 & 0 & \cdots & 0 \\ \vdots & \vdots & & \vdots \\ 0 & 0 & \cdots & 0 \end{bmatrix} \quad (14.9)$$

因子分析的几个重要性质包括：

(1) 因子载荷为第 $i$ 个变量在第 $j$ 个公共因子方面的负荷,如式(14.10)。因子载荷绝对值越大,相关度越高。如果把变量 $X_i$ 看成 $m$ 维空间中的一个点,则 $a_{ij}$ 表示它在坐标轴 $F_j$ 上的投影。

$$\mathrm{Cov}(X_i, F_j) = a_{ij} \quad (14.10)$$

(2) 如式(14.11), $h_i^2$ 为共同度(Communality),又称共性方差(Common Variance)或公因子方差,是第 $i$ 个变量的公共因子载荷的平方总和,反映了全部公共因子对第 $i$ 个变量的方差贡献。$\sigma_i^2$ 为特殊因子方差,是特殊因子对第 $i$ 个变量的方差贡献。对标准化的随机变量,式(14.12) 成立。

$$h_i^2 = \sum_{j=1}^{m} a_{ij}^2 \quad (14.11)$$

$$1 = \sum_{j=1}^{m} a_{ij}^2 + \sigma_i^2 = h_i^2 + \sigma_i^2 \quad (14.12)$$

(3) 因子载荷矩阵中各列元素的平方和 $g_j^2$,如式(14.13),称为第 $j$ 个公共因子 $F_j$ 对所有变量提供的方差贡献和。

$$g_j^2 = \sum_{i=1}^{p} a_{ij}^2 \quad (14.13)$$

(4) 方差贡献率 $G_j$ 为公共因子 $F_j$ 对所有实测变量方差的贡献总和的比值,如式(14.14)。

$$G_j = \frac{g_j^2}{p} \tag{14.14}$$

## 14.2 因子求解

对于 $p$ 维样本 $\boldsymbol{X}_{(i)} = (x_{i1}, x_{i2}, \cdots, x_{ip})^{\mathrm{T}}$,均值和方差估计如式(14.15)和式(14.16)。建立因子模型,需要估计因子载荷矩阵 $\boldsymbol{A} = (a_{ij})_{p \times m}$ 和特殊方差矩阵 $\boldsymbol{D} = \mathrm{diag}(\sigma_1^2, \sigma_2^2, \cdots, \sigma_p^2)$。常用的参数估计方法包括:主成分法、主因子法和极大似然法。

$$\overline{\boldsymbol{X}} = \frac{1}{n} \sum_{i=1}^{n} \boldsymbol{X}_{(i)} \tag{14.15}$$

$$\boldsymbol{S} = \frac{1}{n-1} \sum_{i=1}^{n} (\boldsymbol{X}_{(i)} - \overline{\boldsymbol{X}})(\boldsymbol{X}_{(i)} - \overline{\boldsymbol{X}})^{\mathrm{T}} \tag{14.16}$$

### 14.2.1 主成分法

设样本的协方差矩阵 $\boldsymbol{S}$ 的特征值为 $\lambda_1 \geqslant \lambda_2 \geqslant \cdots \geqslant \lambda_p \geqslant 0$,相应单位正交特征向量为 $\boldsymbol{l}_1, \boldsymbol{l}_2, \cdots, \boldsymbol{l}_p$,则 $\boldsymbol{S}$ 有谱分解式如式(14.17),当最后 $p - m$ 个特征值较小时,即可求解出 $\boldsymbol{A}$ 和 $\boldsymbol{D}$。

$$\begin{aligned} \boldsymbol{S} &= \sum_{i=1}^{p} \lambda_i \boldsymbol{l}_i \boldsymbol{l}_i^{\mathrm{T}} = \lambda_1 \boldsymbol{l}_1 \boldsymbol{l}_1^{\mathrm{T}} + \cdots + \lambda_m \boldsymbol{l}_m \boldsymbol{l}_m^{\mathrm{T}} + \lambda_{m+1} \boldsymbol{l}_{m+1} \boldsymbol{l}_{m+1}^{\mathrm{T}} + \cdots + \lambda_p \boldsymbol{l}_p \boldsymbol{l}_p^{\mathrm{T}} \\ &\approx \lambda_1 \boldsymbol{l}_1 \boldsymbol{l}_1^{\mathrm{T}} + \cdots + \lambda_m \boldsymbol{l}_m \boldsymbol{l}_m^{\mathrm{T}} + \boldsymbol{D} = \boldsymbol{A}\boldsymbol{A}^{\mathrm{T}} + \boldsymbol{D} \end{aligned} \tag{14.17}$$

其中,$\boldsymbol{A} = (\sqrt{\lambda_1}\boldsymbol{l}_1, \sqrt{\lambda_2}\boldsymbol{l}_2, \cdots, \sqrt{\lambda_m}\boldsymbol{l}_m)$。

### 14.2.2 主因子法

主因子法是对主成分法的修正,假定变量已经标准化,协方差矩阵与相关矩阵 $\boldsymbol{R}$ 相同。设 $\boldsymbol{R} = \boldsymbol{A}\boldsymbol{A}^{\mathrm{T}} + \boldsymbol{D}$,则 $\boldsymbol{R} - \boldsymbol{D} = \boldsymbol{A}\boldsymbol{A}^{\mathrm{T}} = \boldsymbol{R}^*$ 称为约相关阵(Reduced Correlation Matrix),$\boldsymbol{R}^*$ 中对角线元素是 $h_i^2$,而不是 1,非对角线元素与 $\boldsymbol{R}$ 中是完全一样的,并且 $\boldsymbol{R}^*$ 也一定是非负矩阵。$\boldsymbol{R}^*$ 的估计 $\hat{\boldsymbol{R}}^*$ 如式(14.18)。

$$\hat{\boldsymbol{R}}^* = \hat{\boldsymbol{A}}\hat{\boldsymbol{A}}^{\mathrm{T}} \tag{14.18}$$

$\hat{\boldsymbol{R}}^*$ 的前 $m$ 个特征值依次为 $\hat{\lambda}_1^* \geqslant \hat{\lambda}_2^* \geqslant \cdots \geqslant \hat{\lambda}_m^* > 0$,相应的单位正交特征向量为 $\hat{\boldsymbol{l}}_1^*, \hat{\boldsymbol{l}}_2^*, \cdots, \hat{\boldsymbol{l}}_m^*$,$\hat{\boldsymbol{R}}^*$ 有近似分解式,因子载荷矩阵估计 $\hat{\boldsymbol{A}} = (\hat{a}_{ij})_{p \times m}$ 如式(14.19)。

$$\hat{A} = (\sqrt{\hat{\lambda}_1^*}\,\hat{l}_1^*, \sqrt{\hat{\lambda}_2^*}\,\hat{l}_2^*, \cdots, \sqrt{\hat{\lambda}_m^*}\,\hat{l}_m^*) \tag{14.19}$$

特殊方差矩阵估计 $\hat{D} = \text{diag}(\hat{\sigma}_1^2, \hat{\sigma}_2^2, \cdots, \hat{\sigma}_p^2)$ 如式(14.20)。

$$\hat{\sigma}_i^2 = 1 - \hat{h}_i^* = 1 - \sum_{j=1}^{m} \hat{a}_{ij}^2, \quad i = 1, 2, \cdots, p \tag{14.20}$$

### 14.2.3 极大似然法

设公共因子 $F \sim N_m(\mathbf{0}, \mathbf{I})$，特殊因子 $\varepsilon \sim N_p(\mathbf{0}, \mathbf{I})$，且相互独立，可以得到因子载荷矩阵和特殊方差的极大似然估计。设 $p$ 维观测向量 $X_{(1)}, X_{(2)}, \cdots, X_{(p)}$ 为来自总体 $N_p(\boldsymbol{\mu}, \boldsymbol{S})$ 的随机样本，则样本的似然函数为 $L(\boldsymbol{\mu}, \boldsymbol{\Sigma})$。设 $\boldsymbol{\Sigma} = \boldsymbol{A}\boldsymbol{A}^T + \boldsymbol{D}$，取 $\boldsymbol{\mu} = \overline{\boldsymbol{X}}$，似然函数 $L(\overline{\boldsymbol{X}}, \boldsymbol{A}\boldsymbol{A}^T + \boldsymbol{D})$ 的对数似然函数为 $\varphi(\boldsymbol{A}, \boldsymbol{D})$；则 $\boldsymbol{A}, \boldsymbol{D}$ 的极大似然估计为式(14.21)，$\hat{\boldsymbol{A}}, \hat{\boldsymbol{D}}$ 满足式(14.22)~式(14.24)。

$$\varphi(\hat{\boldsymbol{A}}, \hat{\boldsymbol{D}}) = \max \varphi(\boldsymbol{A}, \boldsymbol{D}) \tag{14.21}$$

$$\hat{\boldsymbol{\Sigma}} \hat{\boldsymbol{D}}^{-1} \hat{\boldsymbol{A}} = \hat{\boldsymbol{A}} (\boldsymbol{I} + \hat{\boldsymbol{A}}^T \hat{\boldsymbol{D}}^{-1} \hat{\boldsymbol{A}}) \tag{14.22}$$

$$\hat{\boldsymbol{D}} = \text{diag}(\hat{\boldsymbol{\Sigma}} - \hat{\boldsymbol{A}}\hat{\boldsymbol{A}}^T) \tag{14.23}$$

$$\hat{\boldsymbol{\Sigma}} = \frac{1}{n} \sum_{i=1}^{n} (\boldsymbol{X}_{(i)} - \overline{\boldsymbol{X}})(\boldsymbol{X}_{(i)} - \overline{\boldsymbol{X}})^T \tag{14.24}$$

## 14.3 因子旋转

按照以上三种方法计算的因子，可能出现同一个变量在多个公共因子上都有较大的载荷，也可能多个变量在同一个公共因子上都有较大载荷，说明该因子对多个变量都有较明显的影响作用。这种因子模型很难对因子做出合理的定义。因子旋转(Factor Rotation)就是通过旋转因子的坐标轴，使每个变量仅在一个公共因子上有较大的载荷，而在其余的公共因子上的载荷比较小。这时对于每个公共因子而言(即载荷矩阵的每一列)，它在部分变量上的载荷较大，在其它变量上的载荷较小，这时就突出了每个公共因子和其载荷较大的那些变量的联系，该公共因子的含义也就能通过这些载荷较大的变量做出合理的说明。

因子旋转包含正交旋转(Orthogonal Rotation)和斜交旋转(Oblique Rotation)。正交旋转要求各因子相互独立，而斜旋转则允许各因子相互关联。

常采用方差最大的正交旋转(Varimax Rotation)是使旋转后的因子载荷阵中的每一列元素尽可能地拉开距离，即向 0 或 1 两极分化，使每一个主因子只对应少数几个变量具有高载荷，其余载荷很小，且每一变量也只在少数个主因子上具有高载荷，其余载荷都很小。对公共因子作正交旋转就是对载荷矩阵 $A$ 作一正交变换，右乘正交矩阵 $\varGamma$，使得旋转后的因子载荷阵 $B = A\varGamma$ 有更鲜明的实际意义。可以证明经过因子旋转后，因子的共同度不变，但贡献发生了变化。

## 14.4 因子得分

因子分析是将变量分解为公因子和特殊因子的线性组合，由 $m$ 个公因子反映原 $p$ 个变量的相关关系 $(m < p)$。因子得分则是将公因子表示成变量的线性组合，用 $m$ 个公因子代替原 $p$ 个变量，达到降维的效果。通过因子得分分析，可以考察变量分类或把变量的公因子得分作为降维后的数据进行进一步分析。常用的计算因子得分的方法包括回归法 Bartlett 法、Anderson-Rubin 法等。

因子分析的一般步骤如下：

（1）确定分析变量。

（2）进行相关性分析，如果大多数变量相关系数大于 0.3，可考虑进行因子分析。

（3）采用主成分法、主因子法、极大似然法求公共因子与载荷矩阵。

（4）正交或斜交旋转因子。

（5）建立回归方程，自变量为各变量，因变量为各公共因子。

（6）根据回归方程确定因子得分。

## 14.5 因子分析特点

如果事先并不明确因子数量及其与各变量对应关系的因子分析，则称为探索因子分析（Exploratory Factor Analysis，简称 EFA）；如果事先明确因子数量及对应关系，可以进行验证因子分析（Confirmatory Factor Analysis，简称 CFA），属于结构方程模型（Structural Equation Modeling，简称 SEM）的一种。

因子分析与主成分分析相似，二者都以"降维"为目的，都从协方差矩阵或相关系数矩阵出发。因子分析可看作主成分分析的推广和逆问题。二者不同之处包括：

（1）主成分分析寻找能解释变量绝大部分变异的几组不相关新变量（主成分），因子分析把变量看作由公共因子和特殊因子组成。

（2）主成分分析中，主成分为变量的线性组合；因子分析中，变量为因子的线性组合。

（3）主成分分析寻找椭球的所有主轴,原先有几个变量,就有几个主成分。而因子分析事先确定要找的因子数量 $m$ 小于变量数量 $p$。

（4）主成分分析不需假设,因子分析需要满足假设,包括:各公共因子间不相关、特殊因子不相关、公共因子和特殊因子不相关。

## 14.6　例 14.1　气象数据因子分析

在道路工程领域,因子分析主要用于分析多种路面或材料性能指标所代表的内在本质。例如,一些研究者发现 20 余种沥青混合料的性能指标可以归结为抗车辙因子、抗剪切因子和抗水损坏因子;多种路面性能指标又可以分为行车舒适性因子、早期开裂因子及严重老化损坏因子,或者分为表面病害因子、表面平整度因子及结构状态因子。

本例选用与第 13 章中相同的数据,采用基于主成分算法的因子分析方法研究 16 组气象数据间的共性。16 个变量的特征值与图 13.3 中相同。表 14.2 给出了前两个公因子旋转因子载荷,即公因子 1 和 2 对应这 16 个变量的线性函数系数。第一个因子与温度有关,第二个因子与湿度有关。因此,对于 10 个气温、冰冻、降雪相关的变量,因子 1 的系数较高。对于 5 个湿度、降雨变量,因子 2 的系数较高。

表 14.2　前两个因子的载荷系数

| 变量 | 描述 | 因子 1 | 因子 2 |
| --- | --- | --- | --- |
| MEAN_ANN_TEMP_AVG | 日均气温的年均值 /℃ | **0.998** | －0.064 |
| MAX_ANN_TEMP_AVG | 日最高气温的年均值 /℃ | **0.964** | －0.264 |
| MIN_ANN_TEMP_AVG | 日最低气温的年均值 /℃ | **0.988** | 0.152 |
| MAX_ANN_TEMP | 年最高气温 /℃ | **0.539** | －0.516 |
| MIN_ANN_TEMP | 年最低气温 /℃ | **0.887** | 0.020 |
| DAYS_ABOVE_32_C_YR | 日最高气温 ＞ 32℃ 的天数 | **0.754** | －0.397 |
| DAYS_BELOW_0_C_YR | 日最低气温 ＜ 0℃ 的天数 | －**0.936** | －0.117 |
| FREEZE_INDEX_YR | 一年中低于 0℃ 的日均气温之和的负值 /℃-days | －**0.800** | 0.132 |
| FREEZE_THAW_YR | 一年中冻融循环次数 | －**0.754** | －0.341 |
| MAX_ANN_HUM_AVG | 日最高湿度的年均值 /% | －0.070 | **0.356** |

续表

| 变量 | 描述 | 因子1 | 因子2 |
|---|---|---|---|
| MIN_ANN_HUM_AVG | 日最低湿度的年均值/% | −0.199 | **0.604** |
| TOTAL_ANN_PRECIP | 年降雨量/mm | 0.245 | **0.543** |
| INTENSE_PRECIP_DAYS_YR | 年降雨超过12.7mm的天数 | 0.295 | **0.482** |
| WET_DAYS_YR | 年降雨超过0.25mm的天数 | −0.219 | **0.609** |
| TOTAL_SNOWFALL_YR | 年降雪量/mm | **−0.682** | 0.159 |
| SNOW_COVERED_DAYS_YR | 一年中有降雪信息的天数 | −0.218 | 0.085 |

## 14.7 例14.2 路面性能数据因子分析

### 14.7.1 背景与数据

从田纳西州交通部路面管理系统（PMS）中，提取了某一年全州沥青路面的性能检测数据，共计68 488个样本，其中57 091个样本来自州内道路，11 397个样本来自州际高速。每组样本包含了10个路面性能指标，各变量描述与结果如表14.3和表14.4所示。可以看出，由于病害数据"0"值较多，表现出远高于平整度和车辙的偏度与峰度值。本章将采用因子分析可用来发现这些变量之间的共性，从而为分类提供依据。

表14.3 州内道路10种路面性能检测样本统计描述

| 变量 | 描述 | 最小值 | 最大值 | 均值 | 标准差 | 偏度 | 峰度 |
|---|---|---|---|---|---|---|---|
| $IRI$ | 国际平整度指数/(m·km$^{-1}$) | 0.35 | 5.00 | 1.29 | 0.62 | 1.90 | 5.25 |
| $RUT$ | 车辙深度/cm | 0 | 12.65 | 2.46 | 1.24 | 1.61 | 4.27 |
| $FATG$ | 疲劳裂缝面积占轮迹带面积的比重/% | 0 | 100 | 6.87 | 16.54 | 3.64 | 14.52 |
| $TRAN$ | 横向裂缝数量（超过100时，仍记为100） | 0 | 87 | 3.11 | 5.88 | 2.90 | 11.66 |
| $LWP$ | 纵向轮迹带裂缝长度占路段长度的比重/% | 0 | 100 | 4.28 | 7.37 | 4.96 | 41.80 |
| $LNWP$ | 纵向轮迹带裂缝长度占路段长度的比重/% | 0 | 100 | 6.14 | 9.35 | 3.73 | 21.89 |

续表

| 变量 | 描述 | 最小值 | 最大值 | 均值 | 标准差 | 偏度 | 峰度 |
|---|---|---|---|---|---|---|---|
| BLK | 块裂面积与车道面积比 /% | 0 | 100 | 2.29 | 8.85 | 5.20 | 31.07 |
| LLJ | 纵向接缝损坏长度占路段长度的比重 /% | 0 | 100 | 2.60 | 11.18 | 5.29 | 30.35 |
| RAVEL | 出现剥落的面积占车道面积的比重 /% | 0 | 100 | 0.68 | 5.09 | 11.45 | 161.98 |
| PATCH | 修补面积占车道面积的比重 /% | 0 | 81 | 0.24 | 2.23 | 13.71 | 230.02 |

表 14.4　州际高速 10 种路面性能检测样本统计描述

| 变量 | 描述 | 最小值 | 最大值 | 均值 | 标准差 | 偏度 | 峰度 |
|---|---|---|---|---|---|---|---|
| IRI | 国际平整度指数 /(m·km$^{-1}$) | 0.30 | 4.35 | 0.76 | 0.45 | 2.67 | 9.41 |
| RUT | 车辙深度 /cm | 0.71 | 12.7 | 2.58 | 1.11 | 1.67 | 5.53 |
| FATG | 疲劳裂缝面积占轮迹带面积的比重 /% | 0 | 100 | 1.83 | 8.31 | 7.78 | 73.05 |
| TRAN | 横向裂缝数量（超过 100 时，仍记为 100） | 0 | 36 | 0.55 | 2.22 | 6.07 | 44.66 |
| LWP | 纵向轮迹带裂缝长度占路段长度的比重 /% | 0 | 99 | 1.64 | 4.04 | 4.81 | 48.68 |
| LNWP | 纵向轮迹带裂缝长度占路段长度的比重 /% | 0 | 95 | 6.00 | 8.70 | 2.23 | 6.64 |
| BLK | 块裂面积占车道面积的比重 /% | 0 | 83 | 1.03 | 5.44 | 8.00 | 77.30 |
| LLJ | 纵向接缝损坏长度占路段长度的比重 /% | 0 | 99 | 1.83 | 9.42 | 6.33 | 44.11 |
| RAVEL | 出现剥落的面积占车道面积的比重 /% | 0 | 100 | 0.23 | 3.69 | 21.83 | 535.15 |
| PATCH | 修补面积占车道面积的比重 /% | 0 | 47 | 0.11 | 1.40 | 20.06 | 481.37 |

## 14.7.2　分析结果

采用因子分析来确定路面性能数据的潜在共性。图 14.1 为州内道路与州际高速对应的陡坡图，分别都有三个特征值大于 1，说明州内道路和州际高速均需要三个共性因子，增加第四个因子意义不大。

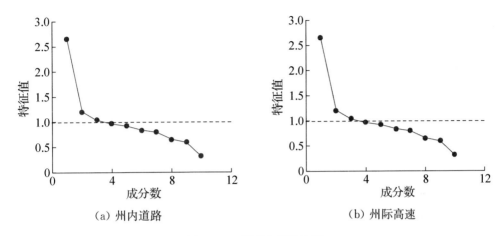

(a) 州内道路　　　　　(b) 州际高速

**图 14.1　因子分析陡坡图**

各变量对三个共性因子的旋转因子载荷如表 14.5 所示。一般认为旋转因子载荷大于 0.3 或相对较大时,变量与该因子间相关度较高。首先,IRI 被认为是与其他变量存在显著区别的变量,独立对应一个可认为是与行车舒适性有关的因子 $C_1$。轮迹带处与非轮迹带处的纵向裂缝及横向裂缝与因子 $C_2$ 相关度较大。疲劳裂缝、块裂、纵向施工缝损坏及车辙与因子 $C_3$ 相关度较大。由于没有必要增加第四个因子,可将剥落与修补也可作为第三个因子。总体看来,因子 $C_1$ 与行车舒适度有关,因子 $C_2$ 代表沥青路面的早期开裂,因子 $C_3$ 表示更加严重的路面损坏,例如疲劳裂缝和车辙均与较高的荷载累积作用次数有关,块裂则表明材料的严重老化。

**表 14.5　因子分析旋转因子载荷**

| 变量 | 州内道路 | | | 州际高速 | | |
|---|---|---|---|---|---|---|
| | 因子 $C_1$ | 因子 $C_2$ | 因子 $C_3$ | 因子 $C_1$ | 因子 $C_2$ | 因子 $C_3$ |
| IRI | **0.994** | 0.056 | 0.090 | **0.989** | 0.070 | 0.127 |
| LWP | 0.091 | **0.980** | 0.175 | 0.167 | **0.970** | 0.178 |
| LNWP | 0.008 | **0.581** | 0.201 | 0.036 | **0.415** | 0.175 |
| TRAN | 0.109 | **0.413** | 0.299 | 0.219 | **0.327** | 0.133 |
| FATG | 0.074 | 0.379 | **0.548** | 0.180 | 0.380 | **0.481** |
| BLK | 0.007 | 0.120 | **0.471** | 0.052 | 0.150 | **0.491** |
| LLJ | 0.040 | 0.073 | **0.324** | 0.108 | 0.109 | **0.320** |
| RUT | 0.139 | 0.097 | **0.314** | 0.287 | 0.158 | **0.278** |
| RAVEL | 0.101 | 0.064 | 0.098 | 0.046 | 0.204 | 0.130 |
| PATCH | 0.194 | 0.007 | 0.024 | 0.169 | 0.044 | 0.039 |

## 思考题

1. 简述因子分析的含义。
2. 简述因子分析与主成分分析的区别。
3. 简述因子分析的求解方法。
4. 简述如何确定因子分析中因子的个数。
5. 简述因子分析在道路工程领域还有哪些应用场景。

# 15 聚类分析

聚类分析(Cluster Analysis)是根据某种规则将样本(或变量)进行分类,在生物学和经济学领域有着大量的应用。20 世纪 30 年代,心理学家就开始使用聚类分析来研究思维和性格。针对不同数据的特征,机器学习领域已经出现了多种聚类算法,由于预先不知道有多少类,聚类分析属于无监督学习。道路工程中,聚类分析可用于对路面交通量等数据进行变量聚类,或者根据多种路面病害指标对路段进行样本聚类。本章介绍聚类分析的基本原理、样本聚类和变量聚类的概念,以及常见的系统聚类算法与 K 均值聚类算法。

## 15.1 基本原理

聚类分析是一种事先不知道类别个数与结构,根据观测变量计算出研究对象之间的"距离"远近,即相似性(Similarity)或相异性(Dissimilarity)进行分类的分析方法。聚类分析根据分类对象不同分为对样本进行分类的 Q 型聚类和对变量进行分类的 R 型聚类分析。Q 型聚类是聚集较相似的样本,分离差异性大的样本。R 型聚类是聚集较相似的变量,分离差异性大的变量,可在相似变量中选择少数具有代表性的变量,达到变量降维目的。

样本和变量的相似程度通常分别用距离与相似系数来衡量。距离是将每一个样品看作 $p$ 维空间的一个点,并用某种度量方法测量点与点之间的距离,距离较近的归为一类,距离较远的点应属于不同的类。相似系数常用余弦相似度(Cosine Similarity)来描述,性质接近的变量的相似系数接近于 1 或 −1,彼此无关变量的相似系数接近于 0。

## 15.2 样本聚类

样本聚类是将数据集的样本划分为若干个互不相交的类簇(Cluster),每个簇对应一个潜在的类别。常用的样本聚类方法包括划分式聚类方法(Partition-based Methods)、基于密度的聚类方法(Density-based Methods)、层次化聚类方法(Hierarchical Methods)等。聚类算法的每一次合并或划分都是基于某种局部最优的选择,因而是一种贪心算法。

划分式聚类方法需要事先指定簇类的数目或者聚类中心,通过反复迭代,直至最后达到"簇内的点足够近,簇间的点足够远"的目标。经典的划分式聚类方法有K均值算法及其变体。K均值算法对于凸数据具有良好的效果,能够根据距离将数据分为球状类的簇,但对于非凸形状的数据点,例如环形数据点容易出现错误,可以采用此法。基于密度的聚类方法的核心思想是先发现密度较高的点,然后把相近的高密度点逐步都连成一片,进而生成各种簇。由于不是基于各种各样的距离,而是基于密度,故能克服基于距离的算法只能发现"类圆形"的聚类的缺点。

划分式聚类和基于密度的聚类都存在一个链式效应问题,比如:A 与 B 相似,B 与 C 相似,那么在聚类的时候会将 A、B、C 聚合到一起,但是如果 A 与 C 不相似,就会造成聚类误差,严重的时候这个误差可以一直传递下去。层次聚类则可以降低链式效应,层次聚类算法一般分为两类:

(1) 凝聚(Agglomerative)层次聚类是一种自下而上(Bottom Up)的算法,首先将每个样本都视为一个簇,然后开始按一定规则,将相似度高的簇进行合并,直到所有样本都形成一个簇,或者达到某个终止条件,算法结束。这种层次聚类比较常用。

(2) 分裂(Divisive)层次聚类是一种自上向下(Top Down)的层次聚类,与凝聚的层次聚类算法过程相反,首先将所有样本置于同一个簇中,然后开始按一定规则,将相似度低的簇进行分类,逐渐细分为越来越小的簇,直到每个样本自成一簇,或者达到某个终止条件。该种方法一般较少使用。

## 15.2.1 距离相似度

实现样本聚类的算法有很多种,这里主要介绍最常见的系统聚类(Hierarchical Clustering)与K均值(K-Means)聚类算法。首先介绍距离相似度的计算。随机变量 $X$ 包含 $n$ 个样本($X_1,X_2,\cdots,X_n$),每个样本有 $p$ 个指标变量,如式(15.1)。每个样本可以看成是 $p$ 维空间 $\mathbf{R}^p$ 中的一个点,$n$ 个样本就是 $p$ 维空间 $\mathbf{R}^p$ 中的 $n$ 个点。第 $i$ 个样本与第 $j$ 个样本之间的距离记为 $d_{ij}$,聚类过程中,距离较近的点倾向于归为一类,距离较远的点归为不同类。

$$\boldsymbol{X} = \begin{bmatrix} x_{11} & x_{12} & \cdots & x_{1p} \\ x_{21} & x_{22} & \cdots & x_{2p} \\ \vdots & \vdots & & \vdots \\ x_{n1} & x_{n2} & \cdots & x_{np} \end{bmatrix} \quad (15.1)$$

其中，$\boldsymbol{X}_i = (x_{i1}, x_{i2}, \cdots, x_{ip})$。

常见的距离计算方法包括：

(1) 明氏距离(Minkowski Distance)，如式(15.2)。

$$d_{ij} = \Big(\sum_{k=1}^{p} |x_{ik} - x_{jk}|^q\Big)^{\frac{1}{q}}, \quad q \geqslant 1 \quad (15.2)$$

(2) 明氏距离存在三种特殊形式，当 $q=1$ 时，为绝对距离(Block Distance)，也称为曼哈顿距离(Manhattan Distance)，如式(15.3)。

$$d_{ij}(1) = \sum_{k=1}^{p} |x_{ik} - x_{jk}| \quad (15.3)$$

(3) 当 $q=2$ 时，为欧氏距离(Euclidean Distance)，如式(15.4)。

$$d_{ij}(2) = \Big(\sum_{k=1}^{p} |x_{ik} - x_{jk}|^2\Big)^{\frac{1}{2}} \quad (15.4)$$

(4) 当 $q=+\infty$ 时，为切氏距离(Chebyshev Distance)，如式(15.5)。

$$d_{ij}(+\infty) = \max_{0 \leqslant k \leqslant p} |x_{ik} - x_{jk}| \quad (15.5)$$

(5) 标准化明氏距离：明氏距离的值与各指标的量纲有关，并且没有考虑各个变量之间的相关性和重要性。当各变量的单位不同或测量值范围相差很大时，不应直接采用明氏距离，而应先对各变量的数据作标准化处理，然后用标准化后的数据计算距离，如式(15.6)。

$$x_{ij}^* = \frac{x_{ij} - \bar{x}_j}{\sqrt{S_{jj}}} \quad i=1,2,\cdots,n; j=1,2,\cdots,p \quad (15.6)$$

其中，$\bar{x}_j = \frac{1}{n}\sum_{i=1}^{n} x_{ij}$ 为第 $j$ 个变量的样本均值；$S_{jj} = \frac{1}{n-1}\sum_{i=1}^{n}(x_{ij} - \bar{x}_j)^2$ 为第 $j$ 个变量的样本方差。

(6) 兰氏距离(Canberra Distance)：为避免明氏距离缺点，Lance 和 Williams 提出了兰氏距离。对于 $x_{ij} > 0, i=1,2,\cdots,n, j=1,2,\cdots,p$，按式(15.7)计算。兰氏距离能够克服量纲的影响，但未考虑指标间相关性的影响。

$$d_{ij} = \sum_{k=1}^{p} \frac{|x_{ik} - x_{jk}|}{x_{ik} + x_{jk}} \quad (15.7)$$

(7) 马氏(Mahalanobis Distance)距离：马氏距离是欧氏距离的一种修正，能够克服量纲及指标间相关性的影响,但协方差矩阵难以确定。如果假定各变量之间相互独立,即观测变量的协方差矩阵是对角矩阵,则马氏距离就变为用各个观测指标的标准差的倒数作为权数进行加权的欧氏距离,如式(15.8)。

$$d_{ij} = \left[ (\boldsymbol{x}_i - \boldsymbol{x}_j)^{\mathrm{T}} \boldsymbol{S}^{-1} (\boldsymbol{x}_i - \boldsymbol{x}_j) \right]^{\frac{1}{2}} \tag{15.8}$$

其中,$\boldsymbol{x}_i = (x_{i1}, x_{i2}, \cdots, x_{ip})^{\mathrm{T}}$,$\boldsymbol{x}_j = (x_{j1}, x_{j2}, \cdots, x_{jp})^{\mathrm{T}}$,$\boldsymbol{S}$ 为样本协方差矩阵。

## 15.2.2 系统聚类

系统聚类将 $n$ 个样本各自作为一类,并规定样本之间的距离和类与类之间的距离,然后将距离最近的两类合并成一个新类,计算新类与其他类的距离;重复进行两个最近类的合并,每次减少一类,直至所有的样本合并为一类。然后绘制聚类图,确定分类个数与类。图 15.1 为一个典型的系统聚类,根据样本之间的相似性将样本逐步合并成一类,而在不同的条件下,可以将样本分为若干类。

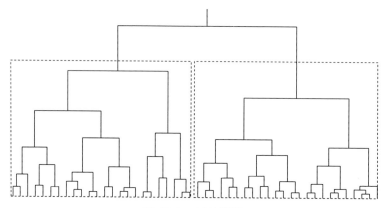

**图 15.1 系统聚类**

以下用 $d_{ij}$ 表示第 $i$ 个样本与第 $j$ 个样本的距离,$D_{KL}$ 表示类 $G_K$ 与类 $G_L$ 的距离。所有系统聚类法一开始每个样本自成一类,类与类之间的距离与样本之间的距离相同,即 $D_{KL} = d_{KL}$,所以最初的距离矩阵全部相同。

(1) 最短距离法(Single Linkage Method),类与类之间的距离为两类最近样本间的距离,如式(15.9)。

$$D_{KL} = \min_{i \in G_K, j \in G_L} d_{ij} \tag{15.9}$$

当某步骤类 $G_K$ 与 $G_L$ 合并为 $G_M$ 后,按最短距离法计算新类 $G_M$ 与其他类 $G_J$ 的类间距离,其递推公式为式(15.10)。

$$D_{MJ} = \min_{i \in G_M, j \in G_J} d_{ij} = \min\{ \min_{i \in G_K, j \in G_J} d_{ij}, \min_{i \in G_L, j \in G_J} d_{ij} \} = \min\{ D_{KJ}, D_{LJ} \}$$

$$\tag{15.10}$$

(2) 最长距离法(Complete Linkage Method),类与类之间的距离为两类最远样本间的距离,如式(15.11)。

$$D_{KL} = \max_{i \in G_K, j \in G_L} d_{ij} \tag{15.11}$$

当某步骤类 $G_K$ 与 $G_L$ 合并为 $G_M$ 后,按最长距离法计算新类 $G_M$ 与其他类 $G_J$ 的类间距离,其递推公式为式(15.12)。

$$D_{MJ} = \max\{D_{KJ}, D_{LJ}\} \tag{15.12}$$

(3) 中间距离法(Median Linkage Method),类与类之间的距离为样本距离中位值。当某步骤类 $G_K$ 和 $G_L$ 合并为 $G_M$ 后,对于任一类 $G_J$,如图15.2,考虑由 $D_{KL}$、$D_{LJ}$ 和 $D_{KJ}$ 为边长组成的三角形,取 $D_{KL}$ 边的中线作为 $D_{MJ}$。$D_{MJ}$ 的计算公式为式(15.13)。

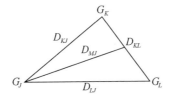

**图15.2　中间距离法的几何表示**

$$D_{MJ}^2 = \frac{1}{2} D_{KJ}^2 + \frac{1}{2} D_{LJ}^2 - \frac{1}{4} D_{KL}^2 \tag{15.13}$$

中间法更一般的形式为式(15.14),其中 $\beta < 1$,这种方法称为可变法。当 $\beta = 0$ 时,递推公式变为 Mcquitty 相似分析法。

$$D_{MJ}^2 = \frac{1-\beta}{2}(D_{KJ}^2 + D_{LJ}^2)\beta D_{KL}^2 \tag{15.14}$$

(4) 类平均法(Average Linkage Method)有两种定义,一般是把类 $G_K$ 与类 $G_L$ 之间的距离定义为所有样本对之间的平均距离,如式(15.15)和式(15.16)计算。其中,$n_K$ 和 $n_L$ 分别为类 $G_K$ 和 $G_L$ 的样本个数。

$$D_{KL} = \frac{1}{n_K n_L} \sum_{i \in G_K, j \in G_L} d_{ij} \tag{15.15}$$

$$D_{KL}^2 = \frac{1}{n_K n_L} \sum_{i \in G_K, j \in G_L} d_{ij}^2 \tag{15.16}$$

(5) 重心法(Centroid Hierarchical Method),类与类之间的距离定义为它们的重心(均值)之间的欧氏距离。设 $G_K$ 与 $G_L$ 的重心分别为 $\bar{x}_K$ 和 $\bar{x}_L$,则 $G_K$ 与 $G_L$ 之间的平方距离按式(15.17)计算。

$$D_{KL}^2 = d_{\bar{x}_K \bar{x}_L}^2 = (\bar{x}_K - \bar{x}_L)^T (\bar{x}_K - \bar{x}_L) \tag{15.17}$$

(6) 离差平方和法(Ward's Minimum Variance Method)是 Ward 提出的,也称

为 Ward 法。它基于方差分析思想，如果类分得正确，则同类样本之间的离差平方和应当较小，不同类样本之间的离差平方和应当较大。设类 $G_K$ 和 $G_L$ 合并为新的类 $G_M$，则 $G_K$、$G_L$、$G_M$ 的离差平方和按式(15.18) 计算。

$$W_K = \sum_{i \in G_K} (\boldsymbol{x}_{(i)} - \bar{\boldsymbol{x}}_K)^{\mathrm{T}} (\boldsymbol{x}_{(i)} - \bar{\boldsymbol{x}}_K),$$
$$W_L = \sum_{i \in G_L} (\boldsymbol{x}_{(i)} - \bar{\boldsymbol{x}}_L)^{\mathrm{T}} (\boldsymbol{x}_{(i)} - \bar{\boldsymbol{x}}_L), \quad (15.18)$$
$$W_M = \sum_{i \in G_M} (\boldsymbol{x}_{(i)} - \bar{\boldsymbol{x}}_M)^{\mathrm{T}} (\boldsymbol{x}_{(i)} - \bar{\boldsymbol{x}}_M)$$

其中，$W_K$、$W_L$ 和 $W_M$ 反映了各自类内样本的分散程度。如 $G_K$ 和 $G_L$ 这两类相距较近，则合并后所增加的离差平方和 $W_M - W_K - W_L$ 应较小；否则，应较大。可以定义 $G_K$ 和 $G_L$ 之间的平方距离为式(15.19)。

$$D_{KL}^2 = W_M - W_K - W_L \quad (15.19)$$

### 15.2.3　K 均值聚类

与系统聚类不同，K 均值聚类(K-Means Cluster) 也称为快速聚类，需要事先确定 $k$ 个点作为"聚类种子"，将样本中的第 $i$ 个观测值 $x_i$ 按照最小距离原则分配到最邻近聚类 $z_j$，如式(15.20) 所示。把每个聚类中的样本均值作为新的聚类中心，重新按照最小距离原则进行分类，直到聚类中心不再变化。实际分析中可以通过指定迭代次数或者迭代终止判据来进行。

$$d_{ij} = \min(\|x_i - z_j\|), \quad x_i \in S, z_j \in Z \quad (15.20)$$

初始聚类中心的选取不仅决定了迭代次数，也决定了最终解是否全局最优。一般首先根据理论或实际经验，选择第一个样本点作为第一个聚类中心，然后选取距离第一个点最远的点作为第二个聚类中心，以此类推，第 $j$ 个聚类中心要远离第 $1 \sim j-1$ 个聚类中心。进行聚类分析时，可以根据三次聚类准则(Cubic Clustering Criterion, CCC) 来选择合适的聚类数量，一般选择 CCC 值较大的聚类。

## 15.3　变量聚类

聚类分析方法不仅用来对样本进行分类，而且可用来对变量进行分类，在对变量进行分类时，常用相似系数来度量变量之间的相似程度。这里介绍采用夹角余弦的相似系数。设 $c_{ij}$ 表示变量 $\boldsymbol{X}_i$ 和 $\boldsymbol{X}_j$ 的相似系数。对于变量 $\boldsymbol{X}_i$ 和 $\boldsymbol{X}_j$ 的 $n$ 次观测值，$\boldsymbol{x}_i = (x_{1i}, x_{2i}, \cdots, x_{ni})^{\mathrm{T}}$，$\boldsymbol{x}_j = (x_{1j}, x_{2j}, \cdots, x_{nj})^{\mathrm{T}}$，$\boldsymbol{X}_i$ 和 $\boldsymbol{X}_j$ 的夹角余弦称为两变量的

相似系数,记为$c_{ij}(1)$,按式(15.21)计算。当$\boldsymbol{X}_i$和$\boldsymbol{X}_j$平行时,$c_{ij}(1)=\pm1$,说明这两向量完全相似;当$\boldsymbol{X}_i$和$\boldsymbol{X}_j$正交时,$c_{ij}(1)=0$,说明这两变量不相关。

$$c_{ij}(1)=\cos\alpha_{ij}=\frac{\sum_{k=1}^{n}x_{ki}x_{kj}}{\sqrt{\sum_{k=1}^{n}x_{ki}^2\sum_{k=1}^{n}x_{kj}^2}},\quad i,j=1,2,\cdots,p \tag{15.21}$$

当相似系数为数据标准化后的夹角余弦时,变量$\boldsymbol{X}_i$和$\boldsymbol{X}_j$的相似系数$r_{ij}$可记为$c_{ij}(2)$,按式(15.22)计算。其中,$\bar{x}_i=\sum_{k=1}^{n}x_{ki}$,$\bar{x}_j=\sum_{k=1}^{n}x_{kj}$,$c_{ij}(2)=\pm1$表示两变量线性相关。

$$c_{ij}(2)=r_{ij}=\frac{\sum_{k=1}^{n}(x_{ki}-\bar{x}_i)(x_{kj}-\bar{x}_j)}{\sqrt{\sum_{k=1}^{n}(x_{ki}-\bar{x}_i)^2\sum_{k=1}^{n}(x_{kj}-\bar{x}_j)^2}},\quad i,j=1,2,\cdots,p$$
(15.22)

## 15.4 例 气象分区聚类分析

### 15.4.1 背景与数据

道路工程中,聚类分析已被用于对交通轴载数据进行聚类,再将聚类后的交通轴载数据作为其他模型的输入,类似于降维分析,此外,还可根据路面病害对路网中的不同路段进行自动分组,再进行养护决策分析。近年来,聚类分析还被用于对海量智能手机数据、激光扫描数据及声波数据等大数据进行降维聚类,评估路面病害。

在道路结构设计与混合料配合比设计中,均需要确定不同地区的气候区划。那么能否根据众多气象站获取的气象数据,通过直接分析数据之间的距离远近关系,将不同的气象站分为不同的组;能否通过无监督机器学习的方法,完全根据气象监测结果进行气候区划。本例再次选取LTPP数据库中48个州4 935个气象站不同年份的16个变量的气象数据。采用K均值聚类方法进行分析。

### 15.4.2 分析结果

首先选取3个聚类进行分析,结果如图15.3和表15.1所示。图15.3的横坐标与纵坐标分别为两个主成分,根据前面的分析结果可知,主成分1和2分别代表温度与湿度。可以看出三组聚类主要根据温度来划分。聚类1为炎热潮湿地区,聚类2为炎热干燥地区,聚类3为非炎热地区。

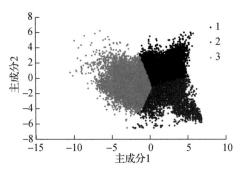

图15.3 聚类分析结果示意图(三组)

表15.1 3个聚类分析结果

| 聚类 | 1 | 2 | 3 |
| --- | --- | --- | --- |
| 样本量 | 8 788 | 3 708 | 9 170 |
| MEAN_ANN_TEMP_AVG | 16 | 17 | 8 |
| MAX_ANN_TEMP_AVG | 22 | 24 | 14 |
| MIN_ANN_TEMP_AVG | 10 | 9 | 2 |
| MAX_ANN_TEMP | 37 | 41 | 35 |
| MIN_ANN_TEMP | −11 | −10 | −26 |
| DAYS_ABOVE_32_C_YR | 50 | 91 | 13 |
| DAYS_BELOW_0_C_YR | 56 | 60 | 150 |
| FREEZE_INDEX_YR | 53 | 54 | 616 |
| FREEZE_THAW_YR | 51 | 55 | 101 |
| MAX_ANN_HUM_AVG | 91 | 68 | 87 |
| MIN_ANN_HUM_AVG | 49 | 30 | 48 |
| TOTAL_ANN_PRECIP | 1 251 | 472 | 821 |
| INTENSE_PRECIP_DAYS_YR | 31 | 10 | 18 |
| WET_DAYS_YR | 145 | 76 | 143 |
| TOTAL_SNOWFALL_YR | 138 | 156 | 1 204 |
| SNOW_COVERED_DAYS_YR | 0 | 0 | 5 |

美国 AASHTO 根据温度和湿度将美国划分为：干热、干冷、湿热、湿冷（Dry No Freeze，Dry Freeze，Wet No Freeze，Wet Freeze）四个区域。当选用四组聚类时，之前三组聚类的第二组按照湿度被划分为两组，如图 15.4 和表 15.2 所示，对于四组聚类，聚类 1 为炎热潮湿地区，聚类 2 为炎热干燥地区，聚类 3 为非炎热地区，聚类 4 为寒冷潮湿地区。

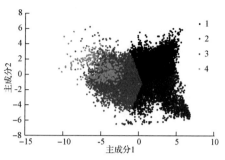

图 15.4　聚类分析结果示意图（四组）

表 15.2　4 个聚类分析结果

| 聚类 | 1 | 2 | 3 | 4 |
| --- | --- | --- | --- | --- |
| 样本量 | 8 601 | 3 537 | 9 099 | 429 |
| MEAN_ANN_TEMP_AVG | 16 | 17 | 9 | 5 |
| MAX_ANN_TEMP_AVG | 22 | 25 | 15 | 11 |
| MIN_ANN_TEMP_AVG | 10 | 10 | 2 | 0 |
| MAX_ANN_TEMP | 37 | 41 | 35 | 32 |
| MIN_ANN_TEMP | −10 | −10 | −25 | −29 |
| DAYS_ABOVE_32_C_YR | 50 | 93 | 14 | 4 |
| DAYS_BELOW_0_C_YR | 55 | 57 | 148 | 170 |
| FREEZE_INDEX_YR | 49 | 49 | 582 | 983 |
| FREEZE_THAW_YR | 50 | 53 | 101 | 95 |
| MAX_ANN_HUM_AVG | 91 | 68 | 87 | 90 |
| MIN_ANN_HUM_AVG | 49 | 30 | 48 | 53 |
| TOTAL_ANN_PRECIP | 1 254 | 473 | 814 | 974 |
| INTENSE_PRECIP_DAYS_YR | 31 | 11 | 18 | 20 |
| WET_DAYS_YR | 144 | 76 | 141 | 174 |
| TOTAL_SNOWFALL_YR | 130 | 142 | 1 127 | 2 218 |
| SNOW_COVERED_DAYS_YR | 0 | 0 | 1 | 95 |

# 思考题

1. 简述聚类分析的含义。
2. 简述样本距离的类型及特点。
3. 简述系统聚类与 K 均值聚类算法。
4. 简述变量聚类算法。
5. 简述聚类分析在道路工程领域还有哪些应用场景。

# 16 判别分析

判别分析(Discriminate Analysis)产生于20世纪30年代,是一种根据个体特征判别个体所属群体的一种统计方法。判别分析在已知有多少类,并且在有训练样本的前提下,利用训练样本得到判别函数,对待测样本进行分类。在病理诊断中,可测量患病者与健康者的 $p$ 个指标数据,利用这些数据建立判别函数,对新的病人进行诊断。在质量管理中,可通过测取合格与不合格产品的 $p$ 个指标,建立判别函数来进行产品质量检验。在生物学中,可根据花瓣数量、形状、长度等特征来判别新发现的植物属于哪一科。聚类分析中并不知道样本应该分成哪几类,需要根据观测数据来确定。判别分析则已知"训练样本"的观测数据及类别。可见,聚类分析属于无监督机器学习,判别分析属于监督机器学习。本章介绍距离判别、贝叶斯判别、费舍尔判别算法的基本原理。

## 16.1 距离判别

### 16.1.1 马氏距离

距离判别是最简单、直观的一种判别方法,该方法适用于连续型随机变量,对变量概率分布没有限制。与聚类分析中定义的距离类似,若 $x,y$ 是欧氏空间 $\mathbf{R}^p$ 中的两个点,欧氏距离为式(16.1)。欧氏空间(Euclidean Space)就是对现实二维和三维空间的一般化,把其中距离以及相关的概念长度和角度,转换至高维的坐标系。

$$d(\boldsymbol{x},\boldsymbol{y})=\sqrt{(\boldsymbol{x}-\boldsymbol{y})^{\mathrm{T}}(\boldsymbol{x}-\boldsymbol{y})} \tag{16.1}$$

但是欧氏距离无法考虑 $x,y$ 方差不同的情况,为克服量纲及指标间相关性影响,采用标准化变量后的欧氏距离,即马氏距离。设 $\boldsymbol{x}=(x_1,x_2,\cdots,x_p)^{\mathrm{T}}$ 和 $\boldsymbol{y}=(y_1,y_2,\cdots,y_p)^{\mathrm{T}}$ 是从均值为 $\boldsymbol{\mu}=(\mu_1,\mu_2,\cdots,\mu_p)^{\mathrm{T}}$,协方差矩阵为 $\boldsymbol{\Sigma}=(\sigma_{ij})_{p\times p}>$

0的总体 $G$ 中抽取的样本,则 $x$ 与 $y$ 的马氏距离为式(16.2)。

$$d(\boldsymbol{x},\boldsymbol{y})=\sqrt{(\boldsymbol{x}-\boldsymbol{y})^{\mathrm{T}}\boldsymbol{\Sigma}^{-1}(\boldsymbol{x}-\boldsymbol{y})} \tag{16.2}$$

样本 $x$ 与总体 $G$ 重心的马氏距离为式(16.3)。

$$d^2(\boldsymbol{x},\boldsymbol{G})=(\boldsymbol{x}-\boldsymbol{\mu})^{\mathrm{T}}\boldsymbol{\Sigma}^{-1}(\boldsymbol{x}-\boldsymbol{\mu}) \tag{16.3}$$

### 16.1.2 判别准则

设总体 $G_1$ 和 $G_2$ 的均值向量分别为 $\boldsymbol{\mu}_1$ 和 $\boldsymbol{\mu}_2$,协方差矩阵分别为 $\boldsymbol{\Sigma}_1$ 和 $\boldsymbol{\Sigma}_2$,要判断 $x$ 来自哪一个总体。首先考虑 $G_1$ 和 $G_2$ 协方差相同的情况,即 $\boldsymbol{\mu}_1 \neq \boldsymbol{\mu}_2, \boldsymbol{\Sigma}_1 = \boldsymbol{\Sigma}_2 = \boldsymbol{\Sigma}$。要判断 $x$ 属于哪一个总体,需要计算 $x$ 到总体 $G_1$ 和 $G_2$ 的马氏距离的平方 $d^2(\boldsymbol{x},\boldsymbol{G}_1)$ 和 $d^2(\boldsymbol{x},\boldsymbol{G}_2)$,根据式(16.4)所示判别准则,得到式(16.5)。

$$\begin{cases} \boldsymbol{x} \in \boldsymbol{G}_1, & \text{if} \quad d^2(\boldsymbol{x},\boldsymbol{G}_1) < d^2(\boldsymbol{x},\boldsymbol{G}_2), \\ \boldsymbol{x} \in \boldsymbol{G}_2, & \text{if} \quad d^2(\boldsymbol{x},\boldsymbol{G}_1) > d^2(\boldsymbol{x},\boldsymbol{G}_2), \\ 待判, & \text{if} \quad d^2(\boldsymbol{x},\boldsymbol{G}_1) = d^2(\boldsymbol{x},\boldsymbol{G}_2) \end{cases} \tag{16.4}$$

$$\begin{aligned} d^2(\boldsymbol{x},\boldsymbol{G}_2) - d^2(\boldsymbol{x},\boldsymbol{G}_1) &= (\boldsymbol{x}-\boldsymbol{\mu}_2)^{\mathrm{T}}\boldsymbol{\Sigma}^{-1}(\boldsymbol{x}-\boldsymbol{\mu}_2) - (\boldsymbol{x}-\boldsymbol{\mu}_1)^{\mathrm{T}}\boldsymbol{\Sigma}^{-1}(\boldsymbol{x}-\boldsymbol{\mu}_1) \\ &= 2(\boldsymbol{x}-\overline{\boldsymbol{\mu}}^{\mathrm{T}})\boldsymbol{\Sigma}^{-1}(\boldsymbol{\mu}_1-\boldsymbol{\mu}_2) \end{aligned} \tag{16.5}$$

其中, $\overline{\boldsymbol{\mu}} = \dfrac{\boldsymbol{\mu}_1 + \boldsymbol{\mu}_2}{2}$ 为两个总体的均值,令 $w(\boldsymbol{x})$ 为两总体距离的线性判别函数, $\boldsymbol{\Sigma}^{-1}(\boldsymbol{\mu}_1 - \boldsymbol{\mu}_2)$ 为已知的 $p$ 维向量,判别准则为式(16.6)和式(16.7)。

$$w(\boldsymbol{x}) = (\boldsymbol{x}-\overline{\boldsymbol{\mu}})^{\mathrm{T}}\boldsymbol{\Sigma}^{-1}(\boldsymbol{\mu}_1-\boldsymbol{\mu}_2) \tag{16.6}$$

$$\begin{cases} \boldsymbol{x} \in \boldsymbol{G}_1, & \text{if} \quad w(\boldsymbol{x}) > 0, \\ \boldsymbol{x} \in \boldsymbol{G}_2, & \text{if} \quad w(\boldsymbol{x}) < 0, \\ 待判, & \text{if} \quad w(\boldsymbol{x}) = 0 \end{cases} \tag{16.7}$$

实际计算中需要用样本均值与协方差矩阵来代替总体均值与协方差矩阵。假设 $x_1^{(1)}, x_2^{(1)}, \cdots, x_{n_1}^{(1)}$ 是来自总体 $G_1$ 的 $n_1$ 个样本, $x_1^{(2)}, x_2^{(2)}, \cdots, x_{n_2}^{(2)}$ 是来自总体 $G_2$ 的 $n_2$ 个样本,待测样本 $x$ 的判别函数为式(16.8)。 $\overline{x^{(1)}}$ 和 $\overline{x^{(2)}}$ 分别为两总体样本的均值。

$$\hat{w}(\boldsymbol{x}) = (\boldsymbol{x}-\overline{\boldsymbol{x}}-)^{\mathrm{T}}\hat{\boldsymbol{\Sigma}}^{-1}(\overline{\boldsymbol{x}^{(1)}}-\overline{\boldsymbol{x}^{(2)}}) \tag{16.8}$$

当 $p=1$ 时,若两个总体的分布分别为 $N(\mu_1,\sigma^2)$ 和 $N(\mu_2,\sigma^2)$,判别函数 $w(x) = \left[x - \left(\dfrac{\mu_1+\mu_2}{2}\right)\right]^{\mathrm{T}} \dfrac{1}{\sigma^2}(\mu_1-\mu_2)$,设 $\mu_1 < \mu_2$,当 $x < \overline{\mu}, x \in G_1$;当 $x > \overline{\mu}$ 时, $x \in G_2$。但图16.1显示这种方法也会出现错判。如 $x$ 来自 $G_1$,但却落入 $D_2$,被判为属于 $G_2$,错判的概率为图中阴影面积,计算如式(16.9)。只有当两个总体的均值

有显著差异时,作判别分析才有意义。

$$P(2|1) = P(1|2) = 1 - \Phi\left(\frac{\mu_1 - \mu_2}{2\sigma}\right) \tag{16.9}$$

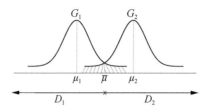

**图 16.1 正态总体均值有显著差异**

当两总体 $G_1$ 和 $G_2$ 的协方差矩阵不同时,即 $\mu_1 \neq \mu_2, \Sigma_1 \neq \Sigma_2$,判别函数为式(16.10)。

$$w(x) = (x - \mu_2)^T \Sigma_2^{-1}(x - \mu_2) - (x - \mu_1)^T \Sigma_1^{-1}(x - \mu_1) \tag{16.10}$$

同样需要用样本均值 $\overline{x^{(1)}}$ 与协方差矩阵 $S$ 来代替总体均值与协方差矩阵,待测样本 $x$ 的判别函数为式(16.11)。

$$\hat{w}(x) = (x - \overline{x^{(2)}})^T S_2^{-1}(x - \overline{x^{(2)}}) - (x - \overline{x^{(1)}})^T S_1^{-1}(x - \overline{x^{(1)}}) \tag{16.11}$$

### 16.1.3 多总体判别

假设 $k$ 个总体 $G_1, G_2, \cdots, G_k$ 分别有均值向量 $\mu_i (i=1,2,\cdots,k)$ 与协方差矩阵 $\Sigma_i = \Sigma$。对于待判样本 $x$,其与各总体的马氏距离为式(16.12)。

$$d^2(x, G_i) = (x - \mu_i)^T \Sigma^{-1}(x - \mu_i) = x^T \Sigma^{-1} x - 2x^T \Sigma^{-1} \mu_i + \mu_i^T \Sigma^{-1} \mu_i^T \tag{16.12}$$

判别函数可写为 $x$ 与各个总体的马氏距离的差值,如式(16.13)。

$$w_i(x) = x^T \Sigma^{-1} \mu_i - 0.5 \mu_i^T \Sigma^{-1} \mu_i \tag{16.13}$$

判别规则为式(16.14)。

$$\begin{cases} x \in G_l, & w_l(x) = \max_{1 \leq i \leq k} w_i(x) \\ 待判, & \text{if} \quad w_i(x) = w_j(x) \end{cases} \tag{16.14}$$

## 16.2 贝叶斯判别

距离判别简单直观,但是没有考虑到两个总体会以不同的概率出现,即先验概率,也没有考虑误判之后造成的损失的差异。而贝叶斯(Bayes)判别是一种考虑先验概率以及错判损失的方法。贝叶斯判别采用样本修正先验概率,得出后验概率分布进行统计推断。贝叶斯即条件概率公式如式(16.15),后验概率为标准似然度

×先验概率。

$$P(B_i|A) = \frac{P(A|B_i)P(B_i)}{\sum P(A|B_i)P(B_i)} \tag{16.15}$$

其中,$P(B_i|A)$是$A$发生时$B_i$发生的条件概率,由于取决于$A$发生的概率而被称作$B_i$的后验概率。$P(A|B_i)$是$B_i$发生时$A$发生的条件概率,由于取决于$Bi$发生的概率而被称作$A$的后验概率。$P(B_i)$是$B_i$的先验概率或边缘概率。之所以称为"先验"是因为它不考虑$A$的因素。$P(A) = \sum P(A|B_i)P(B_i)$是$A$的先验概率或边缘概率,也称作标准化常量(Normalized Constant)。

设有总体$G_i(i=1,2,\cdots,k)$具有概率密度函数$f_i(\boldsymbol{x})$。已知$G_i$出现的概率为$q_i$,可由贝叶斯公式计算样本$\boldsymbol{x}$属于$G_g$类的后验概率如式(16.16)。

$$P(g|\boldsymbol{x}) = \frac{q_g f_g(\boldsymbol{x})}{\sum_{i=1}^{k} q_i f_i(\boldsymbol{x})}, \quad g=1,2,\cdots,k \tag{16.16}$$

判别规则为式(16.17)。

$$\boldsymbol{x} \in \boldsymbol{G}_h, \quad P(h|\boldsymbol{x}) = \max_{1 \leqslant g \leqslant k} P(g|\boldsymbol{x}) \tag{16.17}$$

当总体服从正态分布时,判别规则为式(16.18)。当先验概率相等时,贝叶斯判别等同于距离判别。

$$\boldsymbol{x} \in \boldsymbol{G}_h, \quad q_h f_h(\boldsymbol{x}) = \max_{1 \leqslant g \leqslant k} q_g f_g(\boldsymbol{x}) \tag{16.18}$$

还可以使用错判损失最小的概念作判决函数。这时把$\boldsymbol{x}$错判为$h$总体的平均损失定义为式(16.19)。

$$E(h|\boldsymbol{x}) = \sum_{g \neq h} \frac{q_g f_g(\boldsymbol{x})}{\sum_{i=1}^{k} q_i f_i(\boldsymbol{x})} L(h|g) \tag{16.19}$$

其中,$L(h|g)$为损失函数,表示本来是第$g$总体的样品错判为第$h$总体的损失。显然式(16.19)是对损失函数依概率加权平均或称为错判的平均损失。当$h=g$时,有$L(h|g)=0$;当$h \neq g$时,有$L(h|g)>0$。建立判别准则为式(16.20)。

$$\boldsymbol{x} \in \boldsymbol{G}_h, \quad E(h|\boldsymbol{x}) = \min_{1 \leqslant g \leqslant k} E(g|\boldsymbol{x}) \tag{16.20}$$

考虑损失函数更为合理,但实际应用中$L(h|g)$不容易确定,因此常假设各种错判的损失皆相等,即式(16.21)。

$$L(h|g) = \begin{cases} 0, & h=g, \\ 1, & h \neq g \end{cases} \tag{16.21}$$

这样,寻找$h$使后验概率最大和使错判的平均损失最小是等价的,如式(16.22)。

$$\max_h P\{h|\boldsymbol{x}\} \Leftrightarrow \min_h E(h|\boldsymbol{x}) \tag{16.22}$$

## 16.3 费舍尔判别

### 16.3.1 判别函数

费舍尔判别是 Fisher 在 1936 年提出的一种线性判别法。费舍尔判别对总体的分布不做要求,通过借助方差分析的思想构造一个线性判别函数 $y$,使组内离差平方和 $F$ 最小,组间离差平方和 $Q$ 最大。假设有两个总体 $G_1$、$G_2$,从第一个总体中抽取 $n_1$ 个样品,从第二个总体中抽取 $n_2$ 个样品,每个样品观测 $p$ 个指标。构造判别式如式(16.23)。

$$y = \boldsymbol{X}^\mathrm{T}\boldsymbol{c} = c_1 x_1 + c_2 x_2 + \cdots + c_p x_p \tag{16.23}$$

对于两个总体 $G_1$ 和 $G_2$,可得式(16.24)和式(16.25)。

$$y_j^{(1)} = c_1 x_{j1}^{(1)} + c_2 x_{j2}^{(1)} + \cdots + c_p x_{jp}^{(1)}, \quad j=1,2,\cdots,n_1 \tag{16.24}$$

$$y_j^{(2)} = c_1 x_{j1}^{(2)} + c_2 x_{j2}^{(2)} + \cdots + c_p x_{jp}^{(2)}, \quad j=1,2,\cdots,n_2 \tag{16.25}$$

两个总体的重心为式(16.26)。

$$\overline{y^{(i)}} = \frac{1}{n_i}\sum_{j=1}^{n_i} y_j^{(i)} = \frac{1}{n_i}\sum_{j=1}^{n_i} \boldsymbol{c}^\mathrm{T} \boldsymbol{x}_j^{(i)} = \boldsymbol{c}^\mathrm{T}\overline{\boldsymbol{x}^{(i)}} \quad i=1,2 \tag{16.26}$$

两个总体的距离如式(16.27)。

$$\bar{y} = \frac{\overline{y^{(1)}} + \overline{y^{(2)}}}{2} = \boldsymbol{c}^\mathrm{T}\overline{\boldsymbol{x}^{(1)}} + \boldsymbol{c}^\mathrm{T}\overline{\boldsymbol{x}^{(2)}} = \boldsymbol{c}^\mathrm{T}\bar{\boldsymbol{x}} \tag{16.27}$$

两个总体的方差如式(16.28)。

$$\sigma_i^2 = \frac{1}{n_i-1}\sum_{j=1}^{n_i}(y_j^{(i)} - \overline{y^{(i)}}) = \frac{1}{n_i-1}\sum_{j=1}^{n_i}[\boldsymbol{c}^\mathrm{T}(\boldsymbol{x}_j^{(i)} - \overline{\boldsymbol{x}^{(i)}})]^2$$

$$= \frac{1}{n_i-1}\boldsymbol{c}^\mathrm{T}\left[\sum_{j=1}^{n_i}(\boldsymbol{x}_j^{(i)} - \overline{\boldsymbol{x}^{(i)}})(\boldsymbol{x}_j^{(i)} - \overline{\boldsymbol{x}^{(i)}})^\mathrm{T}\right]\boldsymbol{c} = \frac{1}{n_i-1}\boldsymbol{c}^\mathrm{T}\boldsymbol{S}_i\boldsymbol{c}, i=1,2 \tag{16.28}$$

两组间离差平方和如式(16.29)。

$$Q = n_1(\overline{y^{(1)}} - \bar{y})^2 + n_2(\overline{y^{(2)}} - \bar{y})^2$$

$$= \boldsymbol{c}^\mathrm{T}[n_1(\overline{\boldsymbol{x}^{(1)}} - \bar{\boldsymbol{x}})(\overline{\boldsymbol{x}^{(1)}} - \bar{\boldsymbol{x}})^\mathrm{T} + n_2(\overline{\boldsymbol{x}^{(2)}} - \bar{\boldsymbol{x}})(\overline{\boldsymbol{x}^{(2)}} - \bar{\boldsymbol{x}})^\mathrm{T}]\boldsymbol{c}$$

$$= \frac{n_1 n_2}{n_1+n_2}\boldsymbol{c}^\mathrm{T}(\overline{\boldsymbol{x}^{(1)}} - \overline{\boldsymbol{x}^{(2)}})(\overline{\boldsymbol{x}^{(1)}} - \overline{\boldsymbol{x}^{(2)}})^\mathrm{T}\boldsymbol{c} = \frac{n_1 n_2}{n_1+n_2}\boldsymbol{c}^\mathrm{T}(\boldsymbol{d}\boldsymbol{d}^\mathrm{T})\boldsymbol{c} \tag{16.29}$$

两组内离差平方和如式(16.30)。

$$F = (n_1-1)\sigma_1^2 + (n_1-1)\sigma_2^2 = \boldsymbol{c}^\mathrm{T}\boldsymbol{S}_1\boldsymbol{c} + \boldsymbol{c}^\mathrm{T}\boldsymbol{S}_2\boldsymbol{c} = \boldsymbol{c}^\mathrm{T}\boldsymbol{S}\boldsymbol{c} \tag{16.30}$$

其中，

$$S_i = \sum_{j=1}^{n_i} (x_j^{(i)} - \overline{x^{(i)}})(x_j^{(i)} - \overline{x^{(i)}})^T, \quad i=1,2 \quad (16.31)$$

$$d = (\overline{x^{(1)}} - \overline{x^{(2)}}) \quad (16.32)$$

与回归分析中方差分析法类似，费舍尔判别为综合组间离差平方和最大、组内离差平方和最小的判别，即式(16.33)越大越好。基于微积分求极值的必要条件就可求出使 $I$ 达到最大值的 $c_1, c_2, \cdots, c_p$。

$$I = \frac{c^T(dd^T)c}{c^T S c} \quad (16.33)$$

### 16.3.2 判别准则

对于一个新样本 $x$，求得判别函数为 $y$，假设 $\overline{y^{(1)}} < \overline{y^{(2)}}$，若 $y < \overline{y^{(1)}}$，则 $x \in G_1$，若 $y > \overline{y^{(2)}}$，则 $x \in G_2$，当 $\overline{y^{(1)}} < y < \overline{y^{(2)}}$ 时，需要考虑均值或临界点。定义临界点为 $y_0$，按式(16.34)计算。

$$y_0 = \frac{n_1 \overline{y^{(1)}} - n_2 \overline{y^{(2)}}}{n_1 + n_2} \quad (16.34)$$

则判别准则如式(16.35)。

$$\begin{cases} x \in G_1, & \text{if } y < y_0, \\ x \in G_2, & \text{if } y > y_0, \\ \text{待判}, & \text{if } y = y_0 \end{cases} \quad (16.35)$$

采用微积分求极值可求出满足式(16.36)的 $c$，为了保证解唯一，增加了一个约束条件，如式(16.36)。

$$\max_a c^T(dd^T)c$$
$$\text{s.t.} \quad c^T S c = 1 \quad (16.36)$$

可得

$$c = S^{-1} d \quad (16.37)$$

此时，可构造与距离判别类似的判别函数如式(16.38)。

$$w(x) = d^T S^{-1}(x - \overline{x}) \quad (16.38)$$

则判别准则如式(16.39)。

$$\begin{cases} x \in G_1, & \text{if } w(x) < 0 \\ x \in G_2, & \text{if } w(x) > 0 \\ \text{待判}, & \text{if } w(x) = 0 \end{cases} \quad (16.39)$$

距离判别的原理是考虑某点离哪个中心距离最近，将距离作为判别函数。如

图 16.2 所示,可以看出费舍尔判别通过寻找一个最佳投影轴,使得同一类样本投影值的距离尽量的小,而不同类投影值的距离尽可能的大。因此,费舍尔判别又称投影判别,其线性判别函数 $y=\boldsymbol{x}^T\boldsymbol{c}=c_1x_1+c_2x_2+\cdots+c_px_p$ 实际上最能反映组间差异的投影方向。

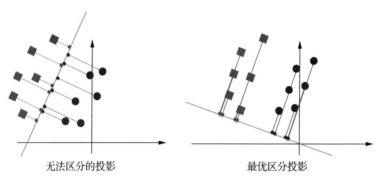

无法区分的投影　　　　　最优区分投影

图 16.2　组间差异的投影示意图

## 16.4　例　气象分区判别分析

### 16.4.1　背景及数据

早在 20 世纪 80 年代,道路工程人员就开始采用判别分析构建路面养护决策模型,根据路面病害特征计算得到 $z$ 值,再根据 $z$ 值大小来判定是否需要进行罩面养护。判别分析还可用于不同因素对路面材料性能的影响。判别分析作为一种分类算法,还被用于判定不同路面结构、交通量等因素对路面性能的影响,以及路面裂缝的识别。

LTPP 根据温度和湿度将北美划分为干热、干冷、湿热、湿冷(Dry No Freeze, Dry Freeze, Wet No Freeze, Wet Freeze)四个区域。在已经明确大部分气象站气候分区的情况下,如果再增加一个气象站,能否根据该气象站监测的 16 个变量的观测数据确定该气象站的气候分区。这是一个典型的有监督机器学习的判别分析问题。再次选取 LTPP 数据库中的气象数据,根据每个样本对应的 AASHTO 划分的 4 个气候区域,进行判别分析。由于数据中存在 477 个样本并未标注出气候分区,对剩余的 21 189 个样本进行计算。

### 16.4.2　分析结果

这里采用费舍尔典型线性相关判别。判别分析结果如表 16.1 和图 16.3 所示。以温度与湿度两个主成分为坐标,可以清晰地看出不同气候分区的区别以及判别分析的效果,判别误判率为13.7%。表16.1中的第一行为实际分区为1的样本被预测的分区。

表 16.1 判别分析分类

| 实际值 | 预测值 | | | |
|---|---|---|---|---|
| 气候分区 | 1 | 2 | 3 | 4 |
| 1 | 1 849 | 25 | 270 | 47 |
| 2 | 246 | 1 639 | 3 | 18 |
| 3 | 713 | 3 | 6 949 | 442 |
| 4 | 395 | 282 | 473 | 7 835 |

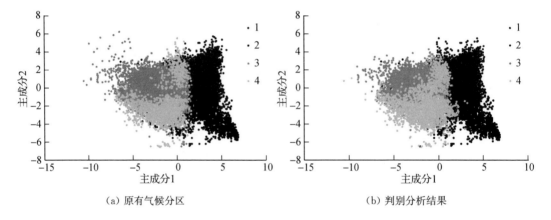

(a) 原有气候分区　　　　(b) 判别分析结果

图 16.3 判别分析结果

# 思考题

1. 简述判别分析的含义。
2. 简述距离判别函数与准则。
3. 简述贝叶斯判别函数与准则。
4. 简述费舍尔判别函数与准则。
5. 简述判别分析在道路工程领域还有哪些应用场景。

# 参考文献

[1] Haas R, Hudson W R. Pavement asset management[M]. Hoboken, NewJersey: John Wiley & Sons, 2015.

[2] Miller J S, Bellinger W Y. Distress identification manual for the long-term pavement performance program[R]. McLean, Virginia: Federal Highway Administration, 2003.

[3] Montgomery D C. Design and analysis of experiments[M]. 8th ed. Hoboken, New Jersey:John Wiley & Sons, 2012.

[4] 姚祖康. 路面管理系统[M]. 北京:人民交通出版社,1993.

[5] 黄晓明,李昶,马涛. 路基路面工程[M]. 3版. 南京:东南大学出版社, 2016.

[6] 交通运输部公路科学研究院. 公路技术状况评定标准:JTG 5210－2018[S]. 北京:人民交通出版社,2018.

[7] 赵选民. 试验设计方法[M]. 北京:科学出版社,2006.

[8] 陈魁. 试验设计与分析[M]. 北京:清华大学出版社,2005.

[9] Gareth J, Daniela W, Trevor H, et al. An introduction to statistical learning: with applications in R[M]. New York: Spinger, 2013.

[10] Kononenko I, Kukar M. Machine learning and data mining[M]. Chickester: Horwood Publishing, 2007.

[11] Larose D T, Larose C D. Discovering knowledge in data: an introduction to data mining[M]. 2nd ed. Hoboken: John Wiley & Sons, 2014.

[12] Mukhopadhyay P. Multivariate statistical analysis[M]. Hackensack, New Jersey: World Scientific Publishing Company, 2008.

[13] Washington S, Karlaftis M G, Mannering F, et al. Statistical and econometric methods for transportation data analysis[M]. 3th ed. [S. l.]:CRC

Press,2020.

[14] Harrington P. 机器学习实战[J]. 李锐,等译. 北京:人民邮电出版社,2013.

[15] 罗伯特·莱顿. Python数据挖掘入门与实践[M]. 杜春晓,译. 北京:人民邮电出版社,2016.

[16] 何晓群. 应用多元统计分析[M]. 北京:中国统计出版社,2010.

[17] 朱杰,秦惠林,刘军. 多元数据分析方法及应用[M]. 北京:兵器工业出版社,2009.

[18] 李航. 统计学习方法[M]. 北京:清华大学出版社,2012.

[19] 李诗羽,张飞,王正林. 数据分析:R语言实战[M]. 北京:电子工业出版社,2014.

[20] 王士同. 人工智能教程[M]. 2版. 北京:电子工业出版社,2006.

[21] 茆诗松,程依明,濮晓龙. 概率论与数理统计教程[M]. 2版. 北京:高等教育出版社,2011.

[22] 薛毅. 统计建模与R软件[M]. 北京:清华大学出版社,2007.

[23] 韩家炜,等. 数据挖掘:概念与技术[M]. 范明,孟小峰,译. 北京:机械工业出版社,2012.

[24] 刘次华. 随机过程及其应用[M]. 3版. 北京:高等教育出版社,2004.

[25] 张树京,齐立心. 时间序列分析简明教程[M]. 北京:清华大学出版社,2003.